Como dar um gás no seu relacionamento!

Conheça outros títulos da Lua de Papel

lua de papel

A vidente

Hannah Howell

Uma história de suspense, paixão, mistério, crimes e assassinatos, no cenário na Inglaterra georgiana, a mesma de *Orgulho e Preconceito*.

A Sensitiva

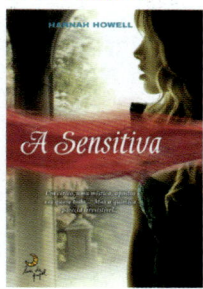

Hannah Howell

Por toda a Londres do século XVI, é possível ouvir sussurros e boatos sobre os dons inexplicáveis da família Wherlocke. Segredos e intrigas são o estopim de paixões perigosas.

A intuitiva

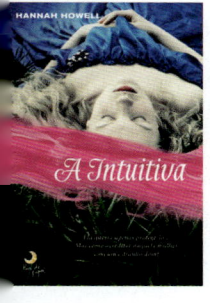

Hannah Howell

Livro do premiado escritor americano narra uma comovente história sobre o amor e o destino.

Amor fora de hora

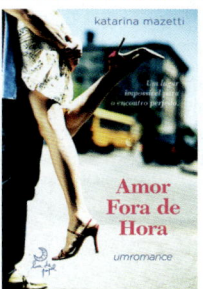

Katarina Mazetti

Em um lugar improvável também pode nascer um história de amor? O livro "Amor fora de hora", da sueca Katarina Mazetti, prova que a afirmação é verdadeira. O livro da autora sueca conta uma história de amor improvável e envolvente.

A promessa

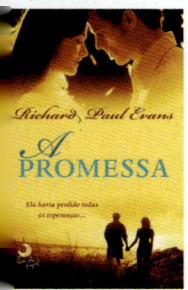

Richard Paul Evans

Livro do premiado escritor americano narra uma comovente história sobre o amor e o destino.

Amigas da ioga

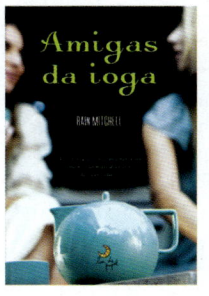

Rain Mitchell

Amigas da ioga é um romance sobre desafios e conquistas de cinco mulheres totalmente diferentes, mas que aceitam reaprender por novas experiências e constroem aos poucos um novo horizonte em suas vidas. Aqui estão cinco amigas incríveis que você jamais esquecerá.

O pão da amizade

Darien Gee

Enquanto receitas são testadas e os amigos recebem pães assados, sentimentos de solidariedade começam a florescer e uma inexplicável torrente de acontecimentos promove mudanças na vida de todos.

Visão do além

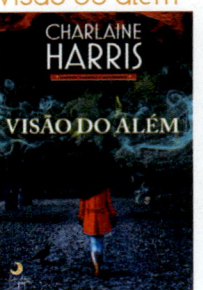

Charlaine Harris

Uma adolescente desaparecida, e Harper sente que ela está morta. Mas os segredos que envolvem este assassinato e a própria cidade são profundos demais até mesmo para que a habilidade especial de Harper consiga desenterrá-los

O morro dos ventos uivantes

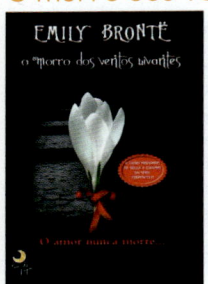

Emily Brontë

Um clássico! Na fazenda chamada Morro dos Ventos Uivantes nasce uma paixão devastadora entre Heathcliff e Catherine, amigos de infância e cruelmente separados pelo destino.

A sabedoria dos cães

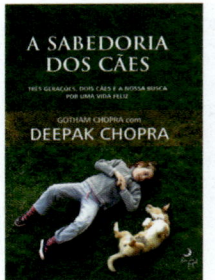

Deepak Chopra e Gotham Chopra

Deepak e Gotham Chopra guiam os leitores em uma reflexão sobre a alma do melhor amigo do homem e apontam suas qualidades e capacidades espirituais mais poderosas.

O efeito sombra

Deepak Chopra / Debbie Ford / Marianne Williamson

Todos nós temos um lado obscuro. Encontre a sua Sombra e transforme-a no caminho para os seus sonhos.

Best Seller!

Anjos

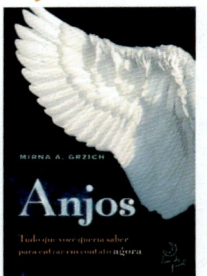

Mirna A. Grzich

Anjos estão o tempo todo ao nosso redor, e percorrem a história humana a ponto de serem registrados nos mais importantes eventos da Terra. E eles estão bem aí a seu lado.

As chaves da perseverança

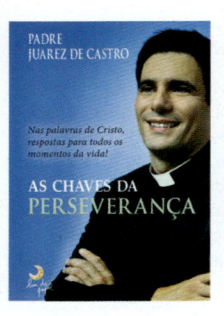

Nas Palavras de Cristo, respostas para todos os momentos da vida
Pe. Juarez de Castro

Pe. Juarez, com sua experiência e sensibilidade, nos traz neste livro uma injeção de ânimo.

As mais belas orações para falar com Deus

Pe. Juarez de Castro

Mais de 50 orações para aumentar a fé, para mantermos a calma, para que as coisas dêem certo, para conseguir perdoar, superar doenças, para enfrentar todos os tipos de problemas cotidianos.

Para ler literatura como um professor

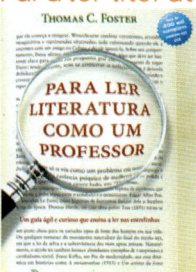

Thomas Foster

Este livro explica com uma variedade de exemplos, cada um desses significados ocultos e ajuda o leitor leigo a ter melhor compreensão e apreciação dos livros que já leu e dos que ainda estão por ler.

Para ler romances como um especialista

Thomas Foster

O autor foca em obras clássicas e essenciais, em uma aula divertida de decodificação de símbolos onde nem tudo é o que parece. A prática da interpretação de romances é o que leva o leitor a se tornar um verdadeiro expert.

Só para Garotos

Como ser o melhor em tudo
Guy Mcdonald

Um manual repleto de sugestões e lições nas mais diversas áreas, como por exemplo: etiqueta, experiências; brinquedos; jogos; esportes e escotismo

Só para Garotas

Como ser a melhor em tudo
Juliana Foster

Os capítulos são ensinamentos que começam sempre com a palavra "como". Assim, a pequena leitora vai aprender sobre etiqueta, sobrevivência, beleza e relacionamento com os pais.

Diário dos garotos espertos

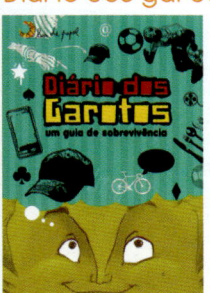

Martin Oliver

O Diário dos garotos espertos tem todas as dicas e truques testados e comprovados que podem ajudar os meninos a desenvolver qualidades cotidianas essenciais.

Diário das garotas fantásticas

Alexandra Johnson

O Diário das garotas fantásticas tem todas as dicas e truques testados e comprovados que podem ajudar as meninas na sobrevivência cotidiana.

GRUPO EDITORIAL LEYA BRASIL
www.leya.com.br
@Editoraleya / @Luadepapel_BRA
www.facebook.com.br/luadepapelbrasil
Rua Desembargador Paulo Passalaqua, 86 - 01248-010 - São Paulo - SP - Brasil
Telefone: +55 11 3129-5448

Os segredos das pessoas que nunca ficam doentes

Gene Stone

No livro, o autor mostra 25 histórias reais de pessoas que mantêm uma saúde excelente. Os hábitos de cada uma foram cientificamente comprovados através de pesquisas e são apresentados neste livro.

A vida começa aos 40

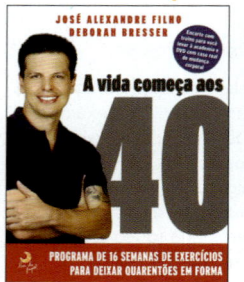

José Alexandre Filho
Deborah Bresser

Neste livro, o leitor poderá acompanhar a transformação de um homem em detalhes. O treino do personagem foi realizado na Academia Pelé Club.

Treino para mulheres

Jose Alexandre Filho e Deborah Bresser

Este livro é possível encontrar - Orientação nutricional necessária para perder peso e ganhar músculos; Um método eficaz de auto-avaliação, para conhecimento dos limites do corpo.

Dieta do metabolismo

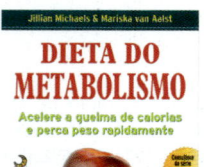

Jillian Michaels

Esta é a primeira vez que um autor traz um estudo tão importante quanto prático acerca da influência do metabolismo na redução de peso e na manutenção da saúde.

Vamos ter um bebê

Michael Roizen E Mehmet C. Oz

O leitor vai encontrar tudo e até um pouco mais do que precisa para se lançar nesta aventura, desde a concepção até o primeiro mês de vida do futuro membro da família.

Parem de falar mal da rotina

Elisa Lucinda

O espetáculo que já foi assistido por mais de 1 milhão de espectadores agora em livro. Um banho de alto astral!

Vivendo em voz alta

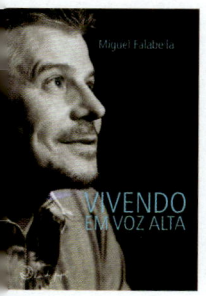

Miguel Falabella

Ao cultivar as memórias como quem coleciona objetos raros, Miguel nos oferece, a cada trecho, pequenos espelhos de nós mesmos. E mostra que é muito mais que um talentoso ator, diretor, produtor, dramaturgo e autor de novelas: é autor de si mesmo, seu melhor papel.

Dr. House – Um guia para a vida

Toni de La Torre

Pode ser que graças à receita do Dr. House você se sinta, pela primeira vez em muito tempo, um vencedor; um vencedor atípico, claro, mas a verdade é que o perfil do herói amável e sincero já fracassou há muito tempo.

12 Meses para enriquecer
O Plano da Virada
Marcos Silvestre

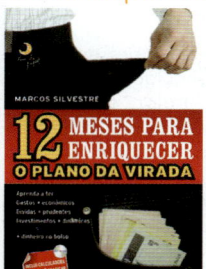

O autor elabora um Plano de Virada rumo à sua independência financeira, a um mundo onde cada um pode deixar de ser refém de imprevistos, dívidas e juros.

Investimentos a prova de crise
Marcos Silvestre

Este é um livro prático, para revolucionar a forma de aplicar seu dinheiro, aprendendo a ganhar mais com muita segurança. Saiba como realizar investimentos mais dinâmicos, como ganhar até seis vezes mais com a segurança da poupança, com crise ou sem crise.

Faça como Steve Jobs
Carmine Gallo

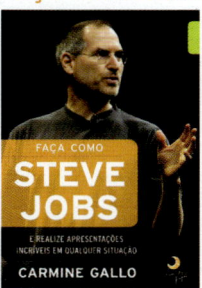

Feche o PowerPoint por algumas horas e leia com atenção as instruções do autor. Elas lhe darão ferramentas infalíveis para conquistar seu público. Realize apresentações de grande sucesso!

Faça como Warren Buffet
Mary Buffett

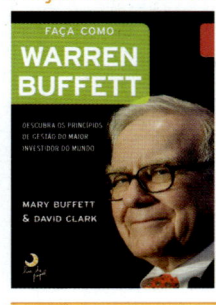

Cheio de histórias e citações que mostram como as filosofias de vida de Buffett se refletem em suas decisões empresariais e no modo como administra pessoas e negócios.

Inovação
A arte de Steve Jobs
Carmine Gallo

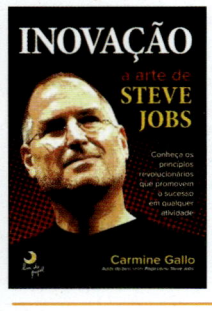

O slogan de sua empresa, "Pense diferente", é mais do que uma ferramenta de marketing. É um estilo de vida, uma abordagem poderosa, positiva e transformadora que pode ser aplicada por todas as pessoas em qualquer área de atuação.

A Bíblia da inovação
Philip Kotler e Fernando Trias de Bes

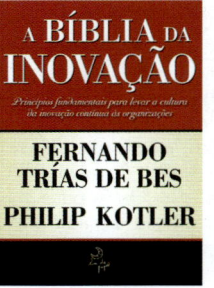

Uma obra para unificar os pensamentos sobre a inovação, entrelaçando todas as teorias contemporâneas abordando à reinvenção dos processos de negócios e a criação de mercados novos, que atendam as necessidades dos clientes.

Gratidão
Gary Vaynerchuk

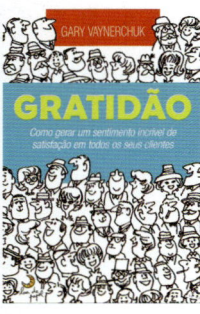

Esta obra, baseada em dados e histórias reais, oferece fatos que defendem que as empresas com os maiores retornos serão aquelas capazes de demonstrar que se preocupam com a satisfação total de seus clientes.

Adoro problemas
Michael Moore

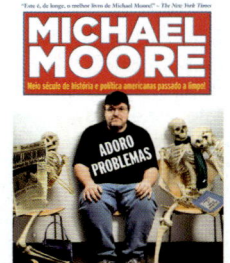

Michael Moore, o pesadelo dos políticos norte-americanos, ataca mais uma vez. Só que agora, após um jejum de oito anos sem escrever um livro, o protagonista da história é ele mesmo.

Mulheres comida & Deus
Geneen Roth

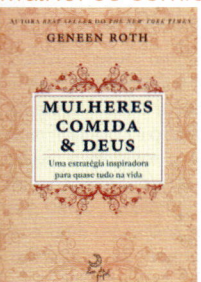

Esconder nossos sentimentos na comida nunca é a solução dos nossos problemas. Geneen acredita que nosso relacionamento com a comida, por mais conflituoso que seja, é a porta para a liberdade.

Liberte-se da fome emocional
Geneen Roth

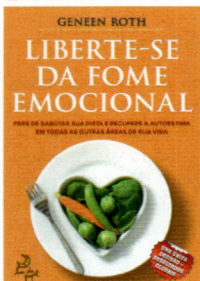

Geneen apresenta seu reconhecido programa para tratar diretamente as causas da alimentação por impulso. Usando técnicas simples, desenvolvidas em seus renomados seminários.

Conversando que a gente se entende
Nelson Cunha Mello

É um dicionário com mais de 10 mil casos, palavras, ditos populares, gírias, bordões, máximas e outras formas do falar informal.

A linguagem das emoções
Revolucione sua comunicação e seus relacionamentos
Paul Ekman

Aprenda a compreender melhor nossos sentimentos e a transformar o círculo de emoções ao seu redor.

A arte da persuasão
Tonya Reiman

Um guia que combina a comunicação verbal e não verbal, para que o leitor possa aumentar sua autoconfiança, credibilidade e criar impressões duradouras. O 'Sim' uma chave para abrir portas tanto na vida profissional como pessoal.

Os sete princípios de Salomão
Bruce Fleet

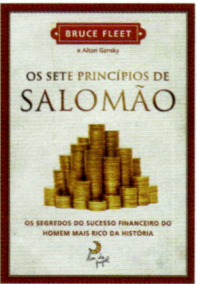

O livro reúne conhecimento financeiro prático e atualizado a sábias e inteligentes parábolas do rei Salomão, oferecendo conselhos e exemplos para uma vida de excelência, fartura e sucesso.

O óbvio que ignoramos
Jacob Petry

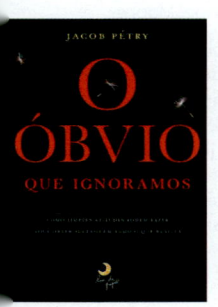

Usando exemplos de pessoas como Gisele Bündchen, Elizabeth Gilbert, John Kennedy, e outros, o autor nos mostra o que diferencia as pessoas com resultados extraordinários das demais: princípios simples e óbvios, mas geralmente ignorados pela maioria.

Ninguem enriquece por acaso
Jacob Pétry

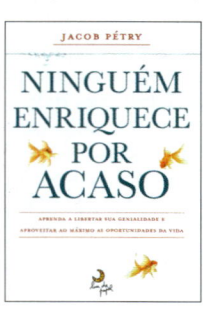

Aprenda a libertar a genialidade e aproveitar ao máximo as oportunidades da vida.

Trina Dolenz

Como dar um gás no seu relacionamento!

Alcance uma conexão total,
reduza conflitos e seja mais feliz

Tradução
Roselene Sant'anna

lua de papel

© *by* Trina Dolenz
Todos os direitos reservados.
Tradução para a língua portuguesa: *copyright* © 2011, Texto Editores Ltda.

Título original: *Retool your relationship*

Diretor editorial: Pascoal Soto
Editor: Pedro Almeida
Editor assistente: André Fonseca
Preparação: Beatriz de Freitas Moreira
Revisão: Bete Abreu
Diagramação: S4 Editorial
Capa: Osmane Garcia Filho
Imagem da capa: dieKleinert/Alamy
Tradução: Roselene Sant'anna

DADOS INTERNACIONAIS DE CATALOGAÇÃO NA PUBLICAÇÃO (CIP)
(Câmara Brasileira do Livro, SP, Brasil)

Dolenz, Trina
Como dar um gás no seu relacionamento : alcance uma conexão total, reduza conflitos e seja mais feliz / Trina Dolenz ; [tradução Roselene Sant'anna]. -- São Paulo : Lua de Papel, 2012.

Título original: *Retool your relantionship*.
ISBN 978-85-63066-88-6

1. Casais – Psicologia 2. Homem-mulher – Relacionamento 3. Relações interpessoais I. Título.

11-14572   CDD-646.78

ÍNDICES PARA CATÁLOGO SISTEMÁTICO:
1. Casais : Resoluções de conflitos : Vida familiar   646.78

2011
Texto Editores Ltda.
[Uma editora do grupo LeYa]
Rua Desembargador Paulo Passaláqua, 86
01248-010 – Pacaembu – São Paulo – SP
www.leya.com

Este livro é dedicado às minhas adoráveis filhas
Charlotte, Emily e Georgia,
que são minha inspiração, motivação e alegria.
Elas sempre foram as minhas melhores críticas
e o meu mais sólido apoio.

Agradecimentos

É engraçado como um comentário casual e despretensioso na hora certa pode mudar a sua vida. No meu caso, uma conversa com meu cabeleireiro sobre a necessidade de eu seguir o meu coração e cumprir meu destino realmente repercutiu em minha mente. Naquele momento, sabia exatamente o que queria fazer da minha vida e, na manhã seguinte, eu me associei à Relate, uma organização britânica de aconselhamento de casais, sem fins lucrativos, cujo escritório ficava na mesma rua em que eu morava, em Cambridge.

Embora seja praticamente desconhecida dos norte-americanos, a Relate é muito conhecida pela maioria dos ingleses como a maior provedora, naquele país, de apoio a relacionamentos, com mais de 70 anos de experiência e 600 escritórios. A Relate não apenas ajuda os clientes com terapia de relacionamento, mas também oferece um rigoroso programa de estudos para terapeutas.

Completei o treinamento básico, recebi a minha licença da Relate e me mudei para Londres, onde montei meu consultório particular como membro da British Association for Counseling and Psychotherapy [Associação Britânica de Aconselhamento e Psicoterapia]. Decidi continuar o treinamento na Universidade de East London e fiz a minha pós-graduação pela Relate em terapia de casais. Enquanto participava desse treinamento avançado, tive a felicidade de ser instruída e inspirada pela maravilhosa diretora do curso, Jenny Riddells. Ela me levou a atingir um discernimento muito mais profundo das teorias e técnicas usadas para o aconselhamento de casais. Essa pós-graduação tornou as coisas compreensíveis e formou os fundamentos deste livro.

Com o passar dos anos, fiquei cada vez mais convencida de que o entendimento das dinâmicas que moldam os relacionamentos e a habilidade de desenvolver esses relacionamentos não precisam ser limitados a terapeutas treinados. É praticamente o oposto. O discernimento e a habilidade para entender os problemas nos relacionamentos pode se tornar acessível em larga escala e ajudar um grande número de pessoas a alcançar a intimidade e a honestidade que anteriormente lhes escapavam. Também percebi que uma das melhores maneiras de chegar ao grande público com essa informação seria por meio da televisão. Então, fui para Los Angeles.

Tive a sorte de dividir esse sonho com Clive Pearse, um amigo inglês que apresentava um programa na HGTV, produzido pela 495 Productions, a mesma produtora do Tool Academy. Ele soube que a 495 precisava de um terapeuta para ajudar a apresentar um novo reality show, que tinha como objetivo transformar namorados ruins em parceiros responsáveis. Foi então que ele generosamente me colocou em contato com a proprietária e produtora executiva da empresa, Sally Ann Salsano. Ela, por sua vez, me encaminhou para o canal VH1. O resto, como eles dizem, é história.

Sou muito grata a Jim Ackerman, da VH1, por me introduzir na carreira televisiva com a oportunidade de ser terapeuta no programa Tool Academy. Ao mostrar às pessoas como reorganizar seus relacionamentos, adicionando uma boa dose de humor para entreter, milhões de telespectadores receberam dicas para seus relacionamentos.

Outra maneira de compartilhar minha abordagem terapêutica única com um grande público se dá pela palavra escrita. E, novamente, quase por acaso, durante a primeira temporada do Tool Academy, a Agency Group me contatou para saber se eu gostaria de escrever um livro sobre relacionamentos. Embora os conceitos e as ideias do livro já estivessem praticamente formados, eu precisava de ajuda para escrevê-los em um inglês fluente, em vez da minha fala terapêutica desarticulada. Talvez também tenha sido o destino que fez com que minha querida amiga Clair Watson sugerisse que seu marido, Marc Kaplan, desse uma olhada no meu primeiro rascunho. Felizmente, para mim, ele teve a sensibilidade e o talento de passar para o papel os conceitos e as nuanças da minha filosofia terapêutica, conseguindo, com primor, transformar meu "britanismo" em um inglês norte-americano inteligível.

Marc escreveu sobre medicina e ciências durante 20 anos, tendo publicado artigos e redigido resenhas de livros para o *The New York Times*, o *Psychology Today* e o *Washington Post*. Ele também tem um background em relações públicas no campo da saúde e da assistência médica, tendo ocupado posições na Rockefeller University, no Consumers Union e na Robert Wood Johnson Foundation.

Eu gostaria de agradecer a Caroline Greeven e a Marc Gerard, da Agency Group, por perceber que um livro baseado no Tool Academy prometia, e a Tom Miller, da John Wiley & Sons, por acreditar nessa promessa e oferecer as condições para que eu compartilhasse minha terapia de casais com muitas mulheres e seus parceiros.

Finalmente, gostaria de agradecer a todos os meus pacientes maravilhosos e ao meu elenco, que tão generosamente permitiram que eu invadisse a privacidade de seus relacionamentos e confiaram em mim para ajudá-los nos momentos em que se sentiam mais vulneráveis. Cada um deles me deu algo de si mesmo, fortalecendo meu compromisso de ajudar outras pessoas e me enriquecendo durante o processo.

Sumário

INTRODUÇÃO – Reabilitação de relacionamento: mude o jeito tolo dele de ser 13

PARTE 1 – Entenda o seu tolo

SEÇÃO 1 – Conecte-se com o seu tolo 23
SEÇÃO 2 – Quebra dos padrões do passado, solução dos problemas do presente 48
SEÇÃO 3 – Por que você está com ele? 73

PARTE 2 – Reorganize seu relacionamento: aja

SEÇÃO 4 – Romance e intimidade: o equilíbrio perfeito 91
SEÇÃO 5 – Argumentando eficazmente com o seu tolo 112
SEÇÃO 6 – Compartilhe os papéis no relacionamento 130
SEÇÃO 7 – Como lidar com a traição tola 152
SEÇÃO 8 – Sexo: a ferramenta poderosa 177
SEÇÃO 9 – Ciúme: evite uma colisão tripla 201

PARTE 3 – Reorganize seu relacionamento: mude

SEÇÃO 10 – Você consegue confiar? Ou ele é simplesmente um tolo? 223

Introdução

Reabilitação de relacionamento: mude o jeito tolo dele de ser

Milhões de espectadores me conhecem como terapeuta do reality show Tool Academy (Academia de Tolos, em português), do canal VH1. Além disso, tive uma próspera carreira como terapeuta em Londres, auxiliando centenas de mulheres a encontrar a satisfação que faltava em seus relacionamentos. Por todos esses anos, conversei com muitas mulheres de todas as classes sociais, cujos relacionamentos com os namorados ou maridos estavam em crise. À medida que as ouvia, ficou claro para mim que, embora minhas pacientes estivessem completamente frustradas e se sentindo infelizes, seus parceiros prefeririam fazer qualquer coisa — qualquer coisa mesmo — para evitar discutir o fato de que o relacionamento estivesse com problemas. Eles passavam mais tempo no escritório, aumentavam o tempo na academia ou se ocupavam cada vez mais com hobbies ou atividades domésticas antes negligenciados. Resumindo: eles se agarravam a qualquer distração que os ajudasse a evitar o confronto com os problemas que pairavam como nuvens carregadas sobre seus relacionamentos.

Essas mulheres descobriram pelo caminho mais difícil um dos princípios fundamentais desse "jeito tolo de ser". Apesar dos físicos musculosos e da conversa-fiada dos parceiros, a maioria deles se mostra fraca quando tem de lidar com qualquer tipo de desentendimento no relacionamento. Eles estão desesperados para ficar sozinhos, em uma negação total e despreocupada, mesmo sabendo que suas parceiras estão infelizes, insatisfeitas ou claramente de "saco cheio".

Isso é o que você esperaria de um tolo. As participantes do Tool Academy os definiram muito bem. Naturalmente, seus parceiros não sabem que são "tolos" até adentrarem pelos portões da Academia. Logo, porém, percebemos que, na verdade, eles não se encaixam no rótulo de demônios conferido pelas namoradas. Em vez disso, são rapazes muito inseguros, infelizes e confusos, que estão tentando corresponder ao conceito de ser homem. Resumindo as definições comuns de "tolo", podemos dizer que são homens aborrecidamente egoístas e irritantemente autocentrados. Eles têm um ego enorme e se acham irresistíveis. Os tolos normalmente não são bons comunicadores e mostram-se piores ainda como ouvintes, exceto quando se trata de ouvir a própria voz. A filosofia de vida deles é simples e poderia ser tatuada nas suas testas: "Eu preferia estar em uma festa!". Para um tolo, a vida é uma grande dança e é ele quem puxa a fila, cego a todos e a tudo. Os tolos com frequência são também desonestos, mas é como se não conseguissem ser de outro jeito. Mentem para si mesmos e para as parceiras, e isso mantém sua atitude despreocupada. Se você quiser ver um tolo suar frio, use a palavra "responsabilidade" em uma frase. Os tolos ficam extremamente desconfortáveis com o conceito de que são responsáveis pelo seu comportamento.

Você pode fazer do seu jeito

Mais do que nunca, nós mulheres somos as mantenedoras dos relacionamentos. Podemos dizer quando tudo no relacionamento segue às mil maravilhas, e somos as primeiras a perceber quando alguma coisa está errada. Também somos as primeiras a querer agir para mudar. Infelizmente, nossos parceiros não são tão hábeis, desejosos ou proativos nesse sentido como nós. A maioria dos homens prefere ignorar do que encarar um problema no relacionamento. Como resultado, apesar de saber o que querem, muitas mulheres sofrem com o sentimento de que estão presas a um relacionamento em que se sentem impotentes para mudar.

A notícia ruim é que até agora você provavelmente se sentiu enganada, sem esperança e destinada a passar o resto da vida em um relacionamento ruim. A boa notícia é que tudo isso está prestes a mudar. Ao utilizar este livro, que contém um programa de dez lições, você está declarando que não quer mais esperar que seu homem "concorde" em trabalhar o relacionamento. Você reconhece que preservar o *status quo* não é mais uma opção aceitável. Você decidiu que as coisas na sua vida amorosa serão diferentes. E agora as coisas serão do seu jeito. Você está prestes a fazer as mudanças necessárias acontecerem do seu jeito, sem a permissão dele, sem o aval ou até mesmo sem o conhecimento dele.

Minha abordagem no Tool Academy

Este livro oferece a você um manual passo a passo para ajudá-la a resolver conflitos no seu relacionamento com o homem que você acreditava ser a resposta aos seus sonhos. O conceito essencial é o seguinte: se você disser ao seu parceiro que deseja que ele mude, ele vai bater os pés e se recusar. Entretanto, se você compreende e, secretamente, manipula as regras do jogo, o comportamento dele vai se alterar e você obterá a mudança que desejava.

Em sua maior parte, o foco do programa Tool Academy é centrado na figura masculina do casal e fazemos isso muito bem. Entretanto, à medida que o programa se desenvolvia, fiz uma constatação fundamental: uma mudança na perspectiva, na atitude ou no comportamento de um parceiro prepara o caminho para rupturas dramáticas nas ações do outro. Vi isso acontecer repetidas vezes. Quando um membro do casal começa a se comunicar de forma mais direta e honesta, o outro finalmente se sente livre para se acalmar e deixar de lado qualquer mágoa ou ressentimento. Isso capacita o indivíduo a ouvir e a entender a posição do parceiro de uma forma mais clara. Se o resultado final for um relacionamento mais forte ou um entendimento compartilhado de que o relacionamento acabou, a comunicação ativa é o ingrediente essencial para alcançar uma vida amorosa satisfatória e sustentável. Resumindo: controle a comunicação e controlará o rumo do relacionamento. Este livro parte desse princípio.

Mudando as regras do jogo

Em muitas práticas terapêuticas, trabalho com pacientes para ajudá-los a entender as "regras do jogo", controlando as forças comportamentais e emocionais que agem em seus relacionamentos. As mulheres, armadas com essa sabedoria, são capazes de fazer mudanças sutis (e às vezes não tão sutis) na sua comunicação, provocando respostas desejadas nos amantes. Adaptei essa abordagem aprovada a fim de que você, leitora, possa alcançar os mesmos resultados sem fazer uma terapia formal. E o bom disso tudo é que seu namorado talvez nem perceba o motivo de o relacionamento estar mudando para melhor.

Outra observação que me impressiona constantemente no set de filmagem do Tool Academy é a força das mulheres que tive o privilégio de ajudar. Elas têm recursos e autoconfiança em abundância, bem à sua mão. E esse é o assunto deste livro: ajudar você a encontrar sua força natural e usar os recursos emocionais natos para conseguir aquilo que verdadeiramente deseja.

Às vezes, simplesmente basta sentir-se segura em relação aos seus sentimentos para entendê-los e saber que são verdadeiros e bem seus. Esse é o ponto de partida deste livro e nossa terapia. Isso porque essa crença sozinha pode ajudar a provocar uma mudança no seu estilo de interagir ou na maneira como você aborda um problema. Como resultado, seu parceiro não terá outra alternativa senão reagir de modo diferente. Dessa maneira, sua jornada em direção a um relacionamento mais sustentável e satisfatório está começando bem. Quando estiver pronta para avaliar de modo profundo a si mesma, seu parceiro e seu passado, você será capaz de realizar a mudança que tanto deseja e merece.

Para aquelas que me conhecem da TV e sabem como ajudo casais com problemas no Tool Academy, já sabem que o meu estilo é firme, enfático, vai direto ao ponto, mas com carinho. E sempre vou direto ao ponto quando avalio a confusão em que os casais se encontram e como eles podem sair dessa bagunça.

Mas o que você vê no show é uma pequena parte da interação que tenho com os casais no Tool Academy. No decorrer da temporada, passo horas com eles, trabalhando para que confrontem seus medos, encorajando-os a entender o que está por trás das suas frustrações e mágoas.

Os constrangimentos de um reality show de uma hora não permitem que você, espectador, veja tudo o que acontece em uma sessão de terapia com os casais. Falando de maneira prática, apenas uma pequena fração do trabalho que faço com esses casais aparece na edição final dos episódios. Essa é uma das razões pelas quais escrevi este livro. Queria lhes dar a oportunidade de se beneficiar daquilo que faço para ajudar os casais no programa da TV. Nas páginas seguintes, explico muitas das ideias e dos conceitos que incorporo à minha terapia com os participantes do programa. Você terá a chance de se envolver com os exercícios e as atividades que aperfeiçoei com a minha experiência e a de outros que há bastante tempo trabalham com terapia de casais. Você entenderá no final como abordo e resolvo questões em relacionamentos com problemas como: falta de intimidade e confiança, imaturidade e comunicação ruim. À medida que trabalhar as sessões do seu modo — cada capítulo pode ser visto como uma Seção de terapia —, você se beneficiará mais do meu estilo e da minha técnica terapêuticos ao se pôr no meu lugar, terapeuta, porque trabalharemos como um time em que eu a guiarei a cada passo do caminho.

Conseguindo o que você deseja

O curso de terapia apresentado no livro às vezes será desafiador, fará com que tenha vários insights, e fazer os exercícios muitas vezes será uma diversão. Toda Seção apresenta um problema diferente sobre um relacionamento conturbado e inclui diversas atividades que têm o objetivo de lhe dar as habilidades necessárias para conseguir redistribuir o fluxo de controle a você, a mulher. Encontrará lições práticas que lhe ensinarão a manipular uma conversa de modo que ele na verdade ouça, e quero dizer ouça mesmo; a tratar você da maneira que deseja ser tratada nas situações sociais sensíveis em que se sente particularmente vulnerável; controlar uma discussão inflamada e transformá-la em uma conversa mais calma, em um nível mais racional; e a usar o poder do sexo para levá-lo a ser mais receptivo, apreciador e um amante atento.

Os exercícios de cada lição são altamente focados, práticos e fazem todo o sentido. Os jogos, os questionários e as outras atividades lhe darão as ferramentas necessárias para renovar seu relacionamento a fim de que possa experimentar o amor que perdeu.

Sua caixa de ferramentas

Não pense que com a leitura deste livro seu relacionamento, como em um passe de mágica, vai melhorar. Para ter um progresso sustentável e significativo no seu relacionamento, peço que se comprometa com uma agenda organizada de exercícios. Essas atividades vão lhe prover acessórios para a sua caixa de ferramentas, necessários para "consertar" seu relacionamento e induzir seu homem a mostrar os sentimentos de amor e afeição que perdeu. Os exercícios também são divertidos e muito recompensadores. É preciso que use apenas alguns objetos que você pode encontrar facilmente pela casa. Um item que usará durante o curso será o caderno. Não importa qual seja o tamanho dele, se é enfeitado ou simples, mas é muito importante que guarde o caderno em um lugar bem particular, porque o que estiver escrito lá é para você, e apenas para você. Esse caderno será sua companhia durante as dez sessões, uma parte importante do seu kit de ferramentas.

Todos aqueles que têm familiaridade com o programa Tool Academy sabem que cada episódio é estruturado em torno de um atributo ou de uma característica específica, como confiança ou comunicação, que acredito serem ingredientes essenciais para um relacionamento saudável e estável. No programa, quando um tolo consegue, de modo claro e sincero, demonstrar a característica daquela semana em particular, ele recebe uma medalha do Tool Academy, que lhe dá o direito de permanecer na Academia por mais uma semana, avançando assim para o nível seguinte, onde deverá demonstrar outra qualidade essencial de um parceiro honesto e carinhoso. Caso contrário, será eliminado.

Embora o trabalho que faremos coloque o seu companheiro em forma à força, ele será um pouco diferente das aulas que faço com os casais no programa da TV. O conceito fundamental de ser recompensado pelo trabalho duro e pela mudança bem-sucedida é ainda de importância crucial. Naturalmente, não posso estar fisicamente ao seu lado, com uma medalha, enquanto você realiza as tarefas responsáveis pelo controle do comportamento do seu homem, o que permitirá alcançar o tipo de relacionamento desejado. Sendo assim, enquanto completa com sucesso cada Seção do livro, vou lembrá-la da sua recompensa. Você pode se dar um dia livre do trabalho, um sundae de chocolate da sua sorveteria preferida ou um luxuoso banho de banheira. Não importa se a recompensa será algo grande ou pequeno, contanto que você se presenteie com algo fora da rotina e que reconheça a passagem de uma fase para a outra.

Abra seu caderno

Para o seu primeiro exercício, sugiro que planeje o sucesso fazendo uma lista com dez recompensas com que se presenteará ao trabalhar em cada Seção do livro. Lembre-se: pode ser alguma coisa pequena, como pegar um táxi do trabalho para casa em vez de usar o ônibus, ou algo maior, um pouco mais extravagante, como um novo par de sapatos ou uma tarde no salão de beleza. Pense em alguma coisa com que gostaria de se presentear enquanto trabalha para conseguir seu objetivo. É importante especificar os itens e analisar como você se estimulará antes de começar cada Seção.

De maneira clara e límpida, a verdadeira recompensa é transformar seu tolo em um parceiro responsável, amoroso e íntimo. Estarei junto a você para guiá-la. Em minha prática, descobri que uma pequena palavra de encorajamento durante o percurso, um estímulo, um incentivo, um alegre "muito bem" é sempre bem-vindo.

O verdadeiro ingrediente para o sucesso é você! O que você leva para esse desafio determinará o quanto seu relacionamento mudará para melhor. Sua participação, usando os conceitos apresentados neste livro e os exercícios de cada Seção, é a chave determinante do seu sucesso para alcançar um nível de intimidade sustentável e significativa. Afinal de contas, você não acha que vai perder peso simplesmente lendo um livro de dieta, acha?

Talvez você não saiba, mas já começou a dar os primeiros passos em direção a mudanças positivas. Simplesmente ler e pensar nas tarefas que resumidamente descrevi na introdução do livro já pôs você naquilo que denomino "posição de observadora" ou "ter um relacionamento sobre o seu relacionamento". Insights que fluem desse ponto de vista lhe darão a perspectiva necessária para levar seu relacionamento a um novo nível — se é que essa é a sua escolha.

Ao final do tempo que passarmos juntas, você terá conseguido mudar sozinha o curso do seu relacionamento e criado uma atmosfera que lhe possibilitará melhor controle de como você e seu parceiro podem trabalhar juntos, para alcançar a mudança e o crescimento desejados.

Afinal de contas, seu parceiro é apenas humano. Na verdade, ele quer agradá-la e deseja aquilo que você deseja. Ele também está ferido, embora não admita isso. Apenas está fazendo mais confusão do que o normal e talvez esteja mais perdido que você, e provavelmente se sinta muito mais incapaz de encontrar a luz no fim do túnel. Em uma análise final, este curso de terapia lhe oferece uma maneira de controlar as forças dentro do relacionamento para conseguir o que deseja, e também uma maneira de ajudá-la a conquistar o que ele deseja — que é, depois de tudo dito e feito, você!

PARTE 1
Entenda o seu tolo

Seção 1

Conecte-se com o seu tolo

Vamos conversar. Você está com problemas com seu parceiro? Consegue imaginar como um relacionamento estável e seguro tenha se transformado em algo tão instável e difícil? O que aconteceu com o homem que era tão intrigante e se interessava tanto por você? Agora você mal consegue suportar seus ruídos infindáveis à mesa do jantar, enquanto ele fala sobre o seu dia de trabalho. E se ele interrompe um instante seu monólogo egoísta para lhe perguntar sobre o seu dia, nem mesmo disfarça a indiferença dele à sua resposta. Mas mesmo assim você continua, dando as melhores respostas, com detalhes interessantes e piadas divertidas. Antes mesmo que termine, ele volta para sua concha, com toda a atenção direcionada para o prato de comida.

E já que começamos a reclamar e a questionar: desde quando exatamente aqueles momentos de festa do princípio do relacionamento se tornaram tão chatos na cama?

Você já fez um monte de coisas para manter o relacionamento — fazendo que ele fique com você por motivos emocionais e talvez financeiros — e o que está acontecendo agora não é definitivamente aquilo que barganhou. As mulheres com quem trabalhei na terapia muitas vezes diziam que se sentiam traídas ao perceber que seus parceiros não estavam oferecendo o carinho e o amor de que precisavam para serem felizes e completas. Mulheres que se encontram nessa situação me dizem que se sentem ludibriadas, trapaceadas (não necessariamente na área sexual, embora isso também possa ser o caso) e enganadas pelas promessas falsas, pela fala melosa ou pelo charme dos amantes.

Com frequência, essas mulheres vêm até mim como último recurso, depois de já terem tentado tudo para salvar seus relacionamentos. Já confrontaram os parceiros sobre seus sentimentos. Já pediram conselhos aos familiares, amigos e aos gurus de relacionamentos na internet. Às vezes, a garota já tentou até comprar presentes para o rapaz, tiveram férias românticas, ela fez amizade com os amigos dele, deixou que ele escolhesse os filmes e restaurantes quando saíam no fim de semana, mas tudo foi em vão, sem sucesso. Ao abrir o presente, ele deu um sorriso amarelo; a viagem romântica foi uma tortura, eles brigavam por causa de pequenas coisas; ele ficou constrangido e defendia as questões com veemência quando ela saiu com os seus amigos; e ele mal olhava para ela quando saíam para namorar.

Como algo que era tão bom se transformou em uma coisa tão ruim?

Tipos de relacionamento

Nunca dois relacionamentos são totalmente iguais, por uma razão óbvia: as pessoas são diferentes. Mas é também verdade que, apesar de dois relacionamentos problemáticos começarem e se desenvolverem de modo diferente, quando batem à minha porta compartilham muitas características comuns. Tenho certeza de que você consegue reconhecer alguns dos tipos de relacionamento que relaciono a seguir.

João e Maria

Alguns casais, por exemplo, são como João e Maria. Eles são assim chamados porque se comportam como dois amantes inexperientes e inocentes, que se escondem debaixo de um cobertor, completamente embevecidos um pelo outro. Estão vivendo um momento tão bom que nem mesmo percebem que estão perdidos na floresta. Provavelmente, tiveram um relacionamento sexual muito rápido, desfrutam de uma vida sexual ativa e ficam excitados só de pensar no quanto se dão bem na cama. Acreditam que não têm problemas. Quando veem problemas nos relacionamentos das pessoas (e veem o tempo todo), sentem que têm um relacionamento especial. A magia do seu relacionamento é fortalecida pelo desencantamento que sentem pelo relacionamento de amigos e familiares.

Na verdade, porém, eles têm problemas. Como é inevitável em todo casal, eles podem ficar aborrecidos, chateados ou desapontados um com o outro, mas guardam sua desilusão bem escondida, não apenas das outras pessoas, mas também de si mesmos. O que geralmente acontece é que um dos parceiros põe o nariz para "fora" do cobertor e percebe que existe alguma coisa que vale a pena "fora" do seu relacionamento. Pode ser o desejo de ter mais amigos ou de ter um hobby. Pode ser que o homem decida fazer um curso de aprimoramento em sua área, ou a mulher deseje retomar a carreira voltando para a universidade. Não importa qual seja a atividade, se ela estiver fora do relacionamento, vai ameaçar um dos parceiros que ainda está tentando manter a magia.

A crise vem à tona para o "João" e a "Maria" quando o parceiro excluído do casal se sente ameaçado e ansioso. Sentindo-se desconectado do relacionamento, ele olha para aquele território alarmante e estranho, entra em pânico e tenta encontrar uma maneira de voltar à exclusividade e segurança.

Ídolo e Fã

Outro tipo comum de relacionamento que pode sinalizar problema para o casal é rotulado pelos terapeutas de "Ídolo e Fã". Normalmente, o papel do Ídolo é vivido pelos não conformistas dissidentes, que gostam de fazer as coisas do seu jeito, no seu tempo e com o seu estilo inimitável. Essas pessoas podem ser artistas, músicos ou trabalhar em casas noturnas. Talvez o Ídolo seja um mecânico talentoso, um designer gráfico ou um paisagista que goste da liberdade de trabalhar fora do confinamento do ambiente de escritório, fazendo seu próprio horário.

O Fã é um admirador, alguém que fica feliz em refletir a glória do Ídolo. O Fã, que se sente entediado, triste e humano, acredita que ficando próximo ao Ídolo poderá ter um pouco da popularidade, da adoração e do glamour e que o Ídolo lhe trará algum brilho.

Embora tenha sido emocionante estarem juntos no começo do relacionamento, em um ponto inevitável o brilho começa a passar e sérios problemas surgem entre o Ídolo e o Fã. Isso acontece quando o Ídolo começa a desapontar o Fã. E, mesmo que isso não aconteça, o Ídolo é despedido, ou simplesmente não atinge as expectativas que o Fã tem em relação a ele, então cai do pedestal, deixando o Fã desiludido, sozinho e desorientado.

Cão e Gato

Em minha prática terapêutica, fui me acostumando a observar muitos outros cenários. Como "Cão e Gato", todo o relacionamento de um casal está baseado em suas brigas constantes, mas eles normalmente não brigam de forma definitiva. Eles parecem se dar bem com suas batalhas, sentem que sem as brigas estaria faltando em suas vidas um elemento de intensidade emocional. Cão e Gato se acostumam com as brigas como uma forma de intimidade.

Seus problemas chegam a um ponto crítico quando um dos parceiros do relacionamento se cansa e enjoa das brigas infindáveis e percebe um sentimento desesperador de que a vida está andando em círculos. Entretanto, existe uma conexão incrivelmente forte entre essas duas pessoas, e os terapeutas são desafiados a ajudá-los a fazer mudanças significativas. Se decidem se separar, com frequência isso acontece, mas voltam a ficar juntos, para tentar retomar do ponto onde pararam.

Senhor e Escravo

Também temos o tipo "Senhor e Escravo", um relacionamento baseado na luta pelo poder. Geralmente é exercido pelo homem, que usa o dinheiro para exercer o controle; a mulher, por sua vez, usa o sexo como moeda de troca. A bolha quase sempre estoura quando a mulher começa a ganhar dinheiro suficiente para ameaçar o poder de barganha do homem. Na Seção 8, mostrarei a você como usar seu poder sexual para assumir o controle das dinâmicas do relacionamento.

Perseguidor e Fugitivo

"Perseguidor e Fugitivo" vislumbra um cenário de relacionamento que tenho certeza de que você vai reconhecer. É uma das dinâmicas mais comuns e pode ser vista até nos relacionamentos mais felizes e saudáveis. Como muitos terapeutas reconhecem que ele é parte integrante dos conflitos nos relacionamentos, eu o transformei em um dos temas centrais da minha abordagem terapêutica.

Não importa o quanto um relacionamento se inicie feliz e pleno, em algum momento um dos membros do casal — normalmente a mulher — começa a sentir um quê de insatisfação, desapontamento, ou simplesmente infelicidade. Ela vai expressar seus sentimentos abertamente, procurando fazer com que o parceiro tome conhecimento de que alguma coisa mudou no relacionamento e que alguma coisa precisa ser feita para que ele volte a ser o que era. Ela persegue seu homem com o objetivo de fazer com que ele lhe garanta segurança emocional e lhe proporcione maior intimidade.

Um homem e uma mulher naturalmente entram e saem de sincronia um com o outro no decorrer do relacionamento. É algo comum e até normal, e muitos casais são capazes de administrar isso. Mas os problemas surgem quando a mulher demonstra sentimentos de solidão e a necessidade de maior intimidade. Por sua vez, o homem responde se distanciando dela. Ele se retrai, se afasta e se fecha mais do que nunca em sua concha. Ele pode reagir simplesmente negando à sua parceira, respondendo que ela está fazendo barulho por nada. Ele pode repelir suas tentativas de iniciar um diálogo mudando de assunto, injetando um pouco de humor na conversa ou até mesmo expressando braveza ou uma mágoa surpreendente. Talvez ele até mesmo diga que está ocupado naquela hora e que falará com ela mais tarde.

Uma habilidade básica que você precisa para pôr em ordem no relacionamento é a de inverter os papéis; dessa maneira, em vez de constantemente persegui-lo, ele irá começar a perseguir você. De maneira simples, tudo se resume a assumir o controle da comunicação no relacionamento.

Lembre-se de que os relacionamentos mais equilibrados contêm elementos de todos esses cinco tipos de casais. Em muitos casais, o homem e a mulher são capazes de entrar e sair desses papéis com frequência, mas o problema surge quando se prendem a um papel específico.

Falando línguas diferentes

Após algumas sessões em meu consultório, meus pacientes geralmente descobrem que não falam a mesma língua. Eles pensam que falam a mesma língua pela maneira como se comunicavam quando se apaixonaram. Estavam tão sintonizados um com o outro que dificilmente precisavam dizer muita coisa para entender o que o outro queria dizer. Criaram uma linguagem temporária "do amor", na qual ambos se sentiam compreendidos e ouvidos. Eles se lembram desses primeiros dias do relacionamento como pura felicidade e ficam chocados quando percebem que não têm mais a mesma sintonia de antes. O casal pensa que a crise se deve à sua inabilidade para voltar no tempo e reviver o período romântico do início do relacionamento, quando a comunicação era fácil e natural.

A realidade da situação é bem diferente. A verdade é que muitos casais nessa situação desagradável não estão assim porque perderam a habilidade de se comunicar como amantes em lua de mel, mas porque estão encarando a vida dura do relacionamento, uma luta que estão destinados a repetir vez após vez até que, espera-se, um dia seja resolvido (falarei mais sobre o assunto posteriormente).

Os homens ouvem as coisas de um modo diferente das mulheres. Eles tendem a reagir de maneira diferente, mas de um jeito previsível do qual você pode se beneficiar para ser ouvida. Tudo depende de como você se comunica. Entretanto, antes que você possa aprender novas maneiras de se comunicar para atingir os resultados desejados, vamos explorar como você tem se expressado e recebido comunicações até hoje. Isso tem início quando você deixa de ser participante ativa do relacionamento e começa a observá-lo como se estivesse de fora.

Compreendo que você está tão envolvida nesse relacionamento que ele se tornou parte do ar que respira. Para você se afastar e observá-lo de maneira objetiva, seria como participar de um jogo de futebol muito disputado sendo ao mesmo tempo jogador e juiz. É difícil – admito –, mas não é impossível. E o resultado será uma revelação gratificante para você.

Transforme-se em uma observadora do seu relacionamento

O fato é que você sabe como observar relacionamentos porque é isso que tem feito na maior parte da sua vida. O exercício a seguir vai usar o seu diário para ajudá-la a aprimorar sua habilidade de observação e ler nas entrelinhas para interpretar os significados ocultos.

ABRA SEU CADERNO

Pense em quando era mais jovem e tente se lembrar de uma situação em que viu seus pais discutindo ou até brigando.

Lembre-se do que foi dito e tente deixar de lado as associações emocionais que você tem com essa situação. Pense apenas no que foi dito, na maneira como foi dito, e o que você poderia dizer a respeito do que estava acontecendo por trás de todas aquelas palavras. Abra o seu caderno, e, com algumas frases, escreva o que lembra do que foi dito. Você está simplesmente transcrevendo a conversa de acordo com a sua memória; resista à vontade de adicionar qualquer interpretação emocional que possa associar com as palavras escritas.

Agora, lembre-se da última vez em que saiu com um casal de amigos e teve a oportunidade de observar o diálogo deles. Ponha-se no papel de detetive e lembre-se da linguagem corporal, do tom de voz, das mudanças verbais e da escolha das palavras do casal. Escreva esse diálogo em seu caderno — exatamente como se lembra dele. Conforme relê essa anotação, perceba a frequência com que os dois interpretam — ou interpretaram errado — o que foi dito e como isso formatou a resposta.

Para visualizar melhor o subtexto de uma conversa, vejamos um exemplo da conversa de um casal ouvida em um restaurante:

Ela (*observando o namorado se servir de uma garfada de batatas fritas*): "Ei! Calma, né?! Por que você não pede em vez de já ir enfiando o garfo no meu prato?".
Ele (*rindo*): "Deixe de ser egoísta. Não faria mal dividir um pouco de vez em quando".

Parece bastante despretensioso, não? Mas, nessa breve conversa, você deve ter notado que o diálogo deles, de poucas sentenças, continha uma riqueza de possíveis pistas que indicavam um grupo de dinâmicas que estavam em ação nas entrelinhas do relacionamento. Seria razoável você argumentar que tudo o que ela estava pedindo era que seu namorado tivesse a educação de pedir um pouco das suas batatas antes de enfiar o garfo no seu prato. Mas talvez esse tipo de comportamento seja justamente uma das coisas que mais a irritam; isso faz com que ela se lembre do irmão, que costumava pegar comida do seu prato e desrespeitá-la de outras maneiras. Também é possível que o namorado saiba que esse comportamento a faz subir pelas paredes. Talvez ele esteja revidando por ela tê-lo feito esperar no carro, ou talvez ele esteja bravo com ela por algo muito mais sério. Independentemente da provocação, ele claramente ficou ofendido com as palavras, tanto que ele a ataca, põe lenha na fogueira fazendo críticas e comentários negativos sobre a sua personalidade.

Veja então que algo simples como uma conversa de poucas palavras pode abrir uma janela para o mundo pessoal do casal e nos dar uma noção das forças que estão agindo por trás do relacionamento deles.

Aqui está outro exemplo de como as pessoas em um relacionamento interpretam as mesmas palavras de modo diferente, baseadas nas suas experiências do passado. Embora as suas diferentes interpretações normalmente acabem em um episódio desagradável ou até mesmo explosivo, o homem e a mulher continuam levando o relacionamento como se acreditassem que a outra pessoa tivesse percepção extrassensorial.

Deixe-me apresentar um casal com o qual trabalhei no passado: Márcia e Randy. Recentemente, Márcia recebeu uma promoção no trabalho e ligou para Randy, o namorado, para contar a boa notícia. Ele respondeu exatamente como ela esperava, sugerindo que comemorassem "com um encontro em casa". Enquanto guardava o celular, Márcia criava imagens de velas e vinho, uma conversa tranquila e uma sobremesa maravilhosa. Entretanto, quando chegou em casa, descobriu que ele havia pedido pizza e alugado um dos seus DVDs favoritos.

Márcia ficou desapontada e magoada. Quando tentou dizer o motivo do seu desapontamento, Randy simplesmente não conseguia entender o que havia deixado Márcia com aquele mau humor todo. Na família dela, ocasiões especiais significavam um belo jantar com todos conversando amigavelmente ao redor da mesa, saboreando boa comida e dando boas risadas. Para Randy, comemorações em família normalmente aconteciam ao redor da TV, com todos assistindo a programas de esportes, com amigos e vizinhos passando por lá, comendo alguma coisa e ficando um tempo no sofá. A situação poderia ter sido evitada se Randy tivesse perguntado o que Márcia gostaria de fazer e deixasse que ela ditasse as particularidades da noite. Randy simplesmente assumiu que eles viam a situação da mesma maneira.

Esse exemplo ilustra como um casal pode passar muito do seu tempo entendendo mal um ao outro caso não invistam em um tempo para aprender como se comunicar de forma efetiva.

Ecos emocionais do seu passado

A história de Márcia e Randy também demonstra como as experiências de um passado distante podem afetar o seu dia a dia e o seu relacionamento atual. Frequentemente, as discussões em um relacionamento começam por causa de alguma coisa que seu parceiro diz ou faz e que lembra você de uma dor anterior ou experiência infeliz. Você, então, reage a essas associações negativas com tristeza, temor ou irritação.

Muitas pacientes, ao iniciar a terapia, percebem que estão reagindo instintivamente a essas cicatrizes emocionais ocultas. Cegamente escolhem o caminho da raiva e do ressentimento sem se dar conta de que essas emoções são lembranças de uma situação dolorosa que passaram há muito tempo. Na terapia, entretanto, aprendem que têm uma escolha quando essas emoções as atingem. Quando param e tentam entender o que está acontecendo por detrás das aparências, em vez de interpretá-las mal, elas conseguem romper seus laços com o passado.

Quem já não experimentou uma situação em que o parceiro diz alguma coisa que faz com que você se lembre do que seus pais ou pessoas da família costumavam lhe dizer, que machuca ou provoca sentimentos ruins? Em um caso extremo, uma mulher fica louca da vida quando o namorado, ao vê-la maquiada, a elogia dizendo que ela é tão atraente que qualquer esforço extra seria "em vão". Mais tarde, entendi que minha paciente havia sido humilhada pela mãe na adolescência todas as vezes que se maquiava diante do espelho antes de sair para um encontro. A mãe havia dito que, na tentativa de ficar atraente, ela parecia uma mulher vulgar. A tentativa de elogio do seu namorado (embora parecesse uma grosseria) trouxe à tona todos os sentimentos de inadequação e ressentimentos do passado. Se ela tivesse conseguido se analisar e interpretar a intenção do comentário, poderia ter canalizado seus sentimentos feridos de modo mais adequado, em vez de descontá-los nele com uma briga terrível.

É possível que a maneira como seu namorado, repetidas vezes, a ensina a dirigir faz com que se lembre dos tempos em que sua mãe tentava ensiná-la e acabava gritando com você. Se esse for o caso, é fácil descobrir o motivo pelo qual você tem um ataque quando ele a lembra de usar a seta ao mudar de faixa, para ultrapassar o carro à frente.

E o que dizer quando ele fica mandando mensagens o tempo todo? Todas as vezes que você tenta conversar com ele, ele pega o celular e começa a teclar com um dos seus amigos sobre nada muito importante, enquanto você fica ali parada tentando chamar sua atenção. Isso não faz com que se lembre do seu pai, que sempre ligava a televisão quando tentava falar com ele a respeito da escola, e mesmo assim ele continuava assistindo a programas de esporte ou a uma comédia — ou qualquer coisa que estivesse passando — em vez de prestar atenção no que você dizia?

Baixe a guarda, ouça, verifique!

Aprender a ouvir de modo objetivo é uma habilidade essencial no controle da comunicação para alcançar seus objetivos emocionais. Você e seu namorado faziam isso quando se conheceram, mas não havia barreiras entre vocês e os dois usavam a mesma linguagem. Agora, seu relacionamento está em crise, os dois falam línguas diferentes e você está usando uma armadura, pronta para lutar ou se defender. Vou lhe mostrar como ouvir, falar a língua dele, checar as coisas e usar a comunicação com os acessórios que estão no seu kit de ferramentas para baixar a guarda, pôr o relacionamento em ordem e, finalmente, conseguir o que deseja.

Abra seu caderno

Escreva três exemplos de quando reagiu emocionalmente ao seu parceiro. Não importa quem estava certo ou errado. O importante é que você se sentiu assolada por uma forte emoção, seja ela raiva, humilhação ou vergonha. Certifique-se de que escreveu o que foi dito antes da sua reação e como você reagiu. Não é importante ligar essa emoção com uma experiência do passado ou uma pessoa da família. Agora, o objetivo é sensibilizar você ao seu estilo de comunicação e a do seu parceiro, fazer com que aprenda a ouvir objetivamente o que escutou.

Ouvir nosso parceiro é, geralmente, uma das habilidades mais fracas das mulheres, porque fomos acostumadas a ser passivas ou controladas pelo planejamento quando ouvimos. A verdadeira conversa pode ser um desafio para casais que estão juntos há muito tempo. Quantas vezes você consegue ouvir seu parceiro lhe contar a mesma história repetidas vezes antes que pare de escutá-lo completamente? Seus dias de glória jogando pela escola no Ensino Médio? Sua viagem a Fort Lauderdale nas férias de primavera, quando ficou tão bêbado que deixou o carro no meio da rua e acordou no dia seguinte sem conseguir se lembrar de onde o havia deixado? E quando ele teve um dia ruim no trabalho e não deixou por menos: seu chefe estúpido, seus colegas idiotas ou os clientes malucos. Depois de dois ou três desses monólogos, você é capaz de dizer o que ele falará antes mesmo de ele emitir um único som.

Exercício: pare de falar e ouça

Muitos homens e mulheres que recebo na terapia pararam de ouvir um ao outro bem antes de procurar meu consultório. Por isso, o próximo exercício trará muitas atividades que envolvem o "ouvir atentamente". Desse modo, gostaria que você evitasse qualquer tipo de julgamento ou avaliação enquanto investiga o que seu parceiro diz com perguntas curtas, neutras, que têm o objetivo de ajudá-lo a sair da sua concha e se sentir seguro ao se expressar, seja com pensamentos ou sentimentos previamente desarticulados. Provavelmente você ouvirá coisas — talvez um tom na voz — que não ouve há muito tempo ou que nunca tenha ouvido. Isso até pode reacender a admiração pelo seu homem, que há muito tempo tem sido uma pequenina chama.

Para atingir esse objetivo, você precisa parar de falar e ouvir durante dez minutos, uma vez por dia, deixando que ele fale a maior parte do tempo. Deixe que ele conte sobre o seu dia, fale sobre o trajeto para o trabalho, sobre a sua mãe, a mãe dele, e, enquanto ele estiver falando, absorva tudo.

Na verdade, gostaria que você me imitasse, desenvolvendo o seu lado "terapeuta". Você já viu terapeutas atuarem na televisão ou em filmes e sabe exatamente como eles agem: são inquiridores, mas aceitam as respostas. Sondam, mas respeitam os limites. São simpáticos, sem consentimentos óbvios. Sempre meneando a cabeça com concordância e perguntando: "Como você se sente a respeito disso?". É um pouco como agir como um detetive. Você pode parecer curiosa e inquiridora — não com aquele famoso "peguei você", mas como se estivesse genuinamente sentindo empatia pela experiência dele e querendo aprender mais.

Entretanto, como a maioria das rotinas de sobrevivência que os casais cavam para si, você precisará "desaprender" alguns hábitos antigos. Os casais desenvolvem sinais para se expressar na linguagem conversacional que lhes permite uma rápida comunicação.

Algumas vezes parece urgente, e ele precisa da sua ajuda imediatamente, como, por exemplo, o tom da sua voz chamando seu nome porque não consegue encontrar o seu celular. As perguntas que eu gostaria que você fizesse são aquelas que os terapeutas usam para conferir o que realmente está sendo respondido. Utilize frases que estimulem o parceiro a contar as coisas com detalhes. Não se satisfaça com o tipo de resposta que você normalmente recebe quando pergunta como foi o dia dele. Se ele responder, como sempre faz, com um: "Nada demais", não pare por aí. Mostre a ele que você está sinceramente interessada. Use o que você sabe da vida dele para fazer com que ele se abra. Como você sabe que ele percorreu um trajeto longo entre a casa e o trabalho, pergunte como foi hoje. Como você o ouviu reclamar de um novo colega de trabalho, pergunte como as coisas estão se resolvendo. Seja curiosa. Importe-se com as respostas.

Nesse exercício, também quero que você devolva a ele as suas respostas, repetindo o que ouviu. Esteja certa de que o ouviu corretamente. Veja este exemplo: "Oi. Eu tive de ficar por perto o dia todo enquanto meu chefe mostrava ao novo colaborador as tarefas".

Você, então, poderia responder assim: "Por que você não disse ao chefe que mostraria as tarefas ao novo colaborador?". Ou: "Parece que seu chefe não dá muito valor ao seu tempo, para desperdiçá-lo dessa maneira". Ou ainda: "Isso tem exatamente a cara do seu chefe". Em vez disso, entretanto, quero que você repercuta para ele o que disse e o que você ouviu, usando o máximo possível as palavras dele mesmo. Fazendo assim, deve sair algo do tipo: "Parece que você teve um dia difícil ficando só com o seu chefe!".

Veja outro exemplo. Ele diz a você: "Billy amarelou e não foi jogar. A namorada o mantém na rédea curta".

Agora talvez você sinta a necessidade imediata de partir para o ataque, defender a namorada do amigo dele e sugerir que talvez o Billy tivesse coisas melhores para fazer que sair para jogar futebol com a mesma turma de sempre. Talvez você não goste do Billy e veja nessa ocasião uma oportunidade para cutucar e concordar com ele que Billy é mesmo um grande covarde, e não apenas quando não aparece no jogo dos amigos. Entretanto, em vez disso, quero que você ouça atentamente e modele a sua resposta baseada no comentário do seu namorado. Você pode tentar dizer alguma coisa do tipo: "Pena que ele perdeu o jogo. Parece que desapontou a todos". Aqui está uma oportunidade para atuar como terapeuta, investigar mais alguns detalhes, ser curiosa.

Você pode continuar: "Acontece com frequência de a namorada dele impedir que ele vá ao jogo?". Ou quem sabe assim: "Você se lembra de outra vez que ela o impediu de se encontrar com vocês?".

Tente usar perguntas que precisem mais do que um sim ou um não como resposta; desse modo ele pode falar mais e sentir que está sendo interessante. Se você ficar sem saber o que dizer, simplesmente resuma o que ele disse com suas próprias palavras. Balance a cabeça e acompanhe o raciocínio com uma pergunta para deixar claro o que ele está dizendo. Não acrescente comentários em nenhum momento, julgamento ou conselhos, simplesmente ouça, observe e confirme. Certifique-se de que aquilo que você ouviu é o que ele disse. Isso vai parecer um pouco estranho, formal, falso ou unilateral. Toda mudança parece estranha no começo. Essa é uma habilidade importante para você guardar no seu kit de ferramentas para usar depois. Seu propósito agora é deixar que ele saiba que, na verdade, você está ouvindo o que ele fala. Quando ele começar a se sentir ouvido, se sentirá menos ameaçado e desconectado de você. Dessa forma ele estará sendo preparado para as próximas lições.

A parte mais difícil desse exercício é conseguir não se expressar e não tomar partido no seu lado da conversa. Mas lembre-se: é apenas nesta Seção. E essa postura vai mudá-lo na longa caminhada.

Exercício: você está realmente ouvindo?

Para fazer uma rápida avaliação de como você se classifica como ouvinte, copie as cinco perguntas a seguir no seu caderno e escolha a resposta que melhor descreve você. Essa avaliação lhe dará algumas ideias de como você pode se transformar em melhor ouvinte no futuro.

Respostas:
Sempre
Às vezes
Raramente
Nunca

1. Eu interrompo a conversa?
2. Eu realmente percebo as "entrelinhas" quando ele diz uma coisa mas talvez queira dizer outra?
3. Eu realmente me concentro e tento lembrar de informações importantes?
4. Consigo controlar minhas emoções quando ele está bravo ou triste?
5. Desligo a TV ou paro de ler quando ele está falando?

Desembaraçando os fios

Primeiro, tente o exercício de parar de falar e ouça por alguns dias os assuntos neutros, aqueles que não provocam ou desequilibram suas emoções. Depois que você se sentir um pouco mais confortável com esse tipo de exercício, tente fazê-lo abordando um assunto mais sensível. Vejamos um exemplo:

Eu estava fazendo terapia com Margô e Tom, que estavam com problemas de comunicação. A reclamação de Margô era que ela sempre se sentia criticada por Tom. Comecei selecionando um assunto que eu sabia que era problema para eles. Margô ficava triste porque Tom sempre saía da sala ou se afastava dela quando falava ao telefone. Isso fazia com que ela ficasse desconfiada, indignada e até mesmo excluída.

Tom: "Acho que você sempre está tentando ouvir minhas conversas particulares. Você me sufoca".

Margô: "Nunca fico ouvindo o que você está dizendo. Eu não me importo! Mas também não entendo por que você não pode falar o que precisa dizer na minha frente. Você está sempre falando com os amigos. O que diz a eles que não posso ouvir?".

Tom: "Olha, eu tenho direito à minha privacidade e posso conversar com quem eu quiser e quando eu quiser!".

Margô e Tom estavam chegando perigosamente perto do mesmo ponto nevrálgico que sempre chegavam quando tocavam nesse assunto.

Eu fiz uma intervenção, ajudando a mudar a maneira de construir suas sentenças. Pedi que Margô começasse novamente.

> **Margô**: "Na verdade, fico muito incomodada pelo fato de você não falar ao telefone na minha frente".

Dessa vez, pedi a Tom que repetisse para Margô o que ele tinha ouvido sem incluir nenhum dos seus pensamentos ou emoções na resposta.

> **Tom**: "Sinto muito que você..."
> **Eu**: "Não, não se desculpe. Apenas diga a Margô que você entende que ela tem problema com essa questão".
> **Tom**: "Tudo bem. Você não gosta quando eu saio da sua frente para falar ao telefone. Agora eu sei que isso a deixa ansiosa".
> **Eu**: "Muito bem! Margô, isso resume seu sentimento?".
> **Margô**: "Sim! Pensei que ele fizesse isso deliberadamente apenas para me irritar! Tom, é muito bom ouvir que você entende que, quanto sai da sala, faz com que eu me sinta insegura, como se estivesse escondendo alguma coisa".

Ao reportar o que ouviu, na posição de um observador da conversa, você será capaz de ajudar seu parceiro não apenas a entender seus sentimentos de uma maneira mais clara, mas também a articulá-los. Agora seus sentimentos estão claros e você pode dirigi-los de maneira direta e honesta. É opção de Tom querer continuar a sair da sala quando fala ao telefone. Entretanto, minha intuição é a seguinte: agora que Margô sabe que Tom tem consciência dos seus sentimentos, ela ficará mais confortável deixando que ele tenha conversas particulares com os amigos ao telefone sem se sentir enganada ou indigna da sua confiança. E Tom, por sua vez, se sentirá mais confortável ficando na sala quando falar ao telefone com os amigos.

Espero que você esteja começando a apreciar quão poderosa pode ser em uma conversa quando participa como observadora da comunicação. Vamos tentar fazer mais um exercício, como observadora, de modo que você ganhe o controle de que precisa para alcançar o relacionamento saudável e equilibrado que almeja.

O papel dos pais, do adulto e da criança

Você já se pegou ensinando ou dando conselhos ao seu parceiro sobre alguma coisa e de repente parou e pensou consigo mesma: "Nossa, estou parecendo minha mãe!"? Todos nós temos momentos em uma conversa que parecemos nossos pais: "Não se esqueça de levar o guarda-chuva; vai chover mais tarde hoje", "Você está trabalhando demais; desse jeito vai ficar doente", "Não fique até muito tarde na rua, lembre-se de que precisa acordar cedo amanhã para a entrevista de trabalho". Todas as vezes que as suas falas estiverem cheias de "você deveria" e "não faça tal coisa", está atuando no papel de pais.

Não é nada ruim ter uma perspectiva de pais. Você faz isso quando acha que precisa dar conselhos educativos ou uma orientação bem intencionada. Mas talvez suas orientações não sejam recebidas com o mesmo espírito com que foram dadas, mesmo que esteja tentando fazer o melhor para o seu namorado. Ele pode pensar que você está importunando, querendo dominar, ou sendo protetora; na verdade, talvez esteja sendo mesmo.

De vez em quando todos nós lembramos nossos pais ou agimos como crianças — e assim deveríamos fazer quando for apropriado. Você já imaginou como seria irritante se fizesse o papel dos pais e ele o de criança todas as vezes que fizessem amor? Nesse caso, o melhor ambiente sexual é quando os dois estão no mesmo nível, de preferência agindo um pouco como crianças curiosas e felizes.

Existe um terceiro papel de comunicação por meio do qual você pode ter uma conversa significativa: o de falar como adulto. Comunicar-se de uma maneira factual e sem emoção permite que a outra pessoa ouça o que você está dizendo de uma forma não ameaçadora e que o ajuda a responder como adulto. Sentimos que estamos mais conectados quando transmitimos nossa verdadeira intenção e quando somos compreendidos sem nenhum interesse baseado em poder obscuro de ambos os lados.

Veja um exemplo do que quero dizer. Nos dois exemplos seguintes, as pessoas dizem a mesma coisa, mas a partir da perspectiva de um papel diferente.

> **Criança**: "Não empresto as minhas chaves para você; você sempre perde as coisas que lhe dou ou nunca me devolve".
>
> **Pais**: "Se eu emprestar as minhas chaves, lembre-se de devolvê-las, certo?".
>
> **Adulto**: "A última vez que pediu emprestadas as minhas chaves, você se esqueceu de devolvê-las".

> **Criança**: "Todas as vezes que planejo sair para um jantar especial com você, seu irmão não larga do nosso pé".
>
> **Pais**: "Seu irmão deveria ter vida social e não ficar no nosso pé em todas as oportunidades que surgem".
>
> **Adulto**: "É a terceira vez neste mês que o seu irmão aparece para jantar com a gente".

Comunicar-se como adulto é o modo como falamos com os amigos e conhecidos no trabalho. O tom da fala deixa de lado os imperativos emocionais, os julgamentos ou a passividade infantil. É o tipo de comunicação que deixa o ouvinte ter uma escolha e lhe dá opções a respeito do que precisa ser feito a seguir. A conversação é aberta e respeitosa.

Exercício: reconheça os papéis que vocês dois desempenham

Neste exercício, quero que você simplesmente observe quando assume o papel de "pais" e como seu namorado responde a isso. A questão não é criticar ou repreender a si mesma quando lhe der ordens ou mostrar preocupação; simplesmente observe e anote.

Ao mesmo tempo, também gostaria que você observasse quando ele diz coisas que fazem com que você pense que ele está agindo como criança. Isso provavelmente acontece mais nos fins de semana do que você imagina. Por exemplo, quando ele responde de forma áspera e concisa ou quando age como sabichão: "Eu já ouvi da primeira vez!", "Você não precisa gritar, não sou surdo", "Já fiz isso centenas de vezes, não precisa me ensinar".

Quando ele fala dessa maneira com você, está agindo com um pouco de hostilidade, e quem mais pode culpá-lo? Ele provavelmente se lembra de ter dito que compraria comida pronta no caminho para casa (mas não faria mal nenhum lembrá-lo, faria?). Homens (e mulheres) podem agir como crianças nas conversas e também serem sarcásticos: "Sim, querida. Eu tampei a pasta de dentes", ou: "Sim, meu bem. Vou vestir uma camiseta limpa quando sairmos para jantar com seus pais no sábado".

Em ambos os casos, de modo desafiador ou sarcástico, pela sua conversa ele está se comportando como uma criança.

Abra seu caderno

Com os três canais de comunicação em mente — pais, adulto e criança —, escreva duas ou três falas que teve com seu namorado todos os dias durante uma semana. Determine o papel que cada um está fazendo e escreva qual foi o papel seguinte à sentença do diálogo enquanto você se lembra da conversa. Você está falando como "pais" e ele como "criança"? Você está atuando como "criança" enquanto ele atua como "pais"?

Não existe certo nem errado, porque há momentos em que é completamente apropriado — e até mesmo necessário — agir no papel de "pais". Por exemplo, em situações em que seu parceiro precisa que você faça uma refeição especial: quando ele está doente ou quando teve um dia péssimo. E haverá momentos em que vocês dois agirão como pais, ajudando um ao outro a resolver um problema ou planejando uma noite maravilhosa.

Enquanto escreve as suas falas e especifica os papéis de cada um, perceberá o valor de conversar como adultos. Você descobrirá que essas interações são as mais satisfatórias e importantes. São conversas em que os dois discutem um assunto sem alteração. De maneira clara e factual, descreva a situação sem ser mandona ou patroa, e permita que ele formule livremente sua opinião e plano de ação.

Imagino que no momento a sua comunicação de adulto para adulto é pouca e esparsa. Você está descobrindo que vocês ou agem todo o tempo como pais críticos com o filho genioso ou desempenham o papel de criança mimada de pais indolentes e controladores.

Perceba agora a maneira como conversam um com o outro. Esse é o primeiro passo rumo à posição de observadora, aquela que entende o parceiro e o seu relacionamento, assumindo o controle.

Check-up do sexo

Gostaria de concluir esta primeira Seção lhe ajudando a começar a pensar sobre sexo de uma maneira nova e bem diferente. O sexo é a parte central de todo relacionamento romântico. Pode ser que foi o sexo que deu início ao seu relacionamento em um primeiro momento, em uma atração física completa. Ou então o sexo é a única coisa que resta no relacionamento, uma vez que tudo o mais definhou e murchou. Ele também pode ter um grande papel no relacionamento quando você não o tem. Ele é sempre um barômetro confiável que sinaliza o que está acontecendo em todo o relacionamento.

Você pode pensar que sexo seria a última coisa que eu pediria para não controlar e se tornar uma observadora. Mas, para conseguir obter a qualidade e a frequência do sexo que você deseja, terá de assumir o controle do sexo também. E, para fazer isso, precisará entender as várias fases do seu ciclo sexual e observar como elas afetam o prazer que você tem — ou não. Pelo fato de o sexo ser a forma máxima de comunicação, o simples observar dessa fase e o reconhecimento de onde estão os problemas farão com que você consiga controlar o diálogo físico para atingir a intimidade que deseja.

A roda do sexo

Para começar, visualize sua vida como uma roda. Imagine que o eixo da roda é a sua vida sexual e os vários raios são as outras áreas da vida, a parte pública: amigos, família, trabalho, finanças, hobbies. De maneira geral, veja como você curte o resto do seu tempo. Se todas as áreas da sua vida estão bem, todos os raios serão do mesmo tamanho, e a sua roda vai rodar suavemente.

A roda do sexo contém as várias áreas da sua vida. Se tudo estiver equilibrado, cada raio da roda terá o mesmo tamanho. Desequilíbrios farão com que os raios fiquem desiguais: se sua mãe estiver doente, ou se você brigar com seu melhor amigo, ou se estiver com problemas no trabalho, sua roda ficará deformada. Os raios ficarão com tamanhos diferentes e você rodará aos trancos e barrancos. E se o problema envolver mais que um raio, a viagem ficará ainda mais turbulenta.

A *roda do sexo* contém as várias partes da sua vida. Se todas estiverem em equilíbrio, cada raio da roda terá o mesmo comprimento. Desequilíbrios tornarão os raios irregulares e o trajeto, acidentado.

Abra seu caderno

Abra o caderno e desenhe a sua roda do sexo da maneira que está agora. Sua roda deve ter oito raios, que representam o trabalho, o dinheiro, a vida em casa, o lazer, os amigos, você e o seu parceiro, os familiares e outras áreas que talvez queira adicionar. Desenhe raios mais longos para as áreas que considera mais saudáveis. Rapidamente perceberá que quando os raios tiverem o mesmo tamanho, a sua roda do sexo rodará mais suavemente. Não se preocupe, eu não espero que você tenha agora uma roda perfeitamente redonda, como delineado acima.

Talvez você esteja com problemas no trabalho, o que afeta a segurança financeira. Ou talvez não tenha vida social, o que influencia a maneira como passa o tempo livre. Esses são apenas dois exemplos. Se muitos raios da sua roda tiverem tamanhos significativamente diferentes, ela vai se parecer com um pneu murcho. O seu eixo terá pouco apoio, e, provavelmente, sua vida sexual estará com sérios problemas.

O seu ciclo sexual

Voltaremos ao tópico do sexo muitas vezes neste livro e trabalharemos com ele de forma mais profunda na Seção 8. Agora, gostaria apenas de familiarizá-la com aquilo que é bem conhecido como as cinco fases do fazer amor: desejo, excitação, platô, orgasmo e resolução.

ABRA O SEU CADERNO

Para ajudá-la a pensar a respeito do seu ciclo sexual, criei um questionário. Responda a cada uma das seguintes questões. Seja honesta e clara. Este questionário é para você e para ninguém mais. Deixe que sua imaginação corra solta, libere todas as inibições e não deixe que as respostas sejam influenciadas por aquilo que você acredita serem as reações do seu amante. As perguntas ajudarão a ver claramente como as coisas estão agora e para onde você quer levá-las.

- O que você faz para que seu parceiro fique no clima?
- O que ele faz para que você fique no clima?
- Como você mostra que gostaria de levar a coisa mais adiante?
- Como você sabe que seu parceiro está a fim?
- Quem toma a iniciativa?
- É fácil dizer não? O que acontece se você disser não?
- Como você sabe que está ficando excitada?
- Como você sabe que ele está começando a ficar excitado?
- Você perde o tesão com facilidade?
- Você (ou ele) se distrai com facilidade?
- Você consegue facilmente tirar o tesão do seu homem?
- Você (ou ele) planeja o sexo? Com frequência, de vez em quando ou nunca?
- Como você gostaria de ser seduzida?

- Como você gostaria de seduzir o parceiro?
- Quais são as suas fantasias?
- Quais são as fantasias do seu homem?
- Ele conhece as suas fantasias?

As diferenças sexuais entre o homem e a mulher

O sexo tem de começar com o desejo. Alguma coisa acende no seu interior e pronto: você acha seu parceiro atraente e precisa de contato. A expectativa cresce e, à medida que começam a se beijar e a se tocar, os dois ficam cada vez mais excitados.

As mulheres precisam das preliminares para ficar excitadas, e a excitação delas normalmente demora mais para acontecer que a dos homens. A excitação alcançará a fase do platô, que pode durar algum tempo antes de o orgasmo acontecer. Devo mencionar aqui que é bem raro as mulheres terem orgasmo apenas com a penetração; então, se não houver preliminares, ou se elas forem insuficientes, é improvável que o orgasmo aconteça.

É bem diferente com o homem. Ele pode ficar excitado e ter uma ereção apenas pela visão ou pelo seu cheiro, por um sussurro, ou até mesmo pela sua fotografia. Também é diferente quando o homem está prestes a ter um orgasmo; ele não consegue se controlar tão bem quanto uma mulher. Chega um ponto em que o seu clímax é inevitável, não pode ser impedido, mesmo que ele pense em alguma coisa bem diferente para se distrair.

Para as mulheres, alcançar o orgasmo é também um estado da mente e pode ser interrompido por um simples pensamento. Depois do orgasmo há um período de intimidade, proximidade, liberação do estresse, enquanto vocês, juntos, se recuperam do clímax; é o chamado de período de resolução.

Há muitas maneiras de aproveitar as cinco fases do seu ciclo. Em cada fase também podem existir problemas para interromper seu prazer. Um tipo de problema é que você e seu amante, com frequência, não estão na mesma fase do ciclo ao mesmo tempo. Outro problema é que se você repetidas vezes tem o mesmo problema sexual no mesmo ponto do seu ciclo sexual, então ficará cada vez mais difícil repetir o ciclo. Talvez até pare de fazer sexo para evitar o inevitável: o desapontamento doloroso.

Mensagens sexuais confusas

Deixe-me dar um exemplo do Tool Academy. Uma mulher do elenco comentou que todas as vezes que ela e o parceiro faziam sexo, imediatamente depois do orgasmo ele sempre se levantava e ia para a outra sala assistir TV. Não existia a fase de relaxamento para essa mulher, não havia a intimidade e a proximidade de que ela precisava para ter uma experiência sexual completa e satisfatória, que era, em primeiro lugar, seu objetivo no sexo. Além disso, esse sentimento de abandono também assombrava todo o relacionamento.

Esse casal ganhou uma noite de sexo em um programa de televisão. Depois admitiram que foi o melhor sexo que já tiveram, pois ele não pôde fugir quando o orgasmo terminou. Talvez você ache que tenha sido muito estranho fazer sexo em público, por assim dizer, porque estavam em um programa de televisão. Mas a alegria de conseguir realizar o ciclo completo do sexo sem os problemas que normalmente tinham na fase de convivência foi mais importante que a ideia de que outras pessoas poderiam estar assistindo àquela cena. Por estar na televisão, ele simplesmente não pôde escapar e foi forçado a completar o ciclo da mulher. Depois do orgasmo, eles se deitaram e compartilharam a experiência. Mais tarde, na terapia, ficou mais claro que os dois tiveram prazer na nova intimidade descoberta e ele admitiu que isso os aproximou mais.

Tive outra paciente que pude ajudar em terapia. Essa mulher conseguiu identificar que sentia apenas uma pequena mudança na fase da excitação do seu ciclo sexual. As intimidades quase não existiam e todo o ato era dessincronizado e não dava prazer. Ela nunca se excitava totalmente, a penetração era muito rápida e, porque ela não estava suficientemente lubrificada, o ato ficava mais doloroso e, consequentemente, ela perdeu todo o interesse em fazer sexo. Ela sabia que seu ciclo de fazer amor acabaria fazendo com que ela se sentisse deixada para trás e usada. E isso sempre machuca. Não é de admirar que ela nunca tenha desejado tomar a iniciativa do ciclo sexual e que não conseguia se sentir desejada por ele.

A habilidade de comunicação é o primeiro passo

Agora que já demos os primeiros passos juntos, espero que você possa começar a identificar e a entender os vários modelos e métodos pelos quais nos comunicamos — ou não nos comunicamos — com nossos amantes.

Muito do que está errado com o seu relacionamento gira em torno das mensagens transmitidas verbalmente, ou não, que não são intencionais e voluntárias, e que empurram o objeto do seu desejo para mais longe do seu alcance. Por isso, a maneira perfeita para começar a reorganizar seu relacionamento é compreender totalmente o que você está comunicando e assim controlar a maneira como você o comunica. A comunicação tem uma ligação muito estreita com o comportamento, e o comportamento está envolto pelas emoções. Ao controlar a maneira de se comunicar, você será capaz indiretamente de trazer à tona comportamentos e sentimentos do que sente falta no seu relacionamento.

Você já começou a dominar algumas habilidades essenciais de comunicação que usará durante essas dez sessões para levar o seu relacionamento a maior realização e intimidade.

Um velho provérbio chinês diz que toda viagem começa com o primeiro passo. Parabéns! Você já deu esse primeiro passo quando aprendeu a controlar e a melhorar a sua habilidade de comunicação e a do seu homem. Agora você consegue identificar os tipos de comunicação que põe o seu relacionamento em rota de colisão, mas você pode dar os passos necessários para brecar o veículo antes que isso aconteça. É um trabalho duro, eu sei, mas qualquer mudança é. Se você estivesse no *Tool Academy* eu lhe daria a medalha da comunicação. Mas agora se dê a primeira recompensa bem merecida que você listou no seu caderno.

Lembre-se, o foco deste livro é muito importante para melhorar o futuro do seu relacionamento. Para que isso aconteça, o próximo passo é descobrir algumas das ciladas do relacionamento às quais agora você está exposta — são os perigos herdados, cujas raízes estão enterradas no seu passado.

Seção 2

Quebra dos padrões do passado, solução dos problemas do presente

Você tem uma amiga que sempre acaba ficando com o Sr. Problema? Ou talvez essa situação descreva a sua vida amorosa. Existe uma semelhança misteriosa entre os homens com quem você fica? Muitas das minhas pacientes apresentavam esse problema na primeira consulta.

Um exemplo disso é Samanta. Todas as vezes que ela e o namorado, Justin, saíam para uma festa ou para beber, ele começava a brigar com alguém — normalmente com um cara duas vezes maior —, e a noite acabava no pronto-socorro. Samanta passou mais noites de sábado no pronto-socorro levando Justin para fazer curativos do que consegue se lembrar. Ela finalmente buscou ajuda na terapia quando os médicos, depois de vê-la semana após semana, começaram a tratá-la como uma vítima de briga.

Outra paciente — vou chamá-la de Jaycee — sempre escolhia músicos para namorar. Todas as vezes que saíam ela tinha de dividir o namorado com as outras pessoas da banda. Em casa ele pegava o violão e começava a dedilhar quando ela tentava conversar, ou pior, logo após terem feito sexo. Ele se referia ao violão como a "outra" do relacionamento, até que uma verdadeira "outra", inevitavelmente, aparecia. Todos os seus relacionamentos terminavam quando ela descobria que os namorados eram traidores inveterados. Ela procurou minha ajuda quando finalmente entendeu que já tinha suportado o bastante.

Todos os namorados de Ami eram solitários e gostavam de se isolar, preferindo ficar em casa. Com o namorado mais recente, o sexo era muito bom, mas poucas vezes eles saíram juntos. Raramente foram a festas com os amigos ou a uma danceteria. Ele nunca insistiu que ela ficasse em casa; ele simplesmente deixou claro que não gostava dos amigos dela. No começo do relacionamento, nos feriados da Independência ou de Halloween, ela foi para as festas com as amigas (e os namorados delas) e ele ficou em casa jogando no computador. Com o tempo, Ami começou a se sentir culpada e não aceitava mais convites para sair com as amigas. Finalmente, quando procurou a terapia, descobriu que estava sozinha, nutrindo ressentimento contra ele e com saudade da mulher que fora um dia.

Aqui estamos nós novamente

É fácil reconhecer padrões autodestrutivos ou contraproducentes na vida das outras pessoas. Somos capazes de reconhecer nos familiares ou nos amigos de longa data decisões recorrentes e atos que de algum modo terminam mal ou trazem todo tipo de problema às nossas famílias. Esses padrões podem acontecer em qualquer área, não apenas na vida romântica. Às vezes, podemos ver quando determinadas pessoas, repetidamente, se prendem a comportamentos que as deixam em maus lençóis com os chefes, companheiros de trabalho ou outros amigos, e podemos fazer prognósticos da sua queda. Em cada exemplo, alguma coisa — geralmente a mesma coisa — provoca um desastre que poderia ter sido evitado. É muito mais difícil reconhecer as sementes destrutivas que crescem em nosso relacionamento e se desenvolvem em futuros desapontamentos, fracasso ou perda. Depois de anos fazendo as mesmas escolhas ruins no que se refere a namorados, muitas de nós finalmente acordamos para o fato de que podemos ser nossas piores inimigas quando se trata de selecionar amores. O que ainda é muito mais difícil de compreender é o motivo pelo qual sempre somos atraídas pelo mesmo tipo de pessoa. O que nos compele a buscar determinado sofrimento? O que nos leva a ser atraídas por aquele tipo de homem que inevitavelmente vai nos machucar pela traição ou por ser emocionalmente distante ou que nos controla e dessa maneira nunca encontramos aquilo que verdadeiramente precisamos em um relacionamento? E uma vez consciente das forças contraproducentes que obscurecem nosso discernimento romântico, de que modo teremos força e convicção para nos abrir e nos mostrarmos romanticamente atraídas por outro tipo diferente de pessoa? Ainda pior, se não vencermos essa busca impulsiva pelo homem errado, estaremos condenadas a ficar presas nas confusões em que invariavelmente nos metemos.

Mudando nossos padrões do passado

Esta Seção responderá a essas perguntas. Ela é diferente de qualquer outra Seção porque, além de levá-la a uma viagem de descoberta pelo seu interior, também investigará seu passado. Muitas mulheres que ajudei relutam muito e não querem reviver o passado. Afinal de contas, elas me dizem, o passado está morto e enterrado. Não estão interessadas em investigar suas mágoas da infância ou lembranças antigas e desagradáveis. Sei por experiência que você simplesmente não será capaz de ir adiante no seu relacionamento sem confrontar os acontecimentos e relacionamentos, os desejos e os medos que a moldaram. Você terá de seguir suas ordens, reagir a emoções e incidentes que aconteceram há anos, enquanto é manipulada como um fantoche.

Os exercícios que fará nesta Seção não são palpáveis, tangíveis e concretos. Provavelmente, serão diferentes de qualquer outra coisa que já tenha feito, e por isso é necessário ter a mente aberta e ser totalmente honesta. Se você for fiel aos exercícios, garanto que descobrirá padrões obscuros que pautaram muitas decisões românticas na sua vida – passada e presente. E aprenderá como quebrar esses padrões para tomar decisões baseadas no que verdadeiramente deseja em um relacionamento amoroso e apaixonado.

Faz parte da natureza humana evitar a dor, evitar coisas que nos fazem infelizes e nos proteger de qualquer coisa que nos entristeça. No decorrer da vida, cada um de nós desenvolve defesas emocionais e psicológicas que usamos para nos proteger de lembranças dolorosas e sentimentos de dor e perda. Agimos dessa maneira todos os dias, porém mal nos damos conta de que fazemos isso, nem deveríamos fazê-lo, na maior parte do tempo. Essas proteções nos mantêm funcionando, nos proporcionam segurança emocional e psicológica. Não é de admirar que os psicólogos denominam essas entidades psíquicas de "defesas", pois elas realmente nos defendem das feridas emocionais e espirituais que carregamos no dia a dia.

Entretanto, há momentos em que essas defesas atrapalham. Em certo ponto da sua vida elas foram úteis e ajudaram a enfrentar e se adaptar a novas situações, mas agora são obstáculos que impedem você de atingir o patamar emocional mais alto, enfraquecendo seus interesses de longo prazo. Essas defesas fortaleceram os padrões do comportamento autodestrutivo ou contraproducente que você repete constantemente. As atitudes e os sentimentos, moldados pelos relacionamentos e pelas pessoas do passado, foram completamente entendidos e benéficos naquela época. Mas agora eles lançam uma nuvem gigante no seu cotidiano, e de maneira invisível controlam seu comportamento e suas reações diante das situações. Eles não são, de maneira alguma, percebidos.

O mito de que os opostos se atraem

Deixe-me contar a história de Jody. Ela veio fazer terapia comigo porque queria muito ter um filho, mas todas as vezes que tocava nesse assunto com os namorados da sua lista interminável, eles ficavam hesitantes, indecisos e terminavam por deixá-la. Estava claro para mim desde o primeiro momento do nosso encontro que ela estava desesperada. Falava alto e compulsivamente, suas frases longas e tensas dificultavam o meu entendimento para poder questioná-la. Enquanto relatava sua história, interrompia a fala com gestos grotescos que sinalizavam o quanto estava desesperançosa e precisava de ajuda. Seus olhos corriam rapidamente de um canto da sala para o outro. Ficou evidente para mim que Jody estava em um beco sem saída e naquele momento estava esgotada. Depois de ouvi-la por alguns instantes, comecei a juntar as peças. A reclamação básica de Jody era a de que nenhum dos seus namorados assumia o compromisso de ser pai. Começamos a conversar sobre o que a atraía a um determinado tipo de homem e sobre suas escolhas de namorados. Nessa Seção ela descobriu que sentia atração por homens independentes, rudes, que gostavam de corrida de bicicletas, de consertar carros e de participar de maratonas — homens que se cuidavam.

Jody era filha única e o pai trabalhava em uma grande gráfica. Ele passava muito tempo lá e, quando chegava em casa, sua mãe já tinha feito tudo, preparado o banho, a comida e verificado se todas as roupas estavam limpas. Em consequência disso, Jody se sentia completamente ignorada. Jody sempre fora ensinada a cuidar das coisas do pai e, quando a mãe faleceu de câncer, o pai esperava que a filha de 19 anos crescesse e cuidasse dele da mesma maneira que a esposa que havia acabado de falecer. Jody tentou por um tempo, mas depois, de repente, saiu de casa, e o pai teve de se arranjar sozinho.

Trabalhando com exercícios como o próximo que apresentarei a você, Jody descobriu que os homens pelos quais se sentia atraída eram aqueles que — por uma razão ou outra — achavam que seriam eternos namorados, e a ideia de casamento, ainda mais a ideia de ter uma família, ameaçava seus dias. Estou simplificando uma pessoa muito complexa e com uma vida complicada a título de ilustração, mas basta dizer que Jody estava presa ao trabalho árduo de se apaixonar por homens que em nada se pareciam com o estilo de vida dependente, sufocante ou emocional do pai exigente. Seu problema foi ter tomado outra direção e se envolvido com homens que não conseguiam se imaginar em um relacionamento compromissado ou assumindo a responsabilidade de família. Dessa maneira, Jody ficava presa entre o companheiro ideal que imaginava e a realidade que esse tipo de homem basicamente era incapaz de dar a ela — o que na verdade era o que ela almejava em um relacionamento.

Seu passado se repete no presente

Todos temos um padrão estabelecido ou um plano quanto ao que desejamos de um relacionamento amoroso e apaixonado, baseado nas nossas experiências, nas interpretações do nosso passado e das nossas expectativas quanto ao futuro. Como podemos ver na história de Jody, o mito de que os opostos se atraem é só um mito. Jody foi marcada pelo relacionamento com o pai, que exigia atenção total e constante às suas necessidades. Ela viu como isso prejudicou a mãe e não queria que o mesmo acontecesse a ela; então deixou o pai, determinada a ficar com homens que não tivessem nenhuma pretensão de formar família.

Porém, dentro daquela Jody durona e independente havia outra mulher, alguém que queria cuidar e ser cuidada por uma família — a sua família. Ela ansiava pela atenção e o amor que nunca recebera da mãe. Ela queria fazer a coisa certa, dando à criança que desejava a atenção de que foi privada no seu crescimento. Jody descobriu que os homens pelos quais sentia atração, os homens que pensava serem o oposto do seu pai, infelizmente também tinham a tendência de ser homens que não queriam filhos. E assim Jody se viu em um dilema de comunicação. Desejava desesperadamente uma família, mas sentia atração por homens que achavam o papel de pai algo detestável.

A grande surpresa veio mais tarde. Nas conversas com Jody, entendi que a avó havia sido repetidamente desprezada pelo marido, o avô de Jody. Sua avó havia tentado obter do marido o amor de que tanto precisava, mas sem sucesso.

Ele não apenas abusou fisicamente dela, mas um dia, quando a mãe de Jody tinha um ano, o avô ficou tão bravo com a avó, por causa de uma tolice, que ficou sem falar com ela durante três anos — literalmente não falou uma palavra diretamente com ela durante três anos inteiros, como castigo. E, quando chegou a hora de a mãe de Jody escolher o companheiro, ela pensou que estava escolhendo alguém oposto ao pai, um homem que não era agressivo ou que estivesse sempre irritado. Entretanto, pelo contrário, ela escolheu um namorado cruel, com as mesmas exigências intermináveis, e, por sua vez, a mãe de Jody atendia a todos os seus caprichos e necessidades. A mãe teve um relacionamento no qual sempre se doou, mas nunca lhe foi permitido nenhum prazer ou atenção.

Agora era a vez de Jody. Ela não queria escolher um homem que abusasse dela, que pegasse todo o seu amor e lhe desse pouco ou nada em troca, como a mãe e avó tinham feito. Os homens com que se envolvia eram bons namorados, mas torpes quanto a um compromisso de longo tempo. A ruptura aconteceu quando Jody percebeu que os homens que ela pensava serem exatamente o oposto do pai e do avô, todos os homens que pensou ter cuidadosamente escolhido e procurado, eram, na verdade, exatamente como eles. Eram incapazes de assumir um compromisso ou compartilhar o seu amor, e, pelo contrário, eram bons na arte de sugar a atenção das amantes. Era apenas uma variante do tema negar afeição e compromisso verdadeiro.

É estranho como padrões de relacionamentos do passado, que aconteceram em gerações anteriores, podem ocorrer novamente e ser outra vez um desafio aqui e agora. Não é incomum que os problemas que você esteja passando no seu relacionamento já tenham acontecido anteriormente com seus pais e familiares. Talvez, ao observar o relacionamento dos seus familiares, tenha prometido nunca passar por aquela situação desagradável que, infelizmente, está passando agora. Mas aqui está você, buscando soluções para quebrar o padrão de comportamento que está lhe deixando exausta e vazia.

O quebra-cabeça do passado da sua família

Esta Seção traz um exercício que será dividido em quatro partes. Como peças de um quebra-cabeça que apenas você pode solucionar, é um exercício fácil e divertido. De maneira simples, você produzirá dois tipos de diagramas que representarão vários aspectos dos relacionamentos da sua família. O primeiro é chamado de obra de arte porque lembra uma peça de arte moderna, com objetos justapostos em um trabalho que representa os laços de relacionamento que você tem com sua família. O segundo tipo de diagrama é um genograma, um desenho baseado na obra de arte que lhe dará um vislumbre mais preciso do que acontecerá nos seus relacionamentos.

Tanto a obra de arte como o genograma são vagamente baseados no conceito da árvore genealógica. Eles representarão os laços emocionais entre você e os membros da sua família. Começar a construir a sua obra de arte será como fazer uma investigação complexa ou construir um grande quebra-cabeça. Meus pacientes ficam sempre perplexos, pois geralmente um dilema do passado, que nunca foi resolvido adequadamente nas gerações anteriores, infiltra-se no presente e se repete mais uma vez. Alguns padrões serão óbvios, como no caso da jovem que tinha um pai alcoólatra e agora se vê casada com um homem que começa a beber depois de perder o emprego. Outros padrões vão exigir um pouco mais de trabalho investigativo antes de serem descobertos.

Não subestime o poder de fazer os exercícios. Ler a respeito deles a ajudará a desempenhá-los corretamente e lhe dará instruções importantes sobre como interpretar adequadamente os resultados. Mas ler é uma atividade passiva, e nada pode substituir a experiência manual de fazer os exercícios. A atividade física produz acesso a informações, emoções e pensamentos que estão escondidos ou fora do alcance da sua visão há muito tempo.

Um casal, trabalhando com seus genogramas, descobriu que os pais dos dois tinham se casado sem a aprovação dos avós. O casal ficou surpreso ao perceber a conexão, porque eles também tinham fugido para se casar contra a vontade dos pais, e de forma inesperada repetiram a tradição familiar.

Exercício, parte 1: faça uma obra de arte a partir dos padrões do seu passado

Quando faço esse exercício com meus pacientes, uso a minha enorme coleção de botões e uma superfície bem grande, como a mesa da cozinha ou o chão da sala de estar. Os botões representarão os vários membros da família dos pacientes, e é um material muito bom, pois tenho botões de todos os tipos, tamanhos, texturas e estilos. Você não precisa necessariamente usar botões; use qualquer objeto para fazer uma colagem: pedras pequenas, cristais, moedas, balas, pedaços de fita, recortes de revistas ou até mesmo uma variedade enorme de flores secas.

Junte cerca de quinze a trinta objetos para que tenha uma variedade grande de escolha, e eles serão usados para descrever seus relacionamentos. Você pode ficar tentada a ler a próxima Seção, mas seja paciente e siga as instruções conforme eu for passando, assim fará as descobertas da melhor maneira. E porque você pode levar vinte minutos para fazer o exercício, reserve um bom tempo para realizá-lo e trabalhe em um lugar onde não será incomodada.

Você fará uma obra de arte com os objetos selecionados, baseando-se nos laços emocionais que tem com seus familiares e pessoas que considera importantes durante seu crescimento. Comece selecionando um objeto — um botão, neste exemplo — que representará você quando garotinha, com seis ou sete anos de idade. Coloque o botão na sua frente, no centro de uma grande superfície vazia.

Depois escolha botões que representem, por sua vez, seu pai, sua mãe, seus irmãos e irmãs (se tiver), tias, tios, primos e até os vizinhos mais próximos — caso eles tenham tido um papel importante no seu crescimento. Coloque na mesa esses botões que representam pessoas junto com o botão que representa você quando criança. A distância entre o seu botão e os outros botões deve ser mais ou menos como a proximidade que sentia em relação a cada um deles e como eles eram ligados uns aos outros. Volte no tempo o máximo possível e tenha certeza de que incluiu todos com quem tinha uma ligação emocional, mesmo se já faleceram, e os organize na sua obra de arte.

Por exemplo, selecione um botão que representa sua mãe. Ponha sua mãe a uma distância adequada do seu botão — perto do seu botão, se achar que ela era próxima a você na sua infância, ou distante, se sentir que era distante dela. Faça o mesmo com os outros membros da família, parentes e qualquer pessoa que tenha tido alguma importância na sua vida. Tente também não capturar apenas o relacionamento que você tinha com elas, mas o relacionamento entre elas. Se seu pai e sua mãe brigavam muito e não eram próximos (mas cada um deles era bem próximo a você), sua obra de arte deveria representar essa questão de modo que esses botões fiquem distantes um do outro, porém próximos a você. Deixe que seus sentimentos a dirijam enquanto coloca todos os botões, e lembre-se de como se sentia em relação a essas pessoas e como elas agiam umas com as outras.

Quando achar que completou a obra de arte, pare e se afaste para ter uma visão geral. O que você vê? A imagem revela alguma surpresa? Foi difícil combinar esses objetos com seus parentes? Foi difícil colocar os objetos na distância correta, especialmente quando acrescentava mais pessoas ao quadro? Se usou botões, aquele que usou para representar seu pai é marrom e duro? O botão usado para representar a sua irmã não é uniforme nem convencional, mas cheio de recortes?

Abra seu caderno

Este primeiro exercício pode ser bem emocionante e provocar uma catarse. Quanto mais você investir nele, mais insights a sua obra de arte lhe retornará. Deixe o caderno por perto e, quando fizer descobertas e associações, escreva-as, bem como qualquer revelação, pensamento e dificuldade que teve durante o exercício. Ficou chocada quando percebeu que tinha pouca gente na sua família durante a infância? Teve dificuldade para se lembrar dos seus avós e de como eles se relacionavam com as pessoas? Algumas das minhas pacientes descobriram que não eram tão próximas de um dos pais quanto pensavam. Outras reconheceram que tinham rivalidade com os irmãos e não percebiam essa questão. Uma mulher nunca havia avaliado corretamente a influência da tia até fazer a obra de arte. O que pegou você de surpresa? Qual disposição dos botões provocou emoção em você?

A obra de arte de Wayne e Sally: incluindo a família de Sally

Gostaria de lhe apresentar Sally, uma jovem de vinte anos que se tornou minha paciente. Quando me consultou, ficou claro que era muito frágil e vulnerável. Enquanto falava, as frases iam morrendo até ficar como um suspiro sem ar. Durante a Seção de terapia, ela, repetidas vezes, tinha uma postura defensiva, apertava os braços sobre o peito, inclinava os ombros de um modo que transmitia tanto necessidade de proteção quanto de um abraço. Era difícil para Sally olhar nos meus olhos e parecia que se sentia mais à vontade quando fixava o olhar no pequeno vaso de flores ao lado da cadeira. Tudo no comportamento modesto e comedido de Sally praticamente gritava: "Mantenha distância, não se aproxime!".

Sally começou sua obra de arte pegando um pequenino botão azul da minha coleção para representá-la. Ela o colocou no centro do chão, à sua frente. Então pegou um botão bem grande e preto para representar o tio e o depositou o mais longe possível do botão que a representava. Primeiro olhou para o botão do tio e demorou para tirá-lo da caixa. Inicialmente Sally não queria escolher botões para representar os pais, mas finalmente escolheu um bem fofinho e grande para a mãe e o pôs no chão. Depois pegou o botão que representava o namorado da mãe e o colocou bem longe do seu botão. Em seguida, escolheu botões para representar o irmão e a irmã e os ajeitou bem perto do pai — porque eram muito próximos. Por último, escolheu botões para os avós, que não tiveram grande importância nem um papel significativo na sua infância. Olhando para a sua arte final, me entristeci um pouco com o botão azul solitário no chão e, quando Sally também percebeu isso, começou a chorar.

Enquanto progredíamos com a terapia, fui entendendo cada vez mais seu passado e o mistério da sua obra de arte ficou bem claro. Sally havia sido abusada sexualmente pelo tio aos quatro anos e depois, novamente, aos dez. Depois disso, foi enviada para um orfanato.

É uma história forte e dramática. Espero que a sua — e sua obra de arte — seja bem diferente. Escolhi a história de Sally por ser uma situação extrema (embora você ficasse surpresa ao saber quantas mulheres compartilham aspectos dela), e acho que lhe dará uma ideia melhor de como o exercício funciona. Mas a história de cada pessoa é única, então não deixe que as especificidades da história de Sally interfiram no modo de explorar sua própria história e criar sua própria obra de arte. A história de Sally e como ela fez seu exercício não precisa ser um modelo exato para o seu, nem mesmo um gabarito a ser seguido. Mostro a você os exercícios de Sally porque acho que descrever como outros passaram por essa experiência é algo bem instrutivo, mas não fique restrita a esse exemplo ou a qualquer ideia preconcebida de como sua obra de arte deveria ser. Mexa os botões, sentindo a exata disposição que represente os relacionamentos de cada um com o seu botão e entre si na sua obra de arte. Sim, você na verdade sente quando move o botão para a posição correta.

Exercício, parte 2: faça uma obra de arte dos seus padrões atuais

Na fase seguinte do exercício, quero que repita o exercício anterior, mas agora mude sua obra de arte de modo que ela mostre os relacionamentos da sua vida atual. Os botões que usou para representar as pessoas próximas a você no passado mudaram? Quem morreu? Ou talvez, com o passar do tempo, você tenha ficado mais íntima de seus irmãos e agora eles estão mais próximos do seu botão?

Mude sua obra de arte escolhendo botões e posições para cada um que é importante na sua vida agora, no presente. Escolha botões, ou outros objetos, para todas as pessoas novas que entraram na sua vida adulta e os ajeite conforme as mesmas regras usadas na obra de arte anterior. As posições dos botões atuais devem refletir a força dos laços emocionais em relação a você ou a qualquer botão no momento atual. Se você acha que algo mudou em relação à sua infância quanto a uma pessoa da família, sinta-se à vontade para trocar os objetos de lugar, de modo que representem uma aproximação mais fiel de como você se sente agora. Não gaste mais que dez minutos para construir sua obra de arte dos padrões do presente.

Admito que será uma "pegadinha". Para que consiga acertar, provavelmente terá de fazer mais do que uma ou duas tentativas. Mas, se testar a posição para cada botão como faria com uma peça de um quebra-cabeça, vendo se ela se encaixa adequadamente, descobrirá que com um pouco de paciência tudo se encaixará.

A obra de arte de Sally e Wayne: incluindo a família de Wayne

Agora retornemos à obra de arte de Sally e como o trabalho ficou quando inseriu no quadro a família de Wayne.

Primeiro, ela escolheu os dois botões mais brilhantes para representar os dois filhos e os ajeitou bem próximos ao seu botão. Em seguida, colocou o botão de Wayne (um preto bem grande!) e os pais dele bem perto um do outro, mas do outro lado do seu botão e dos seus filhos. Havia também um grande espaço entre Sally e Wayne, obviamente significando a ruptura que estavam vivenciando naquele momento.

Depois, escolheu um botão para a cunhada de Wayne e o pôs bem perto dele, porque Sally suspeitava que ela estava dormindo com seu marido. Colocou também o botão do irmão de Wayne longe de todos.

Observe a sua obra de arte

Quando terminar o trabalho, separe um momento para refletir sobre o que vê à sua frente. Pode parecer bobagem, mas olhe para a sua obra e veja se não se esqueceu de incluir o seu parceiro. Por mais estranho que pareça, cerca de 40% das minhas pacientes se esquecem dos seus parceiros na segunda fase! Acrescentam as crianças, os sogros, até mesmo o melhor amigo do parceiro, mas se esquecem de inserir o namorado ou o marido na obra de arte. Se você se esqueceu dele, esse detalhe vai dar pano para a manga. Ele é insignificante na sua vida, inexpressivo? Ele não tem nada a dizer? Nenhum poder? Você gostaria, na verdade, que ele fosse embora? Talvez você se sinta muito distante da sua família e da dele, e eles simplesmente não se misturam. Escreva no seu caderno como se sentiu diante dessas revelações e qual seria o motivo, na sua opinião, de ele ter sido a última coisa que veio à sua mente quando pensou na sua vida atual. Se você tivesse incluído seu marido na obra de arte, como ele seria? Por que escolheu esse objeto para representá-lo? Faça um breve resumo dos seus pensamentos.

Seja o terapeuta: um momento para reflexão

Se utilizou botões para o exercício, que tipo de botão usou para cada pessoa? Você selecionou um botão cheio de frisos para sua irmã toda meticulosa? Um verde para a irmã ciumenta? Um quebrado para o avô agressivo?

Também preste bastante atenção no lugar em que colocou os botões em relação a você. Talvez tenha ajeitado um irmão de cada lado do seu botão porque eles nunca se deram bem e você sempre fez o papel de mediadora. Se a mãe do seu namorado for emocionalmente muito próxima a ele, mas não a você, sua obra de arte mostrou essa questão pelo posicionamento do botão da mãe dele no lado oposto ao seu? Talvez tenha posicionado a mãe do seu namorado separada, a meia distância entre seu botão e o dele, porque ela sempre se intromete entre vocês dois. O que você sente diante desse quadro? Se você se relaciona melhor com a irmã dele do que ele, você colocou o botão que a representa mais perto do seu botão do que do dele? E o pai dele? Onde ele se encaixa no quadro? E a questão da "ex", que ele vê ocasionalmente como uma amiga? E o filho dele, que fica com vocês durante o fim de semana? Você escolheu um botão para cada pessoa da família dele e os parentes? Foi muito difícil misturar a família dele com a sua?

Se tem filhos, incluiu as crianças? Onde seus filhos se encaixam na constelação de botões? Sua filha está bem pertinho do seu botão e seu filho perto do botão do seu parceiro? Se você tem ex-maridos ou ex-namorados com um papel ativo na sua vida, você os incluiu na obra? Se não o fez, por que não? Se sua filha passa mais tempo com seu ex-marido, o pai dela, você encontrou uma maneira de representar esse relacionamento na obra?

Anote no caderno o impacto emocional do exercício em você. Lembre-se: nada é certo ou errado. Você não tem de fazer sentenças completas. Frases simples, ou até mesmo uma palavra, funcionam bem. Capture seus sentimentos da melhor maneira possível, de modo que consiga se lembrar das suas revelações e usá-las posteriormente. Se tiver uma máquina fotográfica ou um celular, tire fotos da sua obra de arte para poder retornar a ela mais tarde.

O que sua obra de arte está lhe dizendo sobre a sua história familiar?

Com o passar dos anos, pude perceber como a obra de arte pode ser poderosa por apresentar uma imagem rápida, reveladora e dramática das inter-relações de uma pessoa. Tenho muitos exemplos de como esse exercício pode estabelecer uma fonte rica de material para minhas pacientes trabalharem. Lembro-me de uma mulher, chamada Sara, que fazia terapia comigo. Ela costumava combinar os botões das três irmãs, sua mãe e o seu. Depois, quando colocou o botão do marido, pegou um verde bem pequeno. Também escolheu três botõezinhos verdes do mesmo tipo para todos os maridos das três irmãs. Isso mostra que todos os maridos eram agricultores. Quando me contou a vida das irmãs, ela continuava confundindo quem era quem na obra de arte. E percebeu que também as confundia na vida real. Seu pai trabalhava em uma fábrica e era muito diferente dos maridos que ela e as irmãs haviam escolhido. Selecionou um botão preto para representar o pai. Explicou que nunca havia se sentido especial na infância; não havia se sobressaído e ninguém a notava. Ficou notório para Sara, olhando todos os botões, como ela se sentia na infância.

Outra mulher que estava fazendo esse exercício no meu consultório — vou chamá-la de Ellie — demorou bastante para identificar um botão que representasse o marido, mas, ao encontrá-lo, logo começou a conversar com o botão como se fosse o esposo, embora ele estivesse sentado bem ao lado dela. Ela apertou o botão entre os dedos, junto ao rosto, e começou a chorar. Soluçando, ela disse a ele (o botão) o quanto o amava e como se sentia culpada por não ter estado ao seu lado quando o pai dele faleceu — o que tinha acontecido recentemente. Foi um fato marcante e catártico.

Certa vez, uma jovem que ajudei com a terapia simplesmente pegou um punhado de botões e os depositou em cima da sua primeira obra de arte, que consistia apenas dela e de sua família. Quando perguntei o que estava acontecendo, ela disse que a pilha de botões era a família do seu marido. Havia, no mínimo, cinquenta botões empilhados em cima dela e do marido. É claro que a família grande do marido estava enterrando o relacionamento deles. Outra jovem pegou um botão e o jogou do outro lado da sala, quebrando a peça em dois pedaços. Há muitas histórias e pequenos detalhes para se juntar à obra de arte. Por isso, não se apresse para explorar a si mesma e seus relacionamentos neste exercício, e lembre-se de anotar no caderno as emoções, as revelações e as conexões que aconteceram com você.

Se for paciente e honesta, tenho certeza de que agora você vê aspectos dos seus relacionamentos a partir de uma nova perspectiva. Talvez perceba o quanto as irmãs do seu namorado se intrometem quando você tenta passar mais tempo com ele. Talvez veja claramente como você está desligada da sua família, tendo substituído a família dele pela sua por causa do relacionamento.

Voltaremos a trabalhar na sua obra de arte na última parte do exercício, por isso prenda bem os botões, ou os objetos que está usando, com fita adesiva e guarde a obra de arte em um lugar seguro, ou fotografe o trabalho a fim de que possa reconstruí-lo posteriormente.

Agora você completou a primeira das duas fases do exercício e ambas envolveram a construção de uma representação tridimensional dos relacionamentos do passado e do presente. Acredito que essa obra de arte lhe deu uma nova perspectiva dos seus relacionamentos e tenho certeza de que os próximos dois exercícios trarão revelações ainda mais profundas na sua jornada de autodescoberta. Acredite em mim, as coisas vão ficar cada vez mais interessantes.

Você se lembra de quando mencionei que o primeiro passo era ter controle do seu relacionamento e que seu parceiro a liberaria das influências dolorosas e contraproducentes do seu passado? Esses ecos têm mensagens que condenam você a fazer as mesmas escolhas ruins e a repetir o mesmo comportamento autodestrutivo. Bem, agora você está pronta para dar o próximo passo e fazer com que aqueles padrões se tornem cada vez mais identificáveis e, portanto, mais precisos.

O seu genograma

Vou levar a ideia da sua obra de arte para o próximo nível ensinando a você como fazer um genograma. *Genograma* é uma palavra imaginativa que vem do latim *gen*, que significa "que é produzido", e *gram*, que significa "algo escrito ou desenhado". Assim, genograma, em uma tradução grosseira, significa um quadro que mostra como você foi produzida. Um genograma, em termos terapêuticos, é uma representação gráfica de pessoas e forças do seu passado e de seu presente responsáveis por moldar o seu lado emocional. É uma foto instantânea de quem você é e de como se transformou nessa pessoa que é.

Muitos padrões previsíveis de conflito serão revelados quando fizer seu genograma. Os temas, mitos, questões e comportamentos que se originaram no passado e que causam problemas ao seu relacionamento presente serão trazidos à tona a fim de que os reconheça e os analise. O exercício será um mapa do sistema familiar de vocês dois. Você conseguirá ler esse mapa relacional que a ajudará a descobrir os padrões de repetição das suas gerações familiares.

Enquanto faz seu genograma no caderno, ele vai se parecer com uma árvore genealógica. Usará símbolos para seus parentes, suas idades, conexões que mostram quem se casou com quem, quantos filhos tiveram, e assim por diante. Entretanto, as semelhanças terminam por aí, porque o genograma terá mais informações que uma árvore genealógica. Essas informações adicionais a ajudarão a entender melhor os padrões que têm sido discutidos, aqueles que são a fonte de conflitos nos seus relacionamentos.

Seu genograma será constituído de dois níveis de informação:

1. Informações básicas: como em uma árvore genealógica, o primeiro nível de informação consiste de nome, idade, profissão, casamento e morte dos familiares.
2. Características pessoais: o segundo nível de informação contém um resumo das descrições de cada rótulo ou papel do membro da família (comediante, diplomata, voluntário). Basicamente, você descreverá peculiaridades que acha importantes (por exemplo, alcoólatras, pessoas que já foram presas, que já maltrataram ou abusaram de outras, pessoas casadas cinco vezes).

Muitos desses detalhes você já sabe, mas algumas informações exigirão que faça questionamentos a fim de obter as respostas de que precisa. Por exemplo: históricos familiares geralmente não são transparentes por respeito ou por lenda, e com frequência determinados acontecimentos foram enterrados e não são mencionados há muitos anos.

Não tenho a intenção de fazer você mexer em um vespeiro familiar. Você precisará abrir caminhos de modo gentil e cuidadoso para obter informações sem causar irritação ou raiva desnecessárias. Perguntas sobre circunstâncias da vida dos parentes podem ter uma carga emocional muito grande porque envolvem assuntos difíceis como alcoolismo, abuso, aborto, adoção e suicídio. Talvez você não saiba que, na mesma época em que seus pais se divorciaram, sua avó materna faleceu inesperadamente do coração, ou que seu primo seja a criança resultante de um caso da sua tia com outro homem que não é o seu tio.

Lembre-se de que informação é poder. Com um pouco de informação, você conseguirá incluí-las no seu genograma; as conexões feitas podem revelar os padrões que se repetem na sua vida emocional.

Exercício, parte 3: fazendo o seu genograma

Você tem o princípio fundamental e agora está pronta para fazer seu genograma.

Comece fazendo um círculo de tamanho médio próximo ao canto inferior direito da página; escreva seu nome e sua idade dentro do círculo, e sua profissão bem acima dele. Depois, desenhe um quadrado de tamanho médio próximo ao canto inferior esquerdo da página, escreva o nome do seu parceiro e a idade dele dentro do quadrado, e bem acima desse quadrado, a profissão dele. Em seguida, faça uma longa linha horizontal ligando as duas formas geométricas. Se for casada, faça uma linha dupla. Se tem um relacionamento de compromisso, faça uma única linha. Acima da linha, escreva o tempo que os dois estão juntos. Se têm filhos, acrescente-os embaixo da linha, com seus nomes e idades. Por último, inclua seus parentes e os dele para completar o genograma. Os três genogramas abaixo são exemplos para ajudá-la a criar o seu. Seus genogramas também devem incluir os nomes das pessoas.

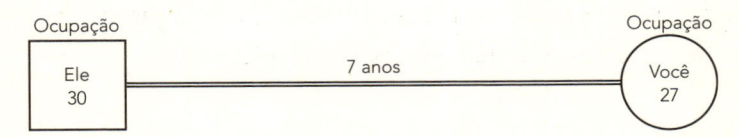

Este primeiro genograma representa um casal casado há sete anos.

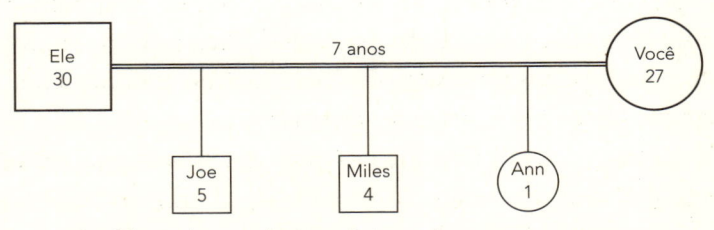

Os filhos do casal são adicionados ao genograma.

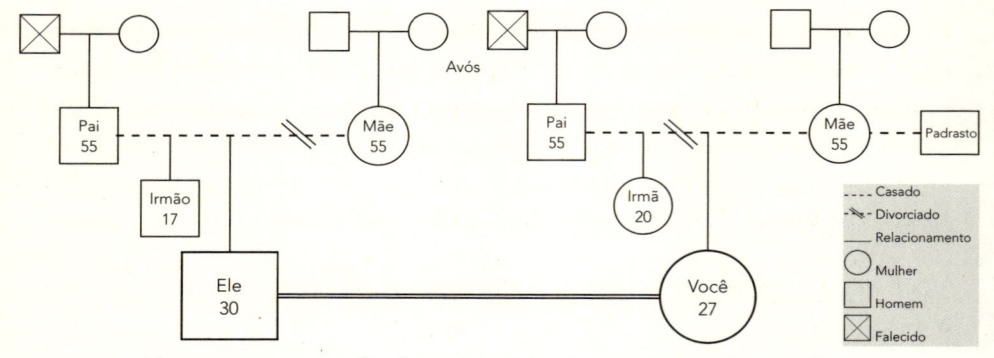

Neste genograma final, os parentes do casal são adicionados.

Não se preocupe se não souber muitas coisas a respeito da família do seu companheiro. Você pode perguntar a ele na próxima vez em que estiverem juntos, em um momento relaxante, e assim ter a oportunidade de praticar novamente o exercício da Seção 1: ouvi-lo atentamente. Você será capaz de preencher o lado do genograma dele sem que ele perceba o seu objetivo, com o benefício de mostrar que está interessada na vida dele e de sua família.

Você vai precisar de muitas folhas de rascunho até finalmente conseguir o espaço e a disposição correta para que todos os seus parentes sejam colocados adequadamente na página. É uma boa ideia usar lápis. E, novamente, não tenha pressa ao fazer o exercício. Não se preocupe se não tiver todas as informações à mão para completar o genograma. Antes de tudo, registre tudo o que sabe no papel; talvez identifique algumas lacunas, mas poderá preenchê-las posteriormente.

O genograma de Sally e Wayne

Voltemos ao casal que você conheceu na Seção anterior, Sally e Wayne. Vamos utilizar o genograma deles para ajudá-la a fazer o seu. Mas tenha em mente que é apenas um exemplo. Você terá de adaptar o que mostrei no genograma deles à sua situação familiar única.

O diagrama mostra que tanto os pais de Sally como os de Wayne estão vivos e foram registrados acima do casal com os irmãos dos pais (isto é, os tios e tias do casal). Se você tiver irmãs e irmãos, inclua-os no seu diagrama também. Sally tem duas irmãs; Wayne tem uma irmã e um irmão. Quando adicionar pessoas ao seu genograma, lembre-se de que um círculo representa a mulher e um quadrado, o homem. Quando acrescentar um casal, a mulher é posta no lado direito e o homem, no lado esquerdo. Se alguém tiver tido um casamento anterior, circule essa pessoa ou faça um quadrado ao lado do seu parceiro com uma linha dupla, como barras diagonais — nas famílias de Sally e Wayne isso mostra que seus pais se casaram novamente. Escreva as idades e os nomes dos parentes nos símbolos desenhados.

Volte ao genograma básico. Você pode ver como logo o genograma ficou cheio de informações. Tudo pode ficar mais difícil se tiver uma família grande.

Faça as conexões

Você está pronta para acrescentar as informações básicas do seu diagrama. Volte para a página do caderno em que escreveu as características e peculiaridades dos seus parentes.

Resuma em uma frase breve ou em uma ou duas palavras características incomuns ou qualidades de cada parente e escreva acima, dentro ou no outro lado do círculo ou do quadrado que representa essa pessoa. Se as características incomuns de que se lembra eram algo como ser agressivo, alcoólatra, andarilho, religioso, viciado em trabalho, órfão ou conquistador, escreva. Se alguns parentes tiverem nacionalidades ou religiões diferentes, anote no seu genograma. Se alguém da família era voluntário ou teve múltiplos casamentos, escreva essas informações também. Se teve um primo que já foi preso ou se teve parentes com problemas com a lei, acrescente essa informação ao genograma. Tenha certeza de que sua primeira impressão ou lembrança da pessoa terá o mesmo significado para o exercício. Se for necessário, invente seus próprios símbolos ou abreviações. "Customize" seu genograma para que tenha o seu estilo, personalize-o.

Novamente, se tiver uma família grande, seu genograma ficará um pouco confuso. Ele é seu, ninguém o verá, a menos que queira. Apesar disso, a fim de reconhecer padrões recorrentes, é importante mantê-lo claro e organizado o máximo possível. Fazer sua obra de arte preparou você para que obtivesse o máximo do seu genograma. Na verdade, você está registrando a obra de arte na forma de mapa.

Agora, recue um pouco e olhe para o seu genograma. Faça círculos, de preferência com canetas ou lápis coloridos, em volta das pessoas que têm as mesmas questões, seja um conflito com os pais, rivalidade com os irmãos, intimidade com mulheres da família ou relacionamentos mornos com os homens. Simplesmente faça todas as descrições no seu genograma. Se teve paciência, fez o exercício com cuidado, usou as revelações e as conexões da sua obra de arte, garanto a você que seus padrões vão surgir — padrões que rapidamente reconhecerá que estão se repetindo na sua vida.

Por exemplo, talvez você tenha descrito claramente que a família do seu parceiro tem o hábito de sempre culpá-la pelos problemas dele. Ao criar o genograma, você verá que a família dele idolatrou os filhos e culpou as noras há duas gerações. Talvez haja "apenas filhos" no lado das gerações do seu namorado, que parecem nunca ter sido financeira ou emocionalmente independentes para tomar seu próprio rumo ou ter empregos ou famílias. Talvez veja como os filhos adultos do seu parceiro, que estão vivendo em casa e aceitam mesada do pai, estão repetindo aquele mesmo padrão. Ou talvez o irmão do seu namorado seja o favorito, o rapaz de ouro que não pode errar, e, quando olha mais detidamente para o seu genograma, percebe que ele carrega uma semelhança estranha com o irmão do seu pai, que era também o preferido na família, e o seu pai era considerado o "perdedor". Isso soa familiar para você?

A essa altura, você precisará se ajustar ao exercício porque, como em um quebra-cabeça, está procurando semelhanças que encaixam pessoas a pessoas e grupos a grupos. Quando você as descobrir, lembre-se de fazer um círculo ao redor delas para lembrá-la de que estão conectadas. O genograma das pessoas são diferentes, mas os padrões estão ali. Procure os temas, mitos e questões recorrentes que talvez tenham se repetido nas suas famílias. Talvez temas como alcoolismo ou drogas estejam presentes na sua família ou talvez todos os homens trabalhem com a lei, transporte, medicina ou vendas. Pode existir uma forte corrente de divórcio no seu genograma. Feudos familiares. Ciúme. Abandono. Quaisquer que sejam os padrões, descubra-os.

Quando achar que terminou, gostaria que desse uma olhada no seu genograma e tentasse ver se esqueceu uma pessoa muito importante ou talvez alguém que nunca tenha notado ou conversado. Uma das minhas pacientes havia se esquecido de inserir a segunda esposa do pai, já por quinze anos, no genograma! Outra se esqueceu de acrescentar a irmã adotiva, embora na verdade ela se sentisse muito próxima a ela. Geralmente, temos pontos cegos quando pensamos em nossos familiares. Às vezes, perceber as pessoas que você se esqueceu de representar no genograma abre seus olhos. Escreva tudo isso no seu caderno.

Conecte os temas familiares do seu passado

Ao trabalhar com seus padrões de genograma, você começará a ligar os conflitos que existem atualmente no seu relacionamento com aqueles que causaram problemas nos relacionamentos dos seus familiares no passado e no presente. Confie em mim! No meu consultório particular, durante anos usei esse exercício inúmeras vezes para revelar as ligações emocionais entre o passado do casal e o das famílias atuais. Ele é apenas uma ferramenta, mas lhe dá insights imediatos quanto às suas questões familiares que talvez não tenha reconhecido anteriormente. Talvez você fique surpresa ao ver um tema repetitivo ou uma questão bombástica literalmente pular do seu caderno enquanto escreve seus pensamentos e impressões.

E lembre-se: leve o tempo de que precisar para fazer o exercício e tente ser instintiva; seja fiel às suas primeiras escolhas. Geralmente é muito difícil ver sua família dessa maneira, mesmo se já estiver familiarizada com os problemas e os temas. O genograma sempre oferece uma perspectiva diferente e esclarecedora.

Acredito que a última parte do exercício seja o momento para um pouco de divertimento. Você já trabalhou duro descobrindo alguns padrões dolorosos e problemáticos, mas agora pode se sentar e descansar um pouco. Você merece! Vamos deixar para trás os problemas e as complexidades do mundo real, e, por um momento, entrar em um mundo de fantasia, só seu. Um mundo em que os relacionamentos são confortáveis, íntimos e recompensadores. Um mundo em que seu parceiro é atencioso e atende às suas necessidades e aos seus desejos. Um mundo em que você consegue controlar a comunicação entre você e seu amante e recebe o reconhecimento e a afeição que perdeu.

Exercício, parte 4: seu futuro fantasioso

Nesse ponto gostaria que voltasse para a sua obra de arte e cuidadosamente removesse a fita adesiva que prende seus botões ou objetos no papel, ou mais, gostaria que recriasse a obra de arte usando uma foto sua para guiar você. Agora, comece a reposicionar os botões, os confeitos ou qualquer outro objeto que esteja usando, e deixe-os refletir o tipo de relacionamento que ousou fantasiar. Não fique constrangida pela fantasia, seja ela o que for. Simplesmente se deixe levar por aquilo que a faz verdadeiramente feliz. Aqui está uma chance de acabar com o conflito e criar uma vida que sonhou. Expresse seus desejos secretos na sua obra de arte. Pensou em ter um amante? Ficar com outros "caras"? Talvez sumir com a sua mãe dominadora? Quer ter muitos filhos? Gostaria de ser amiga de uma pessoa que seu homem desaprova? Talvez queira tirar seu parceiro da obra de arte e ver como se sente se terminar com ele? Tire seus desejos do fundo do baú e os expresse na obra de arte. Tenha liberdade para movimentar seus botões. Remova os botões que representam pessoas com quem não gostaria mais de manter um relacionamento.

Atingindo seus objetivos

Você não está liberando apenas os desejos que mantinha guardados a sete chaves por todos esses anos. Você também está dando um passo importante no curso da sua jornada. Está estabelecendo um destino no qual deseja estar ao fim deste livro. Os terapeutas denominam essa atitude de "estabelecer objetivos". E esse é um ato importante que a capacita a obter sucesso em seu relacionamento, e assim você, verdadeiramente, chegará aonde quer.

Geralmente, as obras de arte de fantasia futura das minhas pacientes são na verdade bem factíveis; não são fantásticas ou inatingíveis. Mas a sua pode ser irreal, se você quiser. Na verdade, ela pode ser uma ferramenta que vai ajudá-la a ir além dos seus sonhos e fantasias, a fim de capacitá-la a estabelecer de modo realista alguma coisa que será obtida mais tarde — o que não significa que você não pode começar tudo de novo, se quiser. Uma paciente jogou fora todos os botões e recomeçou com botões novos para construir uma obra de arte de fantasia futura muito diferente.

Outra mulher trocou os botões de todos os homens por botões de couro, sua ideia do homem perfeito. Outra livrou-se de todos os botões que representavam sua família, acrescentou cinco botões representando os filhos, e agrupou a família do seu marido em volta dela, do marido e dos filhos.

As variações são infindáveis, mas a obra de arte de fantasia futura é única e totalmente sua.

Naturalmente é impossível trazer de volta entes queridos que já se foram, como também é provável que não se consiga restaurar relacionamentos que um dia foram dilacerados. Entretanto, gostaria que essa obra de arte da sua fantasia futura servisse como um plano geral de ataque; se você assim o desejar, uma maneira de abordar seu futuro. Talvez possa trabalhar para conhecer melhor os pais do seu parceiro, como uma maneira de romper com um padrão de controle do ciúme. Ou talvez queira corrigir o rompimento que existe entre você e sua irmã para mudar o padrão repetitivo de hostilidade entre as mulheres da sua família, que se estende há mais de cem anos. Estabelecendo objetivos você também realçou determinados limites como casal e identificou quem você está deixando se aproximar demais e quem você gostaria que se aproximasse mais. Como último registro da Seção 2 no seu caderno, escreva o que a sua obra de arte da fantasia futura lhe ajudou a perceber e sobre o que precisa pensar para garantir as mudanças que deseja no futuro.

Compreensão = escolha

Você percorreu um longo caminho em pouco tempo e realizou muito nesta Seção. Você, com razão, deveria ficar orgulhosa de si mesma. Então, recompense-se com o segundo presente da lista que fez anteriormente e escreva isso em seu caderno. O seu presente simboliza uma medalha pela

Seção das conexões. Você merece. O caminho que seguiu mostrou como seu passado está ligado ao futuro e agora você tem a consciência necessária para romper com os padrões indesejáveis que não lhe proporcionam o que deseja em um relacionamento. Ele mostrou a você o comportamento e as escolhas repetitivas que fizeram com que cometesse os mesmo erros.

Você está pronta para romper com esse modelo? Para conhecer por que reage aos conflitos interpessoais da geração mais velha na sua própria vida? Para ter controle do relacionamento e descobrir o motivo de estar com seu parceiro? A chave para alcançar sua marca única de intimidade no seu relacionamento espera por você na próxima Seção.

Seção 3

Por que você está com ele?

Você já notou que pode estar em um bar ou em uma festa lotada e instantaneamente descobre o "cara mais gostoso" do lugar? Sua antena começa a captar sinais praticamente antes mesmo que troque olhares com ele. Você capta uma vibração indescritível, porém bem definida — algo lhe diz que ele é o seu tipo de homem. Isso acontece em milésimos de segundos. E seu próximo pensamento é: "Humm, acho que vou conhecê-lo". Você nem mesmo percebe que outro cara igualmente delicioso está sentado ao lado dele.

"Sentir-se atraída" por alguém é a frase que descreve perfeitamente essa experiência. No nível emocional, pode ser um sentimento de curiosidade erótica, uma vaga consciência de estar interessada em alguém ou um desejo de conhecer um homem um pouco melhor. Não exatamente seus olhos, seu sorriso ou seu corpo — embora esses itens sejam um grande tesão. Alguma coisa que não consegue expressar em palavras leva você até ele e a compele a fazer uma tentativa.

Isso tudo soa muito romântico, sonhador e maravilhoso. Depois de todos esses anos ajudando mulheres em seus relacionamentos, ainda acredito no amor à primeira vista, mas provavelmente não da mesma maneira que você. Desculpe-me se estou tripudiando um ponto estimado por você, mas um dos conceitos essenciais na minha prática com casais é que a razão de os adultos ficarem juntos em uma relação romântica é a de reprocessar questões não resolvidas da infância. Isso é algo que você acabou de experimentar ao fazer seu genograma na Seção 2. Mulheres (e homens) reconhecem instintivamente a pessoa que os levará aos padrões repetitivos das gerações passadas, que os capacitará a reviver conflitos e medos dos desapontamentos e dificuldades que a família teve no passado. Na verdade, toda a dinâmica que diligentemente desenterrou na Seção passada estava em ação enquanto você estava ocupada se apaixonando.

Gostaria de começar esta Seção pedindo que pense nas qualidades que atraíram você ao seu parceiro no início. O homem que começou aquele relacionamento de modo tão perfeito, mas que logo começou a desapontar, a entristecer, a irritar e até mesmo a machucar você. Vamos retornar a esse ponto crítico importante, mas no momento tente se lembrar de como tudo era no princípio. Quais eram as coisas que ele dizia que faziam você dar risada? Quais eram as pequenas coisas estranhas que admirava nele? Era a maneira como ele tocava você ou era o seu jeito atencioso de ser?

O que estou lhe pedindo pode ser difícil e doloroso. Essas lembranças podem trazer à tona sentimentos de amargura, traição, engano e abandono. Mas acredite em mim, pensar no que a atraiu primeiramente é a chave que desvendará muitos segredos sobre seu relacionamento rompido e sobre o ciclo de escolhas ruins de namorados. Esse é um passo essencial que provocará mudanças positivas não apenas em você, mas no seu homem e no seu relacionamento.

Em termos práticos, ajudará você a desenvolver lentes pessoais para focar as forças ocultas que atraíram você ao seu parceiro, lhe ajudará a ver o que existe por baixo da superfície e que tem causado problemas no seu relacionamento. Pense sobre isso como se fosse um par de óculos feito sob medida para você, que a capacita a enxergar o mecanismo interior do seu relacionamento para que possa fazê-lo funcionar melhor. Uma surpresa ainda maior está por vir quando fizer as suas lentes: uma vez que enxergar as necessidades escondidas e os sentimentos que atraíram você ao seu companheiro, também conhecerá as necessidades ocultas que o atraíram a você — porque são muito semelhantes. Esse conhecimento secreto lhe dará um mecanismo poderoso para direcionar o relacionamento.

Vamos aprofundar e começar a fazer as lentes do seu relacionamento pensando em como se sentia em relação ao seu namorado bem no princípio do relacionamento. Quais eram as coisas mais óbvias que atraíram você, o que vem à sua mente? Era o jeito que ele se comportava com os amigos? Era o senso de humor ou o corpo atlético? Talvez tenha sido o modo educado e atencioso dele no primeiro encontro? Essas coisas são muito reais e motivos válidos do porquê ter escolhido esse homem, mas são apenas a ponta do iceberg, a parte exposta acima da superfície e perceptível à luz do sol da sua consciência.

Investigando no seu closet psíquico

Deixe-me apresentar-lhe uma mulher que ajudei recentemente — vou chamá-la de Anna — para ilustrar o processo de criação das suas lentes do relacionamento.

Anna se apresentou como uma pessoa muito organizada e controladora. Arrumou o casaco, a bolsa, o celular e a agenda na pequena mesa ao lado da sua cadeira, no seu colo e no chão, perto dos pés, dando a impressão de que precisava saber exatamente onde estavam suas coisas e que a qualquer momento poderia pegá-las. Normalmente, começo a primeira Seção com uma paciente perguntando o que a traz ao meu consultório para fazer terapia. Mas, no caso de Anna, ela quis primeiro ter uma conversa sobre algo que eu chamaria de detalhes para "pôr a casa em ordem". Por exemplo, ela queria saber exatamente quanto tempo levariam as sessões de terapia, se poderia ficar na sala de espera quando chegasse mais cedo, se poderia me ligar se estivesse atrasada. Enquanto contava sua história, o motivo de Anna ser tão detalhista ficou claro.

Anna havia perdido a mãe quando era bem pequena. Seu pai tinha de trabalhar por longas horas em um supermercado para manter a família financeiramente bem. Por Anna ser a filha mais velha de três irmãos, coube a ela cuidar da casa. Passou os anos da adolescência e início dos vinte anos cuidando da família, abastecendo a geladeira, fazendo comida, equilibrando o orçamento semanal, lavando roupa e monitorando o horário dos dois irmãos e do pai.

Quando ficou mais velha, Anna descobriu-se em relacionamentos com homens que sempre pareciam viver na bagunça. Ou o namorado pulava de emprego em emprego ou não tinha dinheiro para cigarro, mercado ou cerveja, ou simplesmente chegava tarde da noite. Anna sabia como suprir as falhas, mantendo-os na linha e fornecendo o apoio emocional que seus namorados necessitados exigiam dela.

Anna me procurou porque, depois de seis meses em um relacionamento, ela havia começado a se sentir sobrecarregada e chateada. Ela me disse que havia momentos em que procurava coisas fora do relacionamento. Isso aconteceu quando incidentalmente descobriu que seu namorado a traía. Ela o confrontou com uma fotografia que por desatenção havia deixado no telefone celular, mas ele lhe disse todas as coisas certas, ficou sem ação e se arrependeu, convencendo-a de que mudaria. É claro que não mudou. E três meses depois lá estava ela acertando as contas com ele: infeliz e preocupada, mas incapaz de terminar o relacionamento.

Depois de um trabalho diligente na terapia, Anna percebeu finalmente que sentia atração pelas necessidades do seu namorado. Em algum nível, era uma relação familiar, um papel que sabia desempenhar em troca do sentimento de utilidade e necessidade. Tudo isso porque, na essência do relacionamento, ela estava revivendo o papel que havia desempenhado como resultado da morte da mãe. Qualquer coisa que ela fazia para mudar era como uma traição, não apenas ao pai e aos irmãos, mas também à memória da sua mãe que havia falecido. Anna percebeu que havia escolhido o tipo de homem que a ajudaria a cumprir o papel para o qual havia sido treinada e acostumada desde a infância. Logo que teve essa percepção, ela conseguiu rapidamente ir além dos limites do seu comportamento antigo, renovando o desejo de ter uma intimidade mais profunda e mais equilibrada com o parceiro. Com esse entendimento, e fortalecida pela sua nova consciência, começou a fazer exercícios semelhantes aos deste livro e conseguiu direcionar o relacionamento — e seu homem — a uma experiência nova, mais satisfatória e amorosa.

Foi um trabalho duro para Anna, e provavelmente será difícil no começo para você também. Com certeza Anna não se sentia à vontade, para dizer o mínimo. Mas é assim que deve ser. E uma vez que você começa a trabalhar o problema, as recompensas são abundantes e a possibilidade de ter um relacionamento longo e amoroso fica mais realista e mais atingível do que nunca.

Exercício: ajuste do casal – sua marca

Sua tarefa desta semana é fazer brilhar uma luz no esconderijo escuro do seu inconsciente e reconhecer as verdadeiras razões de ter entrado nesse relacionamento fazendo diversas listas. Chamo esse exercício, que é dividido em várias partes nas sessões a seguir, de ajuste do casal, um conceito essencial da minha técnica terapêutica. O ajuste do casal ajudará você a entender as dinâmicas ocultas que fizeram com que escolhesse seu parceiro. Logo que o propósito que está por trás da sua escolha for revelado, seus problemas de relacionamento ficarão muito mais fáceis de ser entendidos e reorganizados.

Compreensão, ação e mudança

Normalmente, sou capaz de levar casais a perceber nas primeiras sessões os insights que podem ajudá-los. Entretanto, existem determinadas abordagens na terapia de casal que utilizam técnicas que requerem meses, senão anos, para produzir resultados. Meu processo de análise não é lento, penoso ou moroso. Prefiro um processo rápido, mas profundo, e que produza resultados duradouros. Na minha prática, a média de tempo de uma terapia é de dez sessões. Se o casal continuar se relacionando, os dois podem usar o entendimento e os insights que obtiveram durante as sessões de sessenta minutos para trabalhar seus conflitos por conta própria.

Você precisará do seu caderno para fazer as listas que discutirei posteriormente na Seção. A primeira lista deve ter cinco coisas que atraíram você ao seu parceiro quando o encontrou pela primeira vez. A segunda lista deve ter cinco coisas que a deixam desapontada com o relacionamento que tem agora. Esses gostos e desgostos deveriam ser óbvios para você, e expressá-los em palavras ou listas não precisa ser uma atividade particularmente profunda ou inteligente. Se fizer essa lista de modo rápido e honesto, poderá usá-la para ter um vislumbre daquilo que está acontecendo por trás da porta fechada da sua psique. Usei este exercício na minha prática centenas de vezes para ajudar mulheres a encaixarem as peças do quebra-cabeça do seu relacionamento.

Vejamos como Anna completou sua lista. Seguem as cinco coisas que a atraíram em Jim.

Lista A

1. Ele era tranquilo, tinha uma atitude despreocupada, feliz e positiva em relação à vida; nunca deixava que as coisas o preocupassem demais ou o desapontassem.
2. Tinha o sorriso mais meigo do mundo; o cabelo era sempre um pouco bagunçado e as camisas eram duas vezes o seu tamanho.
3. Sempre apreciava e elogiava quando eu fazia coisas como levá-lo às compras ou fazer um espaguete para ele.
4. Era muito fácil ficar ao seu lado, eu não tinha de ficar o tempo todo tentando ser engraçada ou tentando diverti-lo. Apenas saímos à noite, tomávamos vinho ou cerveja, líamos revistas ou assistíamos à TV antes de dormir.
5. Acho que ele ficava excitado quando eu tomava a iniciativa do sexo.

Sua lista de prós e contras

Escreva no caderno as cinco coisas que a atraíram quando conheceu seu parceiro (Lista A). Lembre-se: Anna não levou muito tempo para completar a lista dela. Não pensou duas vezes, nem você deveria fazê-lo. Deixe que as ideias venham à sua mente, não questione ou lhes dê uma segunda chance. Não existem respostas erradas. Confie no primeiro pensamento que passar pela cabeça.

Lembre-se: se gastar mais de quinze minutos neste exercício, você está tentando demais. Vamos, pegue o caderno, faça a sua lista e volte quando tiver terminado.

Agora, em uma página em branco, escreva cinco coisas que realmente a chateiam em relação ao seu namorado e relacionamento (Lista B). Não se segure. Não tente ser justa ou boazinha com ele. Você está há tempos sentindo raiva e dor por todos os lados para conseguir dizer como estão as coisas.

Veja a lista das cinco coisas que faziam de Anna uma mulher infeliz no seu relacionamento.

Lista B
1. Gostaria que ele me procurasse na cama de vez em quando.
2. Ele é simplesmente preguiçoso. Faz o mínimo quando se trata de cuidar das coisas, inclusive as dele.
3. Espera que eu faça tudo para ele.
4. Nunca mostra paixão verdadeira por qualquer coisa que não seja cerveja, futebol e seus amigos de bola.
5. Não posso ter vida social. Ele sempre quer que eu fique em casa com ele e fica de mau humor se saio com minhas amigas por algumas horas.

O enigma do amor e ódio que atrai você ao seu homem

O próximo passo é rever as duas listas e procurar conexões ou semelhanças. Sei que provavelmente você esteja se dizendo: "Não era para as duas listas serem completamente diferentes?". Mas a verdade é que as qualidades que atraem você a alguém, talvez, sejam as mesmas coisas que, com uma pequena mudança, podem também fazer com que deseje nunca ter conhecido aquele homem.

Deixe-me explicar o que quero dizer. Vejamos rapidamente as duas listas de Anna novamente. Na sua primeira lista, Anna descreveu as coisas que a atraíam a Jim: um homem tranquilo, cuidadoso e totalmente equilibrado. Elogiava a maneira pela qual cuidava dele, e era alguém com quem poderia se ver passando um tempo tranquilo. Por último, e certamente não menos importante, Jim deixou que ela fosse responsável pelos momentos na cama.

Agora vamos olhar a sua segunda lista: as atitudes do parceiro que fizeram dela uma pessoa tão infeliz. O homem que ela gostava de cuidar é agora alguém que ela gostaria que fosse responsável pela sua aparência, como também a ajudasse na manutenção da ordem da casa. A dedicação que se disfarçou como intimidade tornou-se tão sufocante que ela não conseguia nem mesmo ter relacionamento fora da vida do casal. Sua admiração pelo seu temperamento equilibrado transformou-se em um desejo de que ele fosse animado e que expressasse as emoções de modo verdadeiro, até mesmo selvagem sobre as coisas — qualquer coisa —, em vez dos seus hábitos e amigos entediantes. O sexo tornou-se previsível, e ela gostaria que ele mostrasse paixão, em vez daquela passividade debaixo dos lençóis.

Entendeu o que eu queria dizer? Às vezes, aquilo que primeiro atraiu você ao homem termina de modo terrível e agora é um fator que a desanima. É realmente como o clichê, eu sei, a atração e a repulsa são os dois lados da mesma moeda. Quando você percebe isso acontecendo na sua vida, a revelação cai como uma luva.

Identificando a sua dor

Agora olhe as suas duas listas. Existem aspectos da personalidade dele que antigamente eram admiráveis e você mencionou na lista A, mas que foram para a lista B porque agora descobriu que são frustrantes ou causam problemas? Você pode ter se sentido atraída pelo seu homem porque ele era alegre e extrovertido; mas agora ele é simplesmente um tagarela, que só pensa em sair, cercado por uma multidão que o admira e vive de festa em festa. No início era um bom ouvinte, se interessava pelos detalhes do seu dia e acenava com a cabeça enquanto livre e abertamente você expressava seus sentimentos, mas agora descobriu que na verdade ele é extremamente introvertido e nunca fala o que está pensando ou sentindo, e tudo era um sofisma inteligente para evitar qualquer interação verdadeira? Ou talvez admirava a vitalidade dele, seu físico atraente, sua bela aparência, mas descobriu depois desses meses que ele passa mais tempo puxando ferros na academia do que com você, ele se olha no espelho mais do que para você, e ainda cuida mais do cabelo dele do que você cuida do seu!

Voltemos às suas listas. Quando perceber dois comportamentos opostos, porém conectados, registre um asterisco próximo a eles. Por exemplo, a atitude casual, despreocupada do seu namorado (da Lista A) poderia ser conectada com a tendência dele de procrastinar as coisas (da Lista B). Muito bem! Você definitivamente está no caminho certo! Cada conexão que fizer é uma porta para começar a curar seu relacionamento agora. Estes insights a levarão a situações dolorosas do passado e desconfortos emocionais que enfrentou, os quais podem ter um papel importante na sua relação atual. Identificar essas conexões vai ajudá-la a detectar a dor do passado que talvez esteja revivendo agora.

Vejamos em quais itens das duas listas Anna fez um asterisco.

Lista A

1. Ele era tranquilo, tinha uma atitude despreocupada, feliz e positiva em relação à vida; nunca deixava que as coisas o preocupassem demais ou o desapontassem.
2. Tinha o sorriso mais meigo do mundo; o cabelo sempre era um pouco bagunçado e sua camisa era duas vezes o seu tamanho.
3. Sempre apreciava e elogiava quando eu fazia coisas como levá-lo às compras ou fazia um espaguete para ele.*
4. Era muito fácil ficar ao seu lado, eu não tinha de ficar o tempo todo tentando ser engraçada ou tentando diverti-lo. Apenas saímos à noite, tomávamos vinho ou cerveja, líamos revistas ou assistíamos à TV antes de dormir.*
5. Acho que ele ficava excitado quando eu tomava a iniciativa do sexo.*

Lista B

1. Gostaria que ele me procurasse na cama de vez em quando.*
1. Ele é simplesmente preguiçoso. Faz o mínimo quando se trata de cuidar das coisas, inclusive as dele.*

2. Espera que eu faça tudo para ele.
3. Nunca mostra paixão verdadeira por qualquer coisa que não seja cerveja, futebol e seus amigos de bola.
4. Não posso ter vida social. Ele sempre quer que eu fique em casa com ele e fica de mau humor se saio com minhas amigas por algumas horas.*

Agora, volte aos itens que marcou com um asterisco na Lista B. De acordo com eles, comece agora uma terceira lista que vamos chamar de sentimentos ruins da Lista B. Nessa lista, de forma resumida, descreva como esses comportamentos do seu parceiro — especificados com asterisco — fazem com que você se sinta. Você se sente colocada de lado porque ele sempre prefere sair com os amigos em vez de ficar com você nos fins de semana? Você se sente só quando ele decide trocar a lâmpada que havia prometido consertar há meses bem na hora em que tenta ter uma conversa séria sobre a relação? Você se sente vazia quando ele faz algo legal para você, como levá-la para jantar ou comprar flores, porque sabe que ele está se sentindo culpado por alguma coisa que descobrirá em questão de dias ou semanas? Ou você se sente rejeitada quando ele fica a noite toda jogando no computador em vez de ir para a cama e lhe dar atenção? Tente fazer essa conexão com os sentimentos que estão por trás da sua raiva e frustração.

Relações com o seu passado

Agora pedirei a você que faça uma quarta e última lista. Nesse momento, gostaria que voltasse à sua infância e se lembrasse de três incidentes que a entristeceram. Podem ser acontecimentos que proporcionaram solidão, medo, tristeza ou raiva. Logo que escolher as lembranças mais importantes e associá-las com o modo que elas fazem com que se sinta, escreva-as no seu caderno. Essa é a sua lista das emoções ruins da infância. São repercussões do passado que estão influenciando sua relação no presente. Podem ser sentimentos em relação à sua família quando era bem jovem, ou podem estar relacionados com seus amigos, ou como você foi tratada na escola, ou por uma figura autoritária na sua vida.

Essas lembranças não podem ser algo muito difícil de vir à sua mente; são aquelas que ficaram com você e ainda a fazem se sentir vulnerável.

Quando Anna fez sua lista, ela registrou bem no topo a noite em que a mãe havia falecido. Logo em seguida, escreveu três palavras: solidão, medo e dor. Ela também se lembrou de quando passava as camisas do pai, lustrava os sapatos dele e arrumava as roupas que ele usaria no dia seguinte em uma cadeira ao lado da cama. Depois escreveu o que sentia: raiva, ressentimento e opressão.

Sua lista pode ter lembranças semelhantes, da época em que sua mãe ou seu pai estavam gravemente enfermos, foram para o hospital ou morreram. Talvez se lembre de quando sua família não tinha dinheiro suficiente e você precisou usar roupas de segunda mão em vez de roupas novinhas. Também pode ser aquele sentimento ruim de quando viu, pela primeira vez, seu pai ou sua mãe chorarem ou de quando tiveram de se mudar para longe de seus amigos e colegas da escola. Ou ainda pode ser aquela vez em que se machucou no playground e ninguém percebeu ou veio ajudá-la. Ou podem ser sentimentos que teve sempre que via sua mãe e seu pai gritando um com o outro. Cada pessoa tem pequenos ou grandes momentos na vida em que sentiram inadequação, medo, solidão, abandono, impotência e ameaça. É importante ser honesta consigo mesma e fazer sua própria lista.

Reveja suas emoções

Agora olhe novamente para o que destacou nos sentimentos ruins da Lista B e nas emoções ruins da infância. Registre o "sinal do jogo da velha" ao lado dos itens, das duas listas, que têm sentimentos e emoções semelhantes. Veja abaixo a seleção de Anna.

Sentimentos ruins da Lista B

Não acho que ele me valoriza.
Eu me sinto como a mãe dele, tudo é responsabilidade minha. #
Ninguém me nota.
Estou sempre sozinha. #
Não sou atraente.

Emoções ruins da infância

1. No dia em que minha mãe faleceu, pensei que minha vida estava chegando ao fim. Nunca havia me sentido tão sozinha. Muita solidão. Medo. Dor. #
2. Depois da morte de minha mãe, odiava ter de arrumar as roupas do meu pai ao lado da cama dele para o dia seguinte. Eu me sentia perseguida e injustiçada. Tinha muitas coisas para fazer na casa, não queria ter de passar suas camisas ou lustrar seus sapatos. Raiva. Ressentimento. Opressão. #
3. Tinha de fazer o bolo de aniversário dos meus irmãos e planejar todas as suas festinhas. E era eu que tinha de fazer o bolo do meu aniversário e planejar as minhas festas. Eles não podiam ser importunados.

Os sentimentos marcados com o "sinal do jogo da velha" foram aqueles que causavam conflitos no relacionamento de Anna. Tinham suas raízes no passado, mas ainda eram revividos na sua relação atual. Seu destino era escolher um namorado como Jim. Ele era muito bom em ser indiferente, extremamente quieto e indisponível a Anna. Também era bom na arte de fazer com que Anna se sentisse de lado, sem importância e ignorada, que é exatamente o sentimento que o pai provocava nela. Note que as dores e os cenários do passado ainda desempenham, de uma forma ou de outra, um papel nos nossos relacionamentos atuais porque nunca foram resolvidos. Muitas mulheres que recebo em meu consultório se encontram presas a situações que se repetem por não terem resolvido suas angústias anteriores.

A porta do closet da psique se abre

Observe os sentimentos que marcou com o "sinal do jogo da velha". Talvez não tivesse ciência de que esses conflitos estivessem trazendo problemas à sua relação porque estavam escondidos da sua consciência, enquanto secretamente destruíam sua possibilidade de ter um parceiro calmo e feliz.

Frequentemente dizemos que os opostos se atraem, mas, na verdade, as moças e os rapazes são atraídos uns pelos outros porque tiveram a mesma história e a maioria das mesmas coisas guardadas nos seus "closets da psique".

Nunca me canso de ficar perplexa com os casais que trato em terapia quando começam a me contar que enxergavam apenas as qualidades que admiravam um no outro (Lista A). Sim, eram feitos um para o outro, o amor estava no ar! Mas escondidos da visão deles estavam a escuridão e o medo — sentimentos horríveis que estavam bem trancados nos seus closets da psique. A surpresa é que cada parceiro guarda uma dor emocional semelhante, que teve origem em sua infância, seja ela perda, abandono, rejeição, humilhação ou impotência. Além disso, com o passar dos anos, cada um de nós desenvolve uma intuição em relação àqueles a quem somos atraídos, uma inconsciência da sua vulnerabilidade, dos sentimentos escondidos que eles escreveram e nos quais registraram um "sinal do jogo da velha", caso tenham feito o exercício. De maneira incrível os dois carregam chaves idênticas para ativar suas velhas feridas e as feridas da outra pessoa, ou chaves idênticas para abrir as portas dos closets da psique de cada um porque seus armários na verdade são os mesmos.

Você consegue vislumbrar os sentimentos ruins e as feridas atrás da porta do closet da psique do seu parceiro porque essa porta nunca pode ficar completamente fechada o tempo todo. Aquela espiadela dentro do armário da psique dele faz com que sinta a química ou a ligação que acompanha o amor. Com o passar dos anos, entretanto, você não consegue manter a porta bem fechada, e os sentimentos escondidos logo explodem, desencadeando o conflito pelo qual provavelmente está passando agora. O resultado é que agora seu parceiro não parece mais a mesma pessoa a que você se uniu no começo da relação.

Parte da sua tarefa é aprender a abrir a porta do closet à vontade e tentar ficar mais confortável com o que está por trás dela. Enquanto faz isso, seu homem terá de acompanhar a questão porque, lembre-se, o que está por trás da sua porta está também atrás da porta dele. O "elefante" que estava na sala agora é reconhecido e aceito por vocês dois.

Sua frase visualizadora

Agora você está perto de conseguir escrever sua "frase visualizadora", que lhe dará as lentes para usar neste livro. Sua frase visualizadora levará o foco para o conflito do seu relacionamento e ajudará a identificar, desafiar e mudar seu comportamento, e portanto mudar o comportamento do seu parceiro. Entender a si mesma lhe dá a chave não apenas para o seu closet da psique, mas também para o dele. O objetivo desse programa não é derrubar a porta, mas pôr óleo nas dobradiças para que ela seja aberta com facilidade e fechada de acordo com sua vontade.

A primeira parte deste livro é a mais difícil, mas assim que escrever a sua frase visualizadora terá uma ferramenta de relacionamento que poderá usar para o resto da vida. Será o seu projeto de relacionamento.

Agora, gostaria de voltar às duas listas que você elaborou nesta Seção, os sentimentos ruins da Lista B e as emoções ruins da infância. Observe as sentenças ou frases que marcou com o "sinal do jogo da velha". Esses são itens que se referem às vulnerabilidades do seu relacionamento. Reflita sobre esses itens por um instante. Você consegue identificar um tema de conexão que os une? Existe algum elo comum de emoção entre todos eles? Descubra uma palavra ou frase que capture a essência desses sentimentos e a escreva no caderno.

O passo final é simplesmente rearranjar sua frase ou palavra na forma de uma sentença começando com "Eu sou/tenho...". Uma das minhas pacientes escreveu "deixada", "marginalizada" e "temerosa" na sua frase. Quando ela recuou e a visualizou, sentiu que a melhor palavra para expressar esses sentimentos era "excluída". Agora era uma simples questão de destacar aquela observação e ajeitá-la em uma sentença. "Eu tenho medo de ser excluída" — esta foi sua frase visualizadora.

Outra paciente revisou seus itens marcados com #, que tinham as expressões "eu me sinto idiota," "frustrei minha família" e "fiz tudo errado". Ela soube imediatamente que o sentimento comum que conectava essas frases se resumia a alguém que não merece ser amado. Rapidamente, ela traduziu essa expressão no seu caderno como a sua frase visualizadora: "Eu não mereço o amor de ninguém".

Anna, quando revisou os itens marcados com # na sua lista, selecionou as palavras "isolada", "solidão" e "raiva". A palavra que encontrou parecia dizer instantaneamente o que ela estava sentindo: abandono. Sua avaliação era pertinente. No caso de Anna, a raiva de se sentir completamente só produziu o sentimento de abandono. A frase visualizadora que ela escreveu no seu caderno foi a seguinte: "Tenho medo de ser abandonada".

É um momento poderoso quando as peças do quebra-cabeça da frase visualizadora de repente se encaixam, capturando e explicando os muitos episódios problemáticos e turbulentos do relacionamento. É maravilhoso observar o rosto de minhas pacientes quando as palavras-chave simplesmente surgem na mente. É assim que tudo acontece. Então, prepare-se para esse momento.

Seja qual for o sentimento que sua frase visualizadora expresse, ela será essencial para o resto dos exercícios deste livro e um dispositivo crucial para reorganizar seu relacionamento e alcançar maior intimidade com seu parceiro. Sugiro que escreva bem grande sua frase visualizadora em uma folha de papel, usando cores fortes, de modo que se pareça com um banner divertido para ser colado na capa do seu caderno, ou então o esconda em um lugar secreto para que seu parceiro não consiga encontrá-lo. Ela servirá como uma lembrança doce que usará regularmente como uma maneira de focar e marcar a importância dos pensamentos, das revelações e das mudanças que experimentará enquanto trabalha nos exercícios.

Muitas pacientes me dizem que criar suas sentenças foi um dos acontecimentos mais poderosos e transformadores que tiveram na vida. Basicamente, ao usarem essa simples ferramenta, puderam entender decisões ruins, julgamentos infelizes, comportamentos de derrota, bem como a raiva, a culpa e a tristeza.

A beleza da frase visualizadora é que ela estará lá depois que terminar de ler este livro. Sua vida, os relacionamentos que tem agora com seu namorado, sua família e amigos mudarão, se desenvolverão e crescerão. Alguns desses relacionamentos ficarão em segundo plano, enquanto outros — alguns com pessoas que ainda não conheceu — tomarão o centro do palco. Finalmente, a escolha é sua se continuamente reinterpretar os mesmos dramas da vida e se comprometer com o mesmo comportamento improdutivo que tem desde a infância. É a sua oportunidade de se livrar dos padrões que têm se repetido na sua família por gerações.

Já que de forma aberta e consciente reconheceu sua frase visualizadora e entendeu que ela é a emoção motivadora que está por trás de todo conflito, questão ou dilema com que luta nas suas relações românticas, você na verdade não tem nada a fazer. Você não tem de constantemente se lembrar dela ou repeti-la todas as vezes que for ao clube e admirar a paisagem, ou ficar atenta a ela em cada conversa. Quando compreender e usar sua frase visualizadora, novas perspectivas e novos caminhos se abrirão no seu relacionamento de forma natural. A reorganização do seu relacionamento começa quase automaticamente. Sua frase visualizadora é um presente que a recompensará por um grande período de tempo. Por que não comemora e se dá uma medalha, um daqueles presentes que escolheu no início do livro? Agora você recebeu o entendimento que levará sempre com você – é a sua medalha do insight.

PARTE 2
Reorganize seu relacionamento: aja

Seção 4

Romance e intimidade: o equilíbrio perfeito

Se eu fosse o gênio da lâmpada e lhe pedisse para escolher um ingrediente que gostaria que eu, de forma mágica, acrescentasse ao seu relacionamento, o que você diria? Muitas das minhas pacientes não pensariam duas vezes. Elas pediriam mais romantismo. Imediatamente elas evocam os primeiros dias do relacionamento como os ideais, um tempo em que seus segredos mais importantes, esperanças e sonhos eram compartilhados fácil e abertamente, sem esforço. Elas se lembram de tudo isso sentindo que a conexão com o parceiro era tão forte e intuitiva que com frequência as palavras não eram necessárias, pois eles praticamente sentiam o que o outro sentia. E o sexo! Era uma satisfação incrível, chegando ao ápice. Sim, se de algum modo a intimidade daquelas primeiras semanas pudesse ser restaurada, então tudo estaria ótimo!

A intimidade aumenta quando sentimos segurança

Se na verdade eu fosse o gênio e pudesse dar a essas mulheres o que pediram, sinto dizer que elas ficariam amargamente desapontadas. A maioria das mulheres interpreta a pergunta "Qual é o ingrediente que mais gostaria de ter no seu relacionamento?" como algo que experimentaram no passado, algo que acreditam ter perdido, e que, se recuperado, as tornaria satisfeitas e completas.

O único problema é que as mulheres (e os homens) geralmente confundem intimidade — do tipo que pode sustentar e nutrir a relação durante anos — com romantismo. Isso acontece no programa Tool Academy. A maioria dos casais não está procurando o tipo de intimidade que é uma mudança dinâmica e crescente de emoções e ideias; eles querem o tipo de intimidade que pensam ter experimentado no início do relacionamento: o romantismo, os sentimentos de "estar apaixonado".

A intimidade verdadeira é muito, muito mais que segurar velas acesas enquanto se olha o pôr do sol e um bom sexo (embora possa ter tido um excelente começo). A verdadeira intimidade traz um tipo de segurança emocional, traz a confiança que permite que você fale abertamente sobre si mesma e revele quem você verdadeiramente é, que diga o que quiser, e sinta que está, de verdade, sendo ouvida pelo seu parceiro. Os dois precisam ter um sentimento de humildade e vulnerabilidade. A intimidade é uma rua de duas mãos, um tipo de circuito elétrico entre vocês dois. Um circuito que se completa apenas quando a outra pessoa está tão engajada e envolvida quanto você. E isso significa que ele precisa ser capaz de lhe dizer quando está com medo, quando sente inadequação e impotência em vez de sempre fingir que tem sucesso, que está no comando e no controle de tudo.

Você viu como os homens no Tool Academy se gabam e contam histórias de quanto são atraentes para o sexo oposto e como eles são espertos quando querem conseguir o número do telefone das garotas. É claro que, apesar de toda a pompa deles, na verdade estão apenas encobrindo seu sentimento de fraqueza e inadequação — sentimentos que têm sobre si mesmos, pois não suportam a ideia de que os outros descubram que se sentem assim. Lá pelo terceiro episódio do programa, os tolos estão tão transparentes quanto o vidro de uma janela.

Ser uma mulher, entretanto, significa que você tem liderança. Intuitivamente sabe como ser íntima do seu homem. Faz parte do seu DNA. Se pensar a respeito, onde estaria a raça humana se as mulheres não tivessem nascido com o instinto de afeição, cuidado, atenção e proteção ao outro membro da espécie?

Os homens não são tão afortunados assim. Contrário à crença popular, na verdade o homem tem sentimentos profundos, experimenta a vulnerabilidade e arca com o ônus de manter a fachada de ser sempre o durão. Mas se protegem de ser engolidos em uma relação pela fuga, pela indiferença e mantendo-se a uma distância segura; eles têm a tendência de ter medo da intimidade.

E nesse ponto está o paradoxo que tem incomodado os homens e as mulheres desde o início das eras. Para a mulher alcançar o relacionamento saudável e íntimo que tanto deseja, o homem deve ser capaz de sentir segurança e certeza para expressar a única coisa que o deixa aterrorizado e na qual é totalmente inepto: ficar à vontade para ter e revelar sentimentos.

Sua dança do relacionamento

O homem associa a intimidade com a perda do controle de si mesmo, algo que teme muito mais do que a mulher. Uma mulher, na sua necessidade justificada de aumentar a intimidade, naturalmente vai à procura do seu homem e nada assusta mais o homem do que isso. Para cada passo que ela dá em relação ao seu homem, ele dá dois para trás. Na verdade, é uma dança: a mulher faz o papel de Caçador e o homem, de Caça.

Nesta Seção, você aprenderá como tirar seu parceiro da caverna emocional com lábia; entenderá como seduzi-lo para uma zona de conforto e segurança na qual ele se sentirá mais capaz de ser ele mesmo. Logo, ele não apenas aceitará seus pedidos de maior intimidade como começará a buscá-la.

Para levar sua relação a esse novo estado, é necessário que redefina o significado da verdadeira intimidade.

A maioria das pessoas descreveria intimidade usando palavras como proximidade, unidade e sentimento de pertencimento. Apesar de isso ser verdadeiro, de algum modo, contraintuitivamente, a intimidade também tem limites. Deixe-me explicar. Pelo fato de o homem ter um medo incrível de perder sua masculinidade, sua identidade e seu eu, quando ele tem um relacionamento íntimo interpreta mal o conceito que a mulher tem sobre intimidade como sendo algo que o consome. Na verdade, nada poderia estar mais distante da verdade.

Ninguém — homens ou mulheres — quer ser tão íntimo a ponto de perder sua individualidade. Você não se sentiria rapidamente sufocada se seu parceiro começasse a segui-la 24 horas por dia, sete dias por semana, insistindo em fazer todas as refeições juntos, em acompanhá-la ao shopping, ser um habitante na sua vida? É verdade, você quer mais intimidade na sua relação atual, certamente mais do que é confortável para ele. Mas não deseja ser tão próxima que suas vidas se unam de tal forma que não consiga mais dizer onde seus sentimentos terminam e onde os dele começam — e é disso que seu homem tem tanto medo.

A distância perfeita entre você e seu homem

Com isso em mente, gostaria que você considerasse uma nova definição de intimidade, uma que acredito que lhe proporcionará satisfação e liberdade. É a seguinte: intimidade é o degrau máximo de proximidade em que um casal pode coexistir sem que cada um perca a individualidade. A preocupação principal do seu homem é perder essa individualidade, enquanto você, ironicamente, gostaria de uma boa dose de autonomia.

O casal saudável sabe como manter distância entre os dois. São capazes de alcançar o nível ideal de intimidade em que os dois se sintam confortáveis a qualquer momento. A verdadeira intimidade não é estática, um estado estacionário. Ela muda e se movimenta continuamente, respondendo à maneira como cada pessoa se sente. Se você teve um dia ruim, sua necessidade de se sentir próxima ao seu homem pode ser maior que na noite em que sua melhor amiga estava na cidade apenas por um dia. A intimidade não são duas pessoas nas extremidades de uma gangorra, segurando uma à outra em um equilíbrio inerte. É cada pessoa indo para a frente e para trás na gangorra, cada uma respondendo às situações, cada uma iniciando uma resposta para encontrar o equilíbrio correto de uma relação que se transforma, que é dinâmica e viva.

O problema é que a maioria dos casais está empacada. O homem sempre foge, enquanto a mulher sempre persegue. Enquanto o homem se distancia, cresce na mulher o desejo e a impaciência por mais intimidade, até que ela expressa seus anseios de modo inadequado, talvez resmungando e reclamando, o que leva seu homem mais para trás da gangorra, até a gangorra se desequilibrar. O aumento desse comportamento leva a mulher a se sentir rejeitada. Nos casais geralmente observo que a mulher, depois de um período repetido de rejeição, sente ciúme de modo intenso — até irracionalmente. Esse cenário pode desvendar uma profecia de autorrealização porque o homem, incapaz de fugir rapidamente ou de ficar longe o bastante da censura e da reclamação da mulher, na verdade fica propenso a um ato sem sentido de infidelidade. O resultado é o sentimento que brota no casal: isolamento, solidão, sufoco e desconexão.

Para lhe dar um exemplo melhor de como essa ideia de Caça e Caçador pode se desenrolar, e mostrar que usar a sua frase visualizadora pode trazer uma situação confusa e instável para o foco, deixe-me apresentar Sara e Mark.

Sara e Mark inicialmente me procuraram porque estavam tendo problemas com sexo. No começo, eles se sentavam um ao lado do outro em gélido silêncio e mal se notavam abertamente. Sara ficava olhando para Mark de canto de olho, monitorando suas expressões faciais. Mas a princípio Mark não demonstrava nenhuma emoção. Estava claro que a terapia de casal era muito mais uma ideia de Sara do que de Mark. Ele se portava como se estivesse tolerando a situação. Com a barba por fazer há alguns dias, Mark apareceu vestido com um estilo "desarrumado", o cabelo espetado armado com gel. Dava para perceber que ele também se esforçava para malhar todas as vezes que podia. Comecei a Seção perguntando a Mark o que ele esperava da terapia, e, quando ele não respondia rapidamente, Sara literalmente o cutucava como que dizendo: "Vamos Mark, conte tudo à Trina". Mark começava a falar, mas quando ele parava no meio de uma frase, incapaz de encontrar as palavras exatas ou saber exatamente o que dizer, Sara sempre se metia na conversa. Eu tive de pedir a ela para não pôr palavras na boca dele.

Finalmente, acabei juntando as peças e descobrindo que Mark havia traído Sara no ano anterior, e embora ele pensasse que haviam resolvido isso e seguido em frente, Sara frequentemente trazia o caso à tona. Isso sempre terminava em uma grande briga e decidiam que deveriam se separar por um momento. Entretanto, não demorava muito até começarem a mandar mensagens de texto e conversarem novamente. E logo estavam juntos de novo. E lá vinha uma noite de sexo e bebedeira.

Sara estava ficando cada vez mais emotiva à medida que as sessões progrediam. Escorriam lágrimas dos seus olhos, que ela não se preocupava em enxugar. E ela reclamava com uma voz triste o quão ignorada e mal-amada estava se sentindo. Sara havia aceitado Mark de volta, mas à medida que os meses se arrastavam, ele se distanciava mais e mais, e chegou uma hora em que o sexo foi excluído definitivamente da relação. E essa foi a brecha para Sara tomar uns drinques a mais e disparar a falar que achava que ele estava tendo um caso novamente, porque era óbvio que ele não estava interessado nela. Ela, então, o interrogava implacavelmente para saber os detalhes do último caso, repetindo todas as perguntas que Mark pensava que tivessem ficado para trás.

Em nossas sessões juntos, Sara reclamava de sempre ter de caçar Mark para ter qualquer tipo de romance, elogios ou intimidade. Ela sentia que não tinha superado de verdade o caso dele, mas que de alguma forma havia conseguido enterrá-lo na maior parte do tempo. Algumas vezes, no entanto, os sentimentos simplesmente vinham à tona, e, não sendo mais capaz de contê-los, Sara e Mark tinham a inevitável briga, que ambos sabiam que aconteceria. A versão de Mark era de que ele se sentia sufocado pelas constantes exigências de atenção de Sara. Ao mesmo tempo, ele estava preocupado em não ser bom o suficiente para ela. Mark se sentia muito culpado pela traição, mas ao mesmo tempo isso lhe trazia a sensação de conforto e grande necessidade de dar um tempo às exigências incessantes de Sara.

Em vez de serem capazes de mudar a relação, eles concordaram que a opção mais fácil seria a separação, dar um tempo. Era sempre Sara que encontrava uma maneira de eles se falarem novamente, pois não conseguia imaginar a vida sem ele. Mas, logo que voltavam, o mesmo padrão se repetia: Sara sentindo insegurança e fazendo exigências, e Mark, que se sentia incomodado com isso, se afastando.

Tanto Sara como Mark lutavam para ter um nível de intimidade que lhes permitisse conviver em uma zona de conforto de proximidade. Mark, secretamente, estava preocupado porque era um fracasso. Seu pai havia sido demitido aos quarenta anos e nunca mais encontrara um emprego de verdade, fazendo com que a mãe ficasse ressentida e irada. Mark estava muito preocupado com a segurança do seu trabalho e interpretava a pressão de Sara em relação à intimidade como uma ameaça. Os homens da família de Mark tinham problemas para manter o emprego durante um período significativo, e, da sua perspectiva, Mark acreditava que se Sara se aproximasse dele, ela o veria também como um fracasso e o deixaria para sempre. Parte da experiência de ser próximo de outra pessoa é ser capaz de lidar com o risco de "ser descoberto", "conhecido" e "exposto". Quando Mark se desviava e tinha seus casos, sempre era com uma mulher muito mais velha, com quem ele se sentia confiante e seguro.

A frase visualizadora de Mark foi a seguinte: "Eu sempre desaponto as pessoas". Para mim não foi nenhuma surpresa que a sentença dele tenha sido semelhante à de Sara: "Nunca sou boa o suficiente". Sara era a filha mais nova de cinco irmãos que cresceram em uma casa de pais muito ocupados e com grandes expectativas, mas que tiveram pouco tempo para dar a ela. Ela ia mal na escola e sempre parecia que os irmãos roubavam seus momentos especiais com os pais. Agora, ela estava tentando reparar o estrago no seu relacionamento ao procurar ser, desesperadamente, "boa o suficiente".

A linha

Imagine o relacionamento entre Mark e Sara como uma longa linha entre eles. Sara é aquela pessoa que puxa a linha para trazer Mark mais perto, e Mark, sentindo a linha ficar curta demais, solta a linha e foge.

O fenômeno do casal "Caça e Caçador" tem muitas variações. Embora seja mais comum que a mulher seja a Caçadora, os papéis podem ser invertidos. A dinâmica entre os dois, entretanto, é sempre a mesma. Um caça o outro, enquanto o outro se distancia o máximo possível. Em ambos os casos, cada pessoa está desempenhando sua frase visualizadora. E com frequência o casal tem a mesma frase visualizadora. Tomemos como exemplo Tanya e Peter.

Tudo sobre o jeito de Tanya se vestir e se arrumar me dizia que ela era uma mulher de negócios e que gostava de se manter ocupada. Percebi que ela se maquiava muito cuidadosamente e prendia o fino cabelo loiro em um rabo de cavalo bem apertado. Esse comportamento ficou evidente quando ela desligou seus dois celulares alguns minutos depois de a Seção ter oficialmente começado. Seu comportamento — a maneira como cruzava as pernas e como olhava direto nos meus olhos — sinalizava que ali estava uma mulher de negócios. Desde o princípio ela se apresentou como uma assistente legal em uma importante firma de advocacia. E embora a função demandasse longas horas e muitas vezes tarefas nos fins de semana, ela estava satisfeita com o trabalho porque o considerava o passo fundamental para uma posição com melhor salário e para uma carreira muito satisfatória. Quando Tanya não estava trabalhando, ficava na casa da mãe, ajudando com os afazeres da casa e jogando conversa fora. Seu namorado, Peter, não entendia ou compartilhava a ambição ou a paixão de Tanya pelo trabalho. No começo ele tolerava as ocupações de Tanya, mas logo começou a se sentir negligenciado, não reconhecido e ressentido. Tendo tanto tempo livre, Peter começou a sair para bares e logo acabou arrumando um caso.

Não demorou muito até que Tanya percebesse, pois Peter deixava isso bastante óbvio ao ficar fora até tarde e chegar em casa com desculpas esfarrapadas. Tanya confrontou Peter e, quando ele admitiu a traição, ela rapidamente o perdoou, implorou para que ele não fosse embora e se tornou atenciosa. Ela desistiu das horas extras no trabalho e passou a visitar menos a mãe. Entretanto, seu comportamento amável durou apenas alguns meses, antes que ela se sentisse sufocada e constrangida no relacionamento. Ela pediu transferência para outro escritório da firma, cerca de 380 quilômetros dali. Encontrou uma residência temporária e voltava para casa nos fins de semana. Se Peter tivesse tido a opção de se mudar, provavelmente teria recusado, considerando que não havia boas oportunidades de emprego na nova região. Mas Tanya nunca lhe deu essa opção. Ela informou Peter da sua transferência e de como morariam a partir de então; e isso foi tudo.

A história de Peter e Tanya fica mais clara quando você conhece um pouco mais o pano de fundo. O pai de Peter abandonou a família; ele foi criado por uma mãe solteira, até que ela não teve mais condições e Peter foi adotado por um casal mais velho, que não tinha filhos. Tanya foi a tão sonhada criança, também de pais mais velhos, que a sufocavam com amor e atenção a ponto de ela se sentir praticamente esmagada por eles.

Quando eles escreveram suas sentenças visualizadoras, ficaram surpresos ao descobrir que tinham a mesma sentença: "Tenho medo de ficar sozinho/sozinha". Peter ficava apavorado com a ideia de ser abandonado por Tanya, da mesma maneira que havia sido abandonado pela mãe biológica. E Tanya morria de medo de ficar sozinha, porque os pais nunca a deixaram só. Ela sempre tinha um plano de fuga, um plano de escape para destruir os momentos íntimos, pois eles faziam com que ela se lembrasse dos pais sufocantes. Mas, quando fugia, ela se sentia mal-amada e amedrontada.

Se você imaginar esse casal segurando uma linha, com cada parceiro em uma das extremidades, eles estariam constantemente indo para a frente e para trás, incapazes de encontrar o equilíbrio adequado. Peter se agarrava à linha e tentava puxar Tanya para mais perto. Cada vez que fazia isso, Tanya soltava mais a linha, assim ele ficava cada vez mais distante. À medida que eles acertaram as conexões com os seus passados na terapia, foram capazes de ver que estavam reagindo como se ainda fossem aquelas crianças em suas famílias. Eles concordaram em tentar tolerar as exigências de serem mais íntimos na vida atual, agora que ambos haviam entendido e conseguido acreditar que um não abandonaria o outro.

Espero que as histórias de Sara e Mark e Tanya e Peter tenham ajudado você a visualizar uma nova maneira de pensar sobre o assunto da intimidade no seu relacionamento. Se você considerar a intimidade como uma linha conectando você ao seu parceiro, logo vai perceber como a turbulência no relacionamento pode ser considerada uma dança. Toda vez que você enrola a linha para trazer seu parceiro para mais perto, ele responde soltando um pedaço dela. Ou pode acontecer o mesmo em sentidos opostos. Toda vez que o seu homem puxa a linha para trazer você para perto, você solta a linha para mantê-lo a uma distância que você considera segura.

E assim vai. Para cada passo que você dá em direção a ele, ele dá dois para trás. Para cada dois passos que ele dá em direção a você, você dá mais dois em direção a ele, fazendo com que ele recue novamente. É um dança eterna que leva à frustração, ao despontamento, à ira e ao ressentimento. Alguns casais nunca encontram uma harmonia flexível — o dar e receber — que leva o relacionamento ao equilíbrio e resulta em intimidade verdadeira e sustentável. Portanto, se você entende que todo casal tem uma distância perfeita em seu relacionamento, que a qualquer momento pode ser efetivamente mantida, então pode alcançar o nível de intimidade que deseja de verdade estando no controle da linha.

Exercício: a teoria da linha

Depois de anos de experiência, desenvolvi um exercício útil para ajudar você a assumir o controle da sua linha da intimidade, que irá levá-la a administrar o equilíbrio estável da proximidade que procura.

Com seu relacionamento em mente, encontre um pedaço de linha, barbante ou corrente que melhor represente o tipo de ligação que você tem com seu parceiro. Pense realmente sobre como vocês dois se relacionam no dia a dia e então comece uma "caça ao tesouro" em sua casa, em busca daquela linha que melhor representa o relacionamento. Ela é um pouco elástica porque você está sempre esticando e encolhendo de volta? É um barbante de algodão, feito de um pedaço de roupa, porque um bom puxão pode parti-la em duas? Sua linha é um arame de pendurar quadros, é capaz de suportar pesados objetos? Seria um pedaço de cordel, feito de fios individuais facilmente quebráveis, mas que, quando entrelaçados, são incrivelmente resistentes? Que tal uma joia em forma de corrente, cuja força é composta pelas conexões individuais? Ela é feita de seda, ouro, couro ou cordão? Após escolher a linha, guarde-a junto com a sua frase visualizadora na capa do seu caderno e depois escreva algumas frases de diálogo entre você e seu parceiro que capturem o estilo da sua linha de ligação.

A dança da conexão

Agora que você já refletiu sobre seu estilo particular de conexão, gostaria que gastasse algum tempo durante a Seção praticando essa dança. Isso vai exigir que preste atenção ao modo como você e ele estão puxando e esticando a linha do relacionamento. Por exemplo, durante o café da manhã, você pode sugerir irem ao cinema depois do trabalho, mas, quando ele volta para casa, escolhe exatamente aquele final de tarde para limpar a garagem. Ou quando você levanta a possibilidade de uma longa viagem de carro em um feriado prolongado que se aproxima, e ele avisa, alguns dias depois, que está programando ir acampar com os amigos. Ou talvez, em vez de convidá-la para comemorar seu aniversário com um jantar no restaurante de que você mais gosta, ele convide a família dele para comemorar seu aniversário com um jantar em sua casa mesmo.

Descobri que vez ou outra é difícil para algumas mulheres reconhecerem uma conduta que eu caracterizaria como comportamento perseguidor. Elas se recusam a pensar em suas ações como uma tentativa de perseguir seu homem; afinal de contas, elas estão apenas tentando conseguir mais proximidade e melhorar o relacionamento. Reconhecer-se como perseguidora é um rótulo muito negativo. Mas ainda assim é importante entender o próprio comportamento, sem julgar a si mesma severamente ou se autoatribuir conotações negativas. Lembre-se de que todo relacionamento experimenta o ir e vir da dança entre Caça e Caçador. Exemplos disso podem ocorrer inúmeras vezes e com graus diferentes de intensidade em uma única conversa. A dança da Caça e do Caçador faz parte da natureza de um relacionamento, ou, com outras palavras, ela existe no relacionamento, é parte integrante dele. A chave não é parar totalmente a dança, não somente porque seria impossível fazer isso, mas também porque isso prejudicaria o relacionamento mais adiante. A questão é assumir o controle da dança e da "medida da linha da intimidade", e assim, com o "puxa e solta" estável da sua linha do relacionamento, você consegue coagir seu namorado a se tornar mais íntimo, puxando a linha, encurtando a linha um pouco, e por fim satisfazendo suas necessidades.

Um dos comportamentos de perseguição mais comuns que você provavelmente tenta é querer falar com o parceiro sobre sua necessidade de ter maior intimidade no relacionamento. Na minha experiência, falar sobre a necessidade de um relacionamento mais próximo geralmente acaba dando em nada. O homem se sente pressionado e se retrai ainda mais, e a mulher se sente rejeitada, irritada e frustrada. Algumas vezes, isso é seguido por sentimentos de culpa e de autorrecriminação por ambas as partes. Então, depois de algumas tentativas frustradas de fazê-lo discutir a relação, muitas mulheres entram em "modo de autoproteção" e reprimem a necessidade de conversar sobre o assunto. Você talvez tenha aprendido da maneira mais difícil que insistir em conversar sobre intimidade geralmente leva a uma briga e a deixa se sentindo horrível e até mesmo humilhada. Essa autocensura funciona por um tempo, até que a situação a tira do sério e, sem mais nem menos, lá está você novamente, deixando escapar aquela coisa que você disse que nunca faria, exigindo uma resposta à pergunta: "Você realmente me ama?".

Seu medo de ser rotulada como resmungona, chorona, ou uma mulher controladora conteve a ferida dentro de você. Incontrolável, ela irrompe na forma de uma pergunta ameaçadora e agressiva, que faz com que ele fuja. Ele pode responder sem rodeios: "Sim, eu amo você". Mas você o conhece bastante para perceber que está se sentindo culpado, dominado e sem saída, e nada que ele diga pode diminuir seu sentimento de distância. Aqui está mais um exemplo de comportamento que no primeiro momento pode não ser reconhecido como perseguição. Muitas das mulheres que encontrei na terapia sacrificaram áreas da sua vida pessoal acreditando que estarem disponíveis resultaria em mais momentos significativos de intimidade com os parceiros. Esse é um erro que as mulheres sempre cometem. Elas param de estudar à noite, deixando de melhorar suas vidas profissionais, desistem dos hobbies de que gostam e inventam desculpas para não sair com as amigas à noite — tudo isso na esperança de passar um tempo de qualidade com os companheiros. Entretanto, esse tipo de compromisso, inteligentemente, oculta uma forma de comportamento de Caçador. Muitas mulheres sacrificam as atividades de que gostam como uma forma de emoção colateral, alguma coisa que fazem tendo a expectativa de que seus homens serão recíprocos e se doarão mais ao relacionamento.

Infelizmente, raras vezes esse quadro muda de figura. Quando você tem mais tempo disponível para puxar a linha, seu homem encontra novas maneiras de se afastar. E assim continua o ciclo. É um erro comum pensar que, ao se comprometer, você produz intimidade. Frequentemente o gesto não é reconhecido, é apenas acrescentado ao ciclo da busca e do afastamento.

Quando ouço que algumas das minhas pacientes tentam satisfazer as necessidades do seu homem ou, mais precisamente, o que elas entendem ser as necessidades do seu homem, eu lhes digo que já se comprometeram o suficiente. Muitas expressam alívio por assumirem que eu iria dizer a elas que se comprometessem mais. Lembre-se de que estamos definindo intimidade verdadeira como o nível no qual cada componente do casal é capaz de se aproximar, mas também de preservar sua identidade ao mesmo tempo. Você precisa se engajar em atividades de que gosta, fora do relacionamento. É bastante natural que, ao buscar atividades que definam, desenvolvam e fortaleçam sua individualidade, isso também capacite você a encontrar o espaço para desfrutar a intimidade de que você precisa dentro do seu relacionamento.

Observe a sua dança

Agora que você já entendeu as diversas maneiras como você e seu parceiro dançam em torno da sua necessidade de (e o medo dele de) intimidade, está na hora de fazer um teste. Gostaria que você percebesse sua reação quando começa a puxar a linha de relacionamento e ele começa a se afastar. Você finca o pé e age com irritação? Argumenta e tenta convencê-lo pela lógica? Você diz a ele o quanto se sente desapontada? Lembre-se: o propósito do exercício é perceber o quanto a sua linha está realmente funcionando nesse relacionamento. Então, nesse estágio, tente se colocar na posição de observadora e analise suas ações e seus sentimentos quando ele se afasta na linha do relacionamento. Escreva suas observações no caderno.

Exercício: controle a sua dança

Neste exercício, gostaria que fizesse o seguinte: quando sentir que ele está se afastando, em vez de se comportar como de costume, tente reagir de modo diferente. Em vez de dar outro passo em direção a ele, tente dar um passo para trás e esperar. A "pegadinha" é distanciar-se exatamente naquele momento em que o perseguiria. Isso vai exigir um pouco de disciplina da sua parte. Isso acontecerá no momento em que a sua frase visualizadora for ativada e sua vulnerabilidade vier à tona. E na próxima vez em que ele começar a se distanciar, perceberá o que está acontecendo e, em vez de se aproximar, tente dar um passo para trás e espere. Se ele se distanciar novamente, dê mais um passo para trás e espere. Se ele vier na sua direção, não vá em direção a ele, mas dê outro passo para trás.

Por exemplo, em vez de lembrá-lo da promessa que havia feito de sair com você quando estiver indo para a academia, aja com indiferença e desapego. Ou, em vez de insistir para que ele lhe diga a que horas voltará do programa no bar com seus amigos, tente um simples :"Tchau, amor. Divirta-se!". Você se sentirá um pouco estranha no começo porque está acostumada a reagir de outra maneira. Mas tente assim mesmo. Se ele se distanciar novamente, afaste-se de novo. E espere. Se ele vier na sua direção, não importa como você se sinta, afaste-se. E espere.

Solte a linha!

Ao fazer o exercício, talvez no início sinta que não está chegando a lugar nenhum e que ele talvez esteja se distanciando de você. Talvez sinta que não está se aproximando do seu parceiro e parece que a linha do lado dele está ficando cada vez maior. Haverá um momento em que ele vai parar de se afastar e dará um passo na sua direção. Pessoas que são Caça também têm de ser Caçadores, ou o relacionamento não existiria. Lembre-se de que nossa definição de intimidade é o grau de proximidade no qual um casal pode coexistir sem que cada pessoa perca sua individualidade. Será seguro para a Caça continuar retrocedendo porque ela sabe que seu Caçador virá atrás dela e manterá o relacionamento. Ele, por fim, terá de se aproximar para manter a ligação, então aguente firme! Mostre indiferença, desinteresse. Faça com que ele sue um pouco a camisa. Deixe-o suficientemente preocupado para que sinta a distância crescendo, e apenas fique observando enquanto ele puxa a linha para trazê-la mais perto.

Quando ele chegar tarde, aja normalmente, sem irritação. Se ele passar o fim de semana inteiro assistindo a programas de esporte na televisão, e no final da tarde for para o computador jogar, não o recrimine. Você se sentirá completamente ignorada, deixada de lado e louca de raiva. Ele está soltando demais seu lado da linha. Mas agora você está consciente disso. Então, apenas por essa semana, você vai feliz da vida para a cama se entreter com um bom livro, ou se arrumar e sair com sua melhor amiga. Garanto que, rapidamente, ele tomará uma atitude muito incomum em relação a você. Sairá da sua concha e perguntará a você o que tem vontade de fazer ou se gostaria de jantar fora. Ou talvez ele até se ofereça para levá-la ao shopping. Espere. Ele se comportará de uma maneira que sabe que você gosta, daquele jeito que ele sabe que será percebido como uma aproximação.

Talvez tenha de esperar um bocado, e isso pode ser um teste para sua paciência. Entretanto, quando ele começar a persegui-la, não se entregue logo de cara. Mantenha a distância até ter certeza de que ele está mesmo perseguindo você. Quando ele agir dessa maneira, não pule nos seus braços, ou destruirá todo o bom trabalho realizado até agora. Simplesmente seja íntima e próxima, aproveite a conexão e então se desconecte novamente. Talvez possa inventar como desculpa para a manutenção da distância ir à cozinha fazer um café ou pegar o carro e ir até o mercado antes que feche. Você está mostrando a ele que é independente e que tudo está bem com você ao ter uma longa conversa pelo Skype com o seu amigo em viagem ou ao dizer que precisa muito ir visitar sua mãe. Você continua na dança, mas a diferença é que agora você está no controle.

Atraia o homem para fora da concha

Todos nós somos mais capazes de amar e de nos importar com outra pessoa quando nos sentimos compreendidos e seguros. Eu sei que é isso o que você deseja que ele faça por você, mas do jeito que está fazendo não está dando certo, está? Nesse momento, suspeito que seu parceiro está na sua concha, distante e incomunicável. Mesmo quando estão compartilhando o sofá é como se estivessem a quilômetros de distância um do outro. Existe um buraco, um sentimento de vazio que você não consegue preencher. Além disso, emocionalmente você está no limite o tempo todo porque nunca sabe quando o menor e mais inocente comentário vai detonar uma discussão.

Este exercício vai mudar tudo isso. Você vai criar um ambiente seguro e neutro no qual é possível ter grande intimidade, e então ele poderá conhecer suas necessidades, ouvir suas preocupações e estar em posição de responder a elas favoravelmente. Ele foi desenvolvido para coagi-lo a sair da sua concha protetora, para atraí-lo para um ambiente seguro e confortável, para que ele, então, esteja mais disposto e disponível para retribuir a intimidade e os sentimentos de proximidade que você está dando a ele.

Exercício: os três presentes

Neste exercício, você dará três presentes ao seu parceiro, mas ele não saberá que são presentes! É claro que você sabe que são presentes, e eu gostaria que cuidadosamente observasse o comportamento dele nas horas ou nos dias subsequentes ao recebimento dos presentes. Ele notará que você fará coisas de modo diferente. Ele vai achar que alguma coisa está para acontecer. Suspeitará que algo no relacionamento está mudando. Pensará consigo mesmo: "Por que será que ela está agindo dessa maneira? Será que algo errado está acontecendo conosco?".

Dar presentes não é tão fácil quanto parece. Talvez você diga que já deu muitos presentes, mas acho que eles não foram dados sem que você tenha tido uma expectativa de retorno. E com certeza os presentes não foram dados pela nova pessoa que está lendo este livro: você! Frequentemente, ouço casais falarem sobre as coisas que um faz para o outro, mas nenhuma delas é na verdade o que o outro parceiro gostaria de receber. Certa vez, estava ajudando um casal e o rapaz começou a se elogiar porque pegava a namorada no trabalho todos os dias, mas ela odiava essa carona porque se sentia vigiada e controlada por ele. Portanto, tenha certeza de que os três presentes que você escolher são coisas de que ele gosta. Os presentes são para ele, não para você. Certifique-se de que ele gostará e apreciará tudo; eles não serão o que você deseja que ele tenha ou algo que gostaria de dar. Novamente, como aprendeu na Seção 1, você tem de falar a mesma língua dele. Se você não sabe o tipo de presente que ele gosta, descubra isso com ele. Ouça atentamente o que ele diz, o que ele aprecia e faça elogios. Se você prestou atenção ao que ele disse, provavelmente, já teve rapidamente uma ideia dos três presentes.

Lembre-se, é segredo. Faça tudo escondido. Voce não gostaria que ele desconfiasse de alguma coisa nessa altura do campeonato.

Também tenha em mente que os tipos de presente de que estou falando não são necessariamente uma variedade de coisas compradas prontas. Os presentes certos não são os grandes ou os caros. Não são também necessariamente do tipo erótico. Talvez não sejam notados de modo consciente. Pense nos seus três presentes como ação ou atividades.

Algumas boas ideias podem ser:

1. Presenteá-lo com uma barra de chocolate.
2. Colocar um bilhetinho na bolsa dele.
3. Ligar para o trabalho dele apenas para dizer "oi".
4. Dar um beijo nele, de manhã, na hora em que ele sai para o trabalho.
5. Planejar um passeio surpresa no fim de semana apenas para os dois.
6. Agradecer com um grande "brigada" alguma coisa que ele tenha feito.
7. Fazer massagem nos pés dele.
8. Elogiá-lo na frente de um amigo por algo maravilhoso que tenha feito.
9. Assistir ao seu programa favorito junto com ele.
10. Fazer amor.
11. Fazer o prato de que ele mais gosta.
12. Dar um CD com a música favorita dele.
13. Preparar um banho de banheira.
14. Dizer que o ama várias vezes ao dia.

15. Ouvir com atenção quando ele lhe contar do dia terrível que teve.
16. Enviar mensagens de texto sobre sexo para ele.
17. Levar o cachorro dele para passear.
18. Presenteá-lo com aquela roupa que ele estava economizando para comprar.
19. Participar da sua atividade favorita ao ar livre.
20. Enviar um e-mail para ele, no meio do expediente, dizendo que ele é gostoso.
21. Esfregar as costas dele.
22. Deixar que ele fique na cama, curtindo a preguiça, na manhã de sábado.
23. Fazer cafuné.
24. Comprar aquele livro que ele estava querendo.
25. Dizer que gostaria que ele saísse com os amigos no fim de semana.
26. Pôr combustível no carro dele.
27. Dar a ele um porta-retrato com a foto do cachorro dele.

Tenha em mente que a frase visualizadora dele provavelmente é muito semelhante à sua; portanto, quando escolher os três presentes, recorra à sua frase visualizadora. Pense se a reação dele ao presente que está considerando vai fazer com que ele pare de sentir que a sentença dele está sempre em ação. Se sua frase visualizadora for "sou insegura", então lembre-se de que a dele é bem semelhante. Seu presente o ajudará a se sentir melhor, mais seguro e tranquilo; trará um melhor estado de espírito de modo que ele responda com a intimidade que você merece.

Seja esperta!

Esta dica vai ajudá-la a garantir que os presentes que escolheu alcançarão com sucesso o objetivo desejado de criar um ambiente neutro, no qual ele poderá começar aquele tipo de comportamento de intimidade que você procura.

Para cada ideia de presente que tiver, faça o teste do *ESPERTO*.

ESpecífico: o presente precisa ser algo concreto, tangível e físico. Algo que ele consiga reconhecer com os sentidos. Pense exatamente sobre o que o presente é antes de dá-lo. Não tente improvisar ou inventar alguma coisa no meio do caminho.

Elegível: seu presente deve ser um objeto ou uma atividade que tenha um valor discreto relacionado a ele. Por exemplo, se você escolher o número 26 da lista — pôr combustível no carro dele —, planeje antes quando você fará isso. Antes do trabalho? Depois do fim de semana?

Realista: não escolha um presente que você não seja capaz de dar. Se houver uma atividade que você sabe que ele gostaria de receber, e por uma razão ou outra você não é capaz de realizar ou não se sente confortável em executá-la, então escolha outra coisa. Há muitos presentes que ele vai curtir. Não erre escolhendo um presente que está além das suas posses ou dos seus limites emocionais.

Tangível: muitos presentes seriam maravilhosos, mas simplesmente estão fora da realidade, porque são elaborados demais, muito caros, extremamente liberais. Esses presentes são um "tiro pela culatra" porque se tornam uma prova de que você está se esforçando demais e vão acabar levantando suspeitas nele, e também porque fica claro que são tão inapropriados que acabarão por deixar você e seu parceiro constrangidos. Presentes tangíveis são os melhores.

Objetividade: seus presentes precisam ter limites. Se forem atividades, por exemplo, ligar para ele no trabalho só para dar um "oi", você precisa pensar na hora apropriada de fazer isso e a frequência com que deve fazê-lo, para que seu presente não se torne um incômodo. Faça com que a sua ligação seja uma surpresa rara e agradável, não alguma coisa que o interrompa no meio de uma reunião ou o faça pensar que você o está controlando. Você também pode aplicar esse princípio a outros tipos de presente. Nada se mantém agradável se não tem um fim. Além disso, o sucesso desse exercício depende de ele ter um ponto final, um objetivo ou um limite. Dessa maneira, você se põe em uma posição de controle e o terá exatamente onde quer, pedindo mais.

Observe, olhe, ouça

Lembre-se do que eu disse sobre a importância de ser uma observadora do seu próprio relacionamento. Mais uma vez, é fundamental que você perceba onde e quando presenteá-lo, como presentear e, mais importante, como ele recebe os presentes. Você precisa conservar o seu status de observadora pelo resto da Seção, mantendo um olhar vigilante quanto às pequenas mudanças no comportamento dele. Ele pode agir com perplexidade, meio desconfiado, excitado ou até mesmo de maneira tola.

Escreva no caderno todos esses detalhes para descrever como seu namorado está se comportando. Não conte o que você está fazendo. É de vital importância que você não aja de nenhuma forma que possa indicar que os presentes estejam sendo generosidade como garantia para retribuições futuras, ou como se você esperasse qualquer coisa em troca deles. Eles são presentes, dados espontaneamente e sem nenhum compromisso.

O que você ganha com isso é melhorar o equilíbrio da sua dança ao ajudá-lo a se sentir seguro o bastante para puxá-la para mais perto. Você atingiu esse nível importante assumindo o controle sem que ele saiba disso.

Ao criar um ambiente seguro para ele, você pode esperar que ele baixe as defesas e comece a dar pequenos puxões na sua linha, trazendo-a para mais perto. Isso vai acontecer, acredite em mim! Ele pode surpreendê-la no meio do dia com um telefonema espontâneo. Ele pode sugerir acompanhá-la em um passeio pelo shopping. Ele pode até mesmo tomar a iniciativa de fazer amor.

Check-up da intimidade

Ao final desta Seção, você deverá começar a perceber pequenas mudanças no seu relacionamento e no seu parceiro. As mudanças talvez sejam difíceis de ser percebidas a princípio, mas, uma vez que você as observe, não poderão mais ser ignoradas. Agora é um bom momento para você conferir e calcular o progresso que teve.

- Pegue novamente o pedaço de linha que guardou na primeira página do seu caderno. O conceito da sua linha mudou de alguma maneira? Você escolheria o mesmo tipo de linha se tivesse a oportunidade de escolher novamente?
- Você pode controlar a distância entre você e seu parceiro? Está no controle da sua linha e pode soltá-la quando quiser?
- O que você aprendeu sobre seu estilo de dança? Como isso influencia o modo como interage com seu homem?
- Você se sente mais no controle? Mais independente? Você tem pensado sobre suas necessidades fora do relacionamento?
- Sua maneira de fazer amor mudou? Você pode usar sua teoria da linha para controlar seu comportamento enquanto está fazendo sexo de um modo que ele aja com mais intimidade ou procure você mais agressivamente do jeito que você quer?

Você deu ao seu parceiro muitos presentes maravilhosos nesta Seção; agora está na hora de você se presentear. Escolha um dos prazeres especiais que previamente relacionou e pense nele como sua medalha de intimidade.

Você percorreu um longo caminho, mas os hábitos dele de distanciamento não vão desaparecer da noite para o dia. Desentendimentos vão surgir, não importa quão íntimo um casal seja. Ao contrário da crença comum, as discussões podem dar à mulher uma oportunidade para assumir o controle e transformar um confronto em um encontro íntimo e carinhoso. E isso é o que vem a seguir.

Seção 5

Argumentando eficazmente com o seu tolo

Se você não está em uma luta, não está em um relacionamento. Espera-se que relacionamentos sejam difíceis; de outra maneira seria impossível aprender, mudar e crescer como pessoa. Mas e se o seu parceiro não parecer estar crescendo muito? Ele pode estar tão absorvido, satisfazendo suas autocentradas necessidades, seus apetites e prazeres, que de vez em quando você se sente como se fosse a mãe e ele apenas um garotinho em fase de crescimento. Veja, por exemplo, o que acontece quando ele não consegue as coisas do seu jeito. Fica mal-humorado, deprimido, enfurecido, fazendo com que você tenha vontade de poder juntar as coisas dele e devolvê-lo para a mãe, para poder curtir um pouco de diversão adulta com as amigas.

Você é uma pessoa madura, administrando os altos e baixos do dia a dia existencial, reconhecendo e encarando os desafios que a vida lança sobre você diariamente, mantendo as mãos firmes na direção para que seu relacionamento não vá "para o brejo".

A maior parte do tempo você luta com o mau comportamento dele em relação a você. Você encontra paciência para tolerar seus comentários insensíveis sobre sua aparência, os afazeres da casa que ele diz que vai fazer mas nunca está por perto, ou a maneira que ele sempre parece pôr os amigos em primeiro lugar. Mas algumas vezes ele pode ser um tolo tão convencido e arrogante que você sente não restar outra opção senão se descontrolar, assim ele vai parar o que está fazendo e prestar atenção ao que você lhe diz. E ainda assim, em vez de ouvir, ele solta um: "Ei!, qual é o seu problema?". E isso realmente acaba com você. É a gota d'água que você precisa para passar do estado de simples irritação para o estado de se sentir ofendida e já chegar ao ponto de ira total.

E então ele começa. De repente, ele começa a juntar argumentos sobre coisas que você pensava há muito estarem mortas e enterradas. Ele está culpando você, novamente, por não ter ficado do lado dele em uma discussão durante uma festa. Ele está condenando você por tê-lo criticado na frente dos seus pais no Natal passado. E, honestamente, você pode culpá-lo por isso? Do ponto de vista dele, sua censura vem do nada. Afinal de contas, ele é um ser humano — e um ser humano masculino. Ele fará o que qualquer homem faria nas mesmas circunstâncias: ficará na defensiva.

Nesse ponto, a energia pode seguir por dois caminhos. Desejando restaurar alguma aparência de normalidade, algumas mulheres se retraem e se protegem atrás do escudo da sua psique, incapazes de neutralizar a ira do parceiro. Outras mulheres partem para o ataque, batendo o quanto podem, desejando encostá-lo na parede, deixando pedaços dos destroços por onde passam.

Infelizmente, já vi muitos casos terminarem assim, e sempre acabam exacerbando os sentimentos feridos que a discussão se propusera a resolver. Se a resposta de uma mulher for um recuo ou um comportamento agressivo, inconscientemente reforça o mesmo ciclo familiar de sentimentos de isolamento, depreciação e incompreensão — o que faz com que ela abafe ainda mais a ira que ameaça vir à tona da próxima vez que ele a provocar.

A ira pode ser um grande catalisador de mudança, se você souber usá-la. O problema para a maioria das mulheres é que elas não têm as ferramentas para usar sua ira para argumentar com eficiência, assumir o controle da situação e conseguir o que querem. Com frequência, o assunto da discussão é totalmente legítimo, mas a maneira como as mulheres se expressam as conduz a um caminho de mais dor e amargura. Se soubesse como admitir e comunicar efetivamente sua dor, você nunca precisaria ficar irada (é claro que isso também serve para ele).

Como lutar

Como em todas as sessões deste livro, exceto a Seção 2, você deve ler toda ela antes de realmente tentar fazer qualquer um dos exercícios. Cada exercício é um pequeno passo levando a outro maior. Para ter sucesso você precisa entender para onde está indo antes de começar a jornada.

Nesta Seção, você aprenderá as técnicas para expressar a sua ira sem se entregar totalmente a ela, permitindo que se mantenha no controle do seu homem e de qualquer discussão. Você aprenderá como manter o poder em um relacionamento, criar gradualmente um ambiente calmo e racional e conduzir negociações em uma linguagem que ele entenda, para conseguir aquilo que deseja e merece.

E como, exatamente, você vai conquistar essa façanha milagrosa?

Você vai passar os próximos dias discutindo, realmente atacando. Esses desentendimentos podem ser por coisas sobre as quais vocês já discutiram antes, ou podem ser uma repetição de assuntos que estão indo e vindo no relacionamento. Não se engane, você vai discutir de verdade, não apenas fingir. O temperamento vai se inflamar dos dois lados. Eu garanto que haverá muita maldade envolvida, com a diferença de que dessa vez você vai atuar nessas disputas de tal maneira que estará no controle, ensinando a ele como ouvir, entender e mudar seu comportamento em relação a você. E o bom disso tudo é que ele nem vai perceber que está sendo levado a lhe dar tudo o que você deseja.

Percebi, tanto em minha clínica particular quanto no Tool Academy, que quando uma mulher ouve a si mesma descrevendo seu parceiro adulto tendo ataques, batendo o pé pela casa ou choramingando pelos cantos, ela é capaz de entender que ele está agindo como uma criança que não consegue aquilo que deseja. Ela de repente entende que aquele homem adulto com quem vive tem total falta de maturidade para entender, controlar ou expressar o que realmente o está incomodando. Ele está muito absorvido em suas emoções, incapaz até de reconhecer os sentimentos que o estão destruindo por dentro, e muito menos capaz de sentir empatia pelos sentimentos dela.

Esse conceito em si dá poder, mas ele ainda deixa você lidando com um homem-criança irado, em vez de um cavaleiro em armadura brilhante que você pensou que ele fosse. Bom, vista a sua armadura, suba no seu cavalo branco e se prepare para liderar o ataque, porque agora cabe a você colocá-lo nos trilhos, fazer com que aja como um adulto e esteja preparado para discutir, ouvir, entender e, mais importante, satisfazer sua necessidade de intimidade.

Adicione uma ferramenta de comunicação à sua caixa de ferramentas

Gostaria de sugerir um rápido exercício para permitir que você alongue seus músculos e sinta o poder que já possui para controlar a conversa com seu parceiro. Isso irá lhe dar uma pequena noção da arma secreta que você tem, apenas com a linguagem do seu corpo.

Funciona da seguinte maneira: na próxima vez que vocês estiverem à mesa do jantar, ou sentados juntos no sofá, mantenha um ouvido atento para quando ele começar a se exibir com um monólogo sobre o dia que teve. Talvez ele comece a falar sobre suas escapadas com os amigos no clube, na noite passada, ou vai contar em detalhes como marcou a última cesta que lhes deu a vitória em um jogo de basquete com os amigos. Em vez de agir como sempre faz, resmungando um ocasional "ahã" e balançando a cabeça quando ele faz uma pausa para conferir se você está ouvindo, dessa vez simplesmente quebre o contato visual sem dizer uma palavra. Deixe seu olhar passear pela sala, talvez fixando-o em uma imagem na parede oposta por sobre os ombros dele ou talvez na árvore do lado de fora da janela. Deixe sua atriz interior assumir o controle. Mexa-se. Fixe o olhar. Tussa. Bata os dedos e pareça entediada. Confira os e-mails ou as mensagens de texto no celular.

O resultado disso é que ele continuará a falar por um ou dois minutos e depois — espere por isso — vai parar de falar repentinamente. Ele perderá a concentração; seu monólogo vai ser interrompido abruptamente.

Ele vai mudar completamente de assunto e perguntar qual é o problema, por que você não está prestando atenção, se você está se sentindo bem... Naturalmente ele vai se sentir frustrado e um pouco de irritação pode aparecer na sua voz. Ele vai ficar imaginando o que você está fazendo, mas não se entregue! A questão é que ele não será capaz de continuar falando, e você demonstrou com sucesso o poder que já tem de controlar a comunicação com seu parceiro. Você interrompeu o padrão de comportamento dele e o deixou desarmado. De repente, ele não está mais no controle. Você simplesmente mudou o jogo e a mudança é o elemento fundamental da evolução em um relacionamento.

Quero muito que você tente isso. Não é suficiente você acreditar que isso funciona só porque eu disse. Faça uma tentativa. Prove para você mesma. Mas lembre-se: isso é apenas um exercício para reforçar a crença nos seus poderes para mudar seu relacionamento sozinha. Não tem a intenção de motivar uma mudança no relacionamento e não é algo que eu recomendo que você repita. É apenas um aperitivo para o prato principal que virá mais tarde nesta Seção.

Os ABCs do seu XYZ

Como já mencionei anteriormente, a maioria das mulheres que está em um relacionamento disfuncional usa a raiva como uma maneira de conseguir a atenção do parceiro, comprometer-se com ele, e acabar sendo ouvida. Raramente isso funciona. É fácil ver como um pequeno desentendimento pode se transformar rapidamente em um terremoto. Tudo de que a mulher precisa é trabalhar um vocabulário de raiva para expressar o que a está perturbando e comunicar o quanto ela quer que ele resolva o problema. No próximo exercício de aquecimento, vou ajudar você a adquirir técnicas verbais para expressar com eficiência o que ele fez que a deixou chateada, para dizer de uma maneira que ele entenda e seja possível a mudança de comportamento para que isso não aconteça novamente.

ABRA SEU CADERNO

Vou apresentar três cenários envolvendo casais, nos quais o homem sem querer irrita a parceira. Nos primeiros dois cenários, darei os exemplos de como a mulher deve responder ao homem, com frases do tipo: "Quando você fez X, eu me senti Y; em vez disso, você poderia fazer Z?". Depois de ler o terceiro cenário, ponha-se no lugar da mulher e substitua a sentença que vem à sua mente pela sentença XYZ.

Cenário 1 — No restaurante. Ontem à noite, Megan e Josh saíram para jantar. Logo depois de se sentarem, Josh encontrou um colega no bar e o convidou para sentar-se com eles. Rapidamente eles começaram a se lembrar das antigas namoradas, riram e contaram histórias. Embora eles estivessem claramente se divertindo, Josh não incluiu Megan na conversa, praticamente ficando de costas para ela a noite toda, e ela ficou sem ter ninguém para conversar.

Tão logo chegaram em casa, ela o confrontou: "Da próxima vez que você quiser um encontro, por que não liga para uma das suas antigas namoradas e vê se ela não está disponível?". Ou talvez ela tenha dito: "Nunca mais, de jeito nenhum, faça isso novamente. Não me convide para jantar fora e simplesmente me ignore". Ou: "Por que você fez isso comigo? Eu me senti tão insultada por você nem mesmo falar comigo. Você tem vergonha de mim, é isso?".

Ao expor seus sentimentos feridos com raiva, expressando-os na forma de acusações sarcásticas ou como uma vítima ferida, Megan estragou qualquer chance de resolução satisfatória das suas reclamações. A atmosfera ficou pesada. Com o ambiente supercarregado de tensão, não havia nenhuma chance de que eles tivessem uma discussão racional e que ela pudesse assumir o controle para conseguir o que desejava.

Agora, com a sentença XYZ que mencionei, uma abordagem poderia ter sido Megan dizer: "Quando você não me incluiu na conversa, eu me senti colocada de lado e humilhada; da próxima vez você pode me incluir na conversa?". Dessa maneira ela está fazendo Josh entender que ela achou seu comportamento inaceitável e disse isso em um tom emocionalmente neutro, sem acusação e aceitável para ele. É importante enfatizar que ela também está lhe dizendo como corrigir sua atitude, para que essa situação não aconteça novamente. Lembre-se: Megan não está querendo que ele peça desculpas ou querendo saber o motivo do seu comportamento. Seu foco é mudar as ações de Josh daqui para a frente e não fazer com que ele peça desculpas por algo que já aconteceu e que provavelmente ele não percebeu que fez errado. Ao deixar claro como ela viu seu comportamento e como isso fez com que ela se sentisse, ela também o instruiu sobre como deseja que ele se comporte na próxima vez.

Cenário 2 – Quebrando uma promessa. Kaitlyn e Eric estão noivos e moram juntos. Pelo terceiro mês seguido, Eric se esqueceu de pagar a conta do gás. Enquanto arrumava a casa, Kaitlyn encontrou em sua escrivaninha uma notificação da companhia de gás de que o serviço seria suspenso. Ela e Eric haviam tido uma longa conversa e combinado que ele pagaria a conta do gás e ela a da energia elétrica — o que ela fez todos os meses, sem falhar nenhuma vez. Kaitlyn está zangada porque Eric não cumpriu sua parte do acordo. Ela se sente praticamente sozinha, lidando com todas as responsabilidades da casa.

Se Kaitlyn usasse a técnica XYZ, poderia ter dito: "Fico muito chateada quando você não paga a conta do gás; então, por favor, ou pague a conta ou me diga se não tiver dinheiro para pagá-la". Ou poderia dizer: "Eu me sinto realmente desapontada quando você não paga a conta do gás. Por favor, pague regularmente ou me avise se tiver algum problema". Ou, se ela fosse a Anna da Seção 3, talvez tivesse dito: "Eu sei que isso pode parecer um pouco dramático demais, mas quando você não paga a conta do gás em dia eu me sinto abandonada, como se você não ligasse para nossa casa e para mim. Se você puder pagar a conta no vencimento no próximo mês, vou sentir que você realmente se importa com a nossa vida e está comprometido com ela".

Cenário 3 – Tirando vantagem de você. Rachel trabalha muitas horas por dia, e hoje ela chegou em casa depois de um dia exaustivo. Não apenas o chefe estava de mau humor, mas também os colegas de trabalho largaram todo o serviço na sua mão e ela não conseguiu almoçar. Quando entra pela porta da cozinha, ela vê uma pilha de louça suja na pia. Rachel se lembra de ter lavado a louça do café da manhã antes de sair e o seu namorado, Jonathan, ficou em casa o dia todo. Isso já havia acontecido antes e ela não disse nada, mas, dessa vez, a falta de capacidade crônica de Jonathan de arrumar as coisas realmente a irritou — e muito.

Agora é a sua vez. Complete a sentença XYZ no seu caderno, escrevendo o que você diria se essa situação acontecesse com você: "Quando você fez X, eu me senti Y; em vez disso, você poderia fazer Z?".

Os benefícios da sentença XYZ

Um benefício importante da sentença XYZ é que ela leva você até uma distância confortável, da qual pode expressar com segurança e clareza seus sentimentos e negociar uma solução para o conflito. A sentença XYZ permite que você desempenhe o papel de observadora, em vez de ser uma participante extremamente inadequada e má. Quando evita fazer o papel de vítima — e escolhe para ele o papel de criminoso — você dá o primeiro passo no caminho para assumir o comando. Casais saudáveis sempre têm um relacionamento sobre o relacionamento. Na próxima vez que ele demonstrar um comportamento que você deseja mudar, lembre-se de ser uma boa jornalista, relatando os sentimentos de vulnerabilidade que está experimentando. Não comece os pedidos com "Você sempre..." ou "Você nunca...". Termine o pedido insistindo com clareza e expondo de maneira concisa o que você quer ver mudado no comportamento dele e como se sentirá com isso.

Quando tentar esse exercício, esteja preparada para que seu parceiro argumente ou objete a respeito do que considera a descrição factual do incidente. Se isso acontecer, quero lembrá-la de que ninguém tem o direito de questionar suas experiências; é algo que ninguém pode desvalorizar ou tirar de você. Ele pode achar que você não viu as coisas da forma correta ou que você não está vendo a situação pela perspectiva dele. Mas tudo isso está fora de questão aqui. Insista na verdade dos seus sentimentos. Ele não pode contestar seus sentimentos. O que importa é que ele entenda a sua perspectiva, o que acontecerá se ela for apresentada de forma neutra e não ameaçadora, usando a sua sentença XYZ. Em suma, sem que ele perceba, você vai fazer o parceiro ouvi-la de uma maneira nova e diferente.

Deixe seu humor resplandecer

Agora que você já experimentou o poder que possui para delinear o curso de uma conversa com seu parceiro e a técnica verbal para criar um ambiente neutro e racional, no qual tem suas necessidades ouvidas e atendidas, você está pronta para o exercício principal desta Seção.

Como talvez tenha adivinhado, quero que você tenha uma discussão por dia, durante cerca de uma semana (o que provavelmente já está acontecendo, pois você está lendo este livro). Você pode estar discutindo na maior parte do tempo, ou talvez apenas em momentos rápidos. Quando você briga, talvez saiba como se "retirar" e as discussões são leves e curtas. Ou talvez seja seletiva e escolha cuidadosamente as discussões, sabendo exatamente quando e onde ficar firme na sua posição. Mas esta Seção trata de assumir o controle da discussão, modulando sua intensidade e direcionando o resultado, sem que ele saiba disso ou concorde.

Agora é o momento de realmente se entregar a isso e ter sua melhor atuação. Fique atenta e espere por uma atitude dele que realmente deixa você muito irritada, então o chame para conversar. Ele está passando outra noite no porão, trocando os freios da sua motocicleta, em vez de dar atenção a você lá no quarto? Ele convidou novamente o irmão para vir jantar no sábado, o que vai terminar como sempre, com você servindo os dois enquanto ficam jogados no sofá assistindo à TV?

Não deixe passar. Chegue "com os dois pés no peito". Deixe a discussão esquentar de verdade. Permita que os ressentimentos represados há muito tempo venham à tona. Lembre-se: é possível ter uma "boa" discussão. Ela pode ser um dos momentos mais íntimos que o casal vai compartilhar, quando cada um está total e profundamente comprometido e engajado com o outro. Mas também pode ser um dos mais perigosos.

A chave para uma discussão produtiva é se manter no controle. A maneira para se manter no controle é afastar-se um pouco da ação para que não se perca no calor da argumentação, o que poderia levá-la a perder toda a perspectiva. Neste exercício, vou mostrar a você como manter uma parte de si mesma reservada para que perceba o que vocês dois estão dizendo e monitorar a temperatura emocional das trocas verbais. Lembre-se: é importante manter-se fora da batalha para que seja capaz de se manter no comando.

Sempre que sentir que a temperatura da discussão chegou a um nível perigoso, e que as emoções estão para explodir, desligue-se da situação. E eu quero dizer desligue-se literalmente. Diga ao parceiro que está sentindo que a situação está quase fora de controle e que precisa sair dela um pouco, mas promete voltar. Apenas peça um tempo. Isso é fundamental. Você precisa dizer a ele que, embora esteja saindo, vai voltar logo — e você precisa cumprir essa promessa.

Retire-se fisicamente, indo para outro quarto, saindo para dar uma volta no quarteirão ou sentando um pouco na varanda. Quando sentir que seu senso de estabilidade e perspectiva está de volta, procure novamente seu parceiro e retome de onde parou, conferindo primeiro se ele também está mais calmo.

A maioria das pessoas, na verdade, se esquece de retomar e terminar a discussão, temerosas das emoções e das palavras duras que voaram de um lado para o outro. Elas acreditam erroneamente que é melhor pedir uma trégua e ficam satisfeitas consigo mesmas por ter a relação novamente com um semblante de normalidade, embora isso possa ser apenas temporário. Mas eu estou pedindo para você arriscar, andar no limite, chegar lá e se manter firme. Você agora está muito próxima de alcançar a satisfação das suas necessidades emocionais no relacionamento. Não tem acordo. Nada de negociação. Não se renda.

Peça quantos intervalos de tempo precisar e depois volte a conversar. E enquanto recupera o fôlego emocional (e ele o dele), reveja o que acabou de acontecer entre vocês dois. Não estou dizendo para você remoer mentalmente o comportamento ofensivo que disparou a discussão ou entrar em um monólogo emotivo sobre você estar certa e ele errado. Quero que você selecione exatamente as palavras que quase levaram a discussão além do limite e a fizeram pedir tempo. O que foi que ele disse, que você respondeu, que ele respondeu, que você disse? Se quiser, escreva isso no caderno. Quando voltar para a sala, comece a conversa por aquilo que levou a discussão ao ponto de ebulição. Mas dessa vez toda a emoção será tirada das palavras, e vocês poderão continuar trabalhando em direção a uma solução. Agora você pode usar a técnica XYZ para expressar seu aborrecimento, suas preocupações e seu desejo de mudança. Dessa maneira, a conversa renovada começou com o pé direito, com você assumindo o controle.

O que vai acontecer, eu garanto, é que logo vocês dois estarão conversando racionalmente. Ele será capaz de ouvir suas objeções e você será capaz de transmitir como se sente e dizer-lhe como quer que ele se comporte, porque você usou a sua sentença XYZ.

Você manteve o controle das suas discussões e as conduziu para uma interação calma na qual ambos estão ouvindo um ao outro. O processo todo começa com você mantendo o controle tanto como participante quanto como observadora e sendo capaz de pedir tempo exatamente no momento certo se a discussão ameaçar ultrapassar aquele ponto de onde não há mais retorno.

Importante: a maneira de argumentar que descrevi aqui é baseada no Plano de Segurança contra a Violência Doméstica, usado por todas as organizações que trabalham com casais violentos, portanto essa é a maneira mais segura de ajudar casais a discutir. Os pedidos de "tempo" são um mecanismo de segurança e pensados para evitar a violência, mas, se você estiver em uma situação onde é controlada pelo abuso, medo da violência, ou violência de verdade, então é fundamental que procure ajuda profissional imediatamente. Violência doméstica é ilegal, ameaça potencial à vida e deve ser levada muito a sério. Os exercícios desta Seção são desenvolvidos apenas para mulheres que têm problemas de comunicação com os seus namorados, não para aquelas envolvidas em relacionamentos perigosos.

Neutralize a luta

A maioria das mulheres com quem trabalhei acha muito difícil manter o controle da situação no primeiro momento. Elas se descobrem sendo sugadas pela espiral destrutiva da discussão, e assim, com o passar dos anos, usei uma técnica que vai ajudá-la a se manter no controle e dar condições para que peça tempo a fim de continuar o exercício com eficiência.

O segredo é escolher uma palavra código para dizer a si mesma, que será o sinal para se desligar da discussão quando sente que vai acabar em problema. É assim que funciona.

Mantenha o posto de observadora para quando sentir que a discussão está ficando muito desagradável, irracional, ou emocional demais. Nesse ponto, repita para si mesma a palavra código que escolheu. Esse é o seu alarme tocando para lhe dizer que está na hora de pedir licença e se retirar. Qualquer palavra serve. Sua palavra código é para ser dita, sussurrada, antes que tudo se descontrole, seja ele ou seja você quem esteja a ponto de perder o controle. Funciona nos dois sentidos (se ele perder o controle e sair da sala, use as lições que aprendeu sobre afastar-se na Seção 4). Dizer a palavra código tira você do calor do momento e permite que se torne uma observadora objetiva da discussão. A partir desse ponto de vista, você pode perceber mais facilmente como e quando a discussão sai do controle.

A minha palavra código é "alface", porque, para mim, ela quebra a tensão de um modo bem-humorado e me faz sorrir, o que também esfria um pouco minha temperatura. Se quiser, use minha palavra código. Quando perceber que a discussão está indo ladeira abaixo, primeiro identifique as palavras que estão levando a conversa ao desastre e então simplesmente diga a palavra código: "alface".

Acredito que seu parceiro seja muito esperto para apertar botões. A maioria dos homens é. Ele vai saber como levá-la ao ponto de ebulição mais rápido do que você possa monitorar a discussão e assim perder o momento de falar a palavra código e voltar ao controle. Lembre-se de ser paciente consigo mesma.

Tenho toda a certeza de que no começo você achará difícil manter seu oásis de objetividade. Ainda assim, a cada esforço você saberá melhor como se manter no comando, até que esteja no controle do tom e da temperatura da discussão.

Parece fácil, mas acredite em mim: sei que não é. Tenho certeza de que nas primeiras vezes que tentar fazer isso, vai se esquecer totalmente do livro, do exercício e da sua palavra código. Mas não se aflija. Você está indo bem, porque está aprendendo a observar sua discussão, monitorar a si mesma e identificar o momento em que precisa se desconectar da briga usando a palavra código.

Emocionalmente, é natural que você queira que ele ceda, peça desculpas e prometa nunca mais agir errado novamente. Mas ele já lhe disse isso antes e você é esperta o bastante para reconhecer que ir por esse caminho apenas leva a uma vitória curta e vazia. Você sabe melhor que ninguém com que rapidez ele voltará aos hábitos antigos. Em questão de dias ele estará se comportando mal novamente e pressionando seus botões emocionais como se nada tivesse mudado. Porque não mudou mesmo!

Você merece que a solução dos conflitos no seu relacionamento aconteça em níveis mais altos e mais sustentáveis; não se satisfaça com um pedido de desculpas "meio" sentido ou com uma promessa vazia de que o comportamento no futuro será melhor. Sua verdadeira "vitória" — que você vai alcançar sozinha — é que, no mínimo, você agora é capaz de discutir o que quer no relacionamento e preparar o caminho para ter suas necessidades emocionais atendidas.

Isso vai funcionar, porque o padrão do seu relacionamento mudou, sua intimidade vai crescer, sua comunicação vai melhorar e sua conexão será fortalecida. Agora você tem uma estrutura que a põe no controle dos desentendimentos para conseguir o que deseja. Você é o juiz, é quem dá as cartas, condena e observa o jogo, segura do lado de fora do campo. E você fez tudo isso sem que ele soubesse que estava participando.

Como lutar: as consequências

Você fez um progresso tremendo e tem todo o direito de estar orgulhosa de si mesma, mas ainda há um pouco mais de trabalho a ser feito. Você precisa dar mais um passo nesse processo. Sem completar esse passo, o progresso para o qual trabalhou tão duro será temporário. Você se encontrará de novo no mesmo canto infeliz por causa do comportamento egoísta e distante dele, que acabará deixando você, novamente, aos berros, chorando e xingando.

Este último passo lhe dará as ferramentas de que precisa para quebrar permanentemente o ciclo de frustração, medo ou desapontamento, os verdadeiros motivadores de toda discussão. Este último exercício vai ajudá-la a descobrir a mensagem mais íntima que seus argumentos repetitivos tentam revelar. Uma vez que você os ouça, estará livre para conduzir o relacionamento na direção da sua escolha.

ABRA SEU CADERNO

Para completar esta lição, você precisará do seu caderno. Ao final de cada discussão, relacione rápidos fragmentos descrevendo o que aconteceu. Talvez você queira anotar se precisou usar a palavra código e se foi bem-sucedida nisso. Não escreva nada muito elaborado ou particularmente detalhado: "Nós discutimos sobre lavar a louça". Ou "Nós discutimos sobre o comentário de que preciso fazer dieta". Em seguida, lembre-se da frase visualizadora que formulou na Seção 3. Escreva sua frase visualizadora abaixo da descrição da sua discussão.

Ao final da Seção, reveja o conjunto das discussões ocorridas durante a semana no contexto da sua frase visualizadora. Você vê uma conexão? É possível que todas as suas discussões e brigas sejam variações e expressões diferentes do mesmo medo que você representou na sua frase visualizadora?

Vamos rever o casal que conhecemos anteriormente, no Cenário 1. Megan ficou furiosa quando foi deixada fora da conversa que Josh estava tendo com o velho amigo no restaurante. Se ela estivesse seguindo os exercícios nesta Seção, e estivesse olhando no seu caderno os tópicos sobre as discussões da semana, provavelmente leria: "Ele ficou trabalhando até tarde novamente", "Eu o peguei mandando uma mensagem para a sua ex", "Acordado a noite inteira jogando no computador". Em um primeiro momento, não parece que essas três situações tenham muito em comum, além do fato de talvez legitimarem (ou não legitimarem) suas reclamações. Ainda assim, a conexão comum entre esses três eventos, e a razão por que ela quer discutir a respeito deles, fica clara na sua frase visualizadora: "Tenho medo de ser excluída".

No caso de Josh estar fazendo contato com a sua ex-namorada, é mais do que o simples medo de ele poder estar se aproximando dela novamente. Megan também tem o profundo e primitivo medo de que será posta de lado e deixada sozinha. Ele ficar trabalhando até tarde e jogando no computador são outros exemplos que provocam o seu medo de ser excluída. Uma mulher pode ser facilmente excluída tanto por atividades quanto por outras pessoas. Megan se sente marginalizada, sendo forçada a compartilhá-lo com atividades que ele é obrigado a fazer (trabalho) e que ele deseja fazer (jogar videogames).

Quais são os verdadeiros motivos das suas discussões?

Lembra-se da Seção 3, em que descobrimos a ligação entre os sentimentos fundamentais da infância e a maneira como seu parceiro faz com que se sinta? Tenho certeza de que as dinâmicas por trás da sua frase visualizadora também estão presentes nas discussões que você tem com ele. As ações dele — premeditadas ou não — evocam os momentos infelizes, inseguros ou de medo que você experimentou há muito tempo. Aqueles sentimentos que você guardou lá no fundo do seu closet psíquico foram momentaneamente libertados por algum ato imprudente do seu parceiro e estão se vingando nos seus sentimentos e no seu relacionamento.

É totalmente legítimo que você queira se sentir segura, apreciada ou especial. Está totalmente no seu direito querer se sentir protegida, popular ou valorizada. Nunca desista de insistir para que receba as necessidades essenciais e emocionais que merece. Entendendo como a frase visualizadora forma o apoio emocional das discussões que você tem com o seu parceiro, terá um entendimento mais profundo das exigências básicas que requer de um relacionamento completo, seguro e íntimo.

O ciclo que foi estabelecido na infância e que desempenha seu papel em cada relacionamento que você já teve até agora está quebrado. Você pode reescrever o enredo da sua vida como adulta que é agora. Você está equipada para entrar em um relacionamento de intimidade colaborativa que tornou possível sem que ele soubesse de nada — com os mesmos direitos, capaz de comunicar em um espírito compartilhado de cooperação. Nesse novo modo de se relacionar, seu companheiro também mudará a maneira como age com você.

É um sentimento libertador, não é? Porque a escolha é sua. Estar ciente da conexão entre suas necessidades emocionais íntimas e a fonte das discussões com o parceiro a põe no controle para levar o relacionamento ao próximo nível. Você não é mais uma marionete, manipulada por desejos emocionais enterrados, agitada em busca de algum anseio não identificado de segurança ou amor que seu parceiro constantemente lhe nega.

Entendendo quais necessidades emocionais precisam ser satisfeitas para você ter uma relação bem-sucedida e satisfatória, agora pode agir de uma maneira mais autoconsciente. Usando sua frase visualizadora de sentimentos e se comunicando com sentenças XYZ, você pode fazer progressos verdadeiros conseguindo que seu homem permaneça calmo e atento na discussão, sem se afastar; que ele ouça, aprecie-a mais, entenda como você se sente e, esperamos, esteja mais sintonizado com você e empenhado em modificar seu comportamento.

Ou você pode reconhecer o que está acontecendo em um plano mais profundo de sentimentos e não se deixar sujeitar ao mesmo grau de pressão emocional quando ele faz alguma coisa que viola sua frase visualizadora. O homem com quem você está pode ser capaz ou não de satisfazer suas necessidades básicas e fundamentais no relacionamento. Mas agora você pode determinar a habilidade dele para fazer isso sem ser atrapalhada pela névoa da emoção. Você deveria se orgulhar de poder dominar uma das habilidades mais desafiadoras na vida quando consegue controlar como você e seu parceiro discutem. Premie-se escolhendo o próximo presente ou atividade da sua lista. Você mereceu sua segunda medalha da comunicação. Aprecie. Aproveite. Você merece. É você quem decide o que fazer com esse poder e conhecimento. Você está calma, forte e no controle do relacionamento.

Não pense nem por um momento que você algum dia vai ficar livre de lutas. Como eu disse no começo da Seção, os relacionamentos são feitos de lutas. É o sangue que mantém a vida de uma união. Você pode não conseguir sempre as coisas do seu jeito. Você ainda pode discordar sobre quem tira o lixo nos fins de semana ou o que seja um presente adequado para o Dia dos Namorados. Mas agora você é ouvida e compreendida pelo seu homem. Antes, tudo que era dito no calor de uma disputa era como um soco no estômago. Agora, você criou um ambiente sem emoções onde a comunicação é possível. Você abriu a oportunidade de ter um relacionamento maduro e recompensador em que ele entenderá seu ponto de vista. Você está vivendo um relacionamento colaborativo, em vez de combativo, no qual ele é capaz de lhe prover o sentimento aconchegante e afetuoso de um novo e mais profundo nível de intimidade.

Não era isso o que você sempre quis dele?

Minhas dicas para uma discussão segura

- Identifique um incidente em que seu parceiro mostrou um exemplo de comportamento insensível que você gostaria de mudar.
- Formule sua sentença XYZ: "Quando você fez X, eu me senti Y; em vez disso, você poderia fazer Z?"
- Confronte o comportamento dele, sem brigas. Entretanto, observe a discussão; mantenha uma parte de você sem envolvimento e monitore a discussão.
- Quando sentir que você ou ele estão perto de chegar ao ponto sem retorno, repita a sua palavra código. Diga que precisa sair um pouco para esfriar a cabeça e que depois retornará para terminar a discussão.
- Talvez você precise ir para outra sala ou sair de casa. Se a discussão for muito agressiva, precisa pensar como conseguirá sair de casa de modo seguro. Se tiver filhos, certifique-se de que um parente ou amigo cuidará deles, se necessário.
- Enquanto estiverem em salas separadas, pense nas palavras que provocaram a explosão a ponto de a discussão ficar tão quente. O que ele disse? O que você disse?
- Veja se ele se acalmou e se está pronto para continuar. Se ele estiver, diga a ele o que acha que disse ou fez que contribuiu para o agravamento da discussão. Deixe que a discussão entre vocês comece novamente.
- Se ele não tiver se acalmado, diga que vai ficar na sala ao lado e verificará mais tarde se ele está pronto. Esta é a parte mais difícil de administrar! A separação pode durar minutos, horas ou dias. O tempo que for necessário para que vocês dois se acalmem e pensem sobre sua contribuição na discussão. Se eu estivesse fazendo terapia com vocês dois, ele também deveria pensar na contribuição dele à discussão. Agora, entretanto, você tem de

fazer o trabalho, o que é ótimo, porque está colhendo resultados. Não ficaria surpresa de modo nenhum se, depois de um ou dois dias observando você administrar suas discussões, ele começasse a considerar a contribuição dele à briga.
- É muito importante que você sempre volte para continuar a discussão; dessa maneira a questão não é varrida para baixo do tapete.
- Repita esse processo o quanto for necessário para mudar a conversa: de uma briga para uma troca honesta de sentimentos sem rancor e sem vingança.

Seção 6

Compartilhe os papéis no relacionamento

Você já percebeu que, quando conhece um casal, a impressão inicial que você tem dele é geralmente correta? É como se a dinâmica do seu relacionamento estivesse em uma vitrine para que todos vissem o momento em que começam a interagir um com o outro:

Ela é a senhora Nervosinha, sempre inquieta mexendo nas joias e de olho na saída para uma rápida escapada. Ele é o senhor Gelo, demonstrando pouca ou nenhuma emoção, agindo como se nada pudesse irritá-lo, transpirando ar de autoconfiança e se mantendo a distância e desligado.

Ela é a madame Limpeza, sempre de um lado para o outro, apressada, ofegante e arrumando as almofadas no sofá, conferindo se os afazeres da casa estão sendo executados conforme programado, organizando as contas e o orçamento do mês. Ele é o senhor Preguiçoso, o tempo todo bagunçando tudo, deixa as chaves da casa no lugar errado, vive perdendo a carteira, se esquece de colocar o lixo para fora e está sempre atrasado para seus compromissos.

Ela é a Doadora, se voluntaria para causas nobres, visita os parentes doentes e leva biscoitos feitos em casa, está sempre disponível para andar com o cachorro e acorda cedo para que o parceiro chegue ao trabalho na hora. Ele é o Recebedor, a família gira em torno dele, é o dono do controle remoto da TV e espera muita atenção sempre que pega um resfriado.

Talvez tenha percebido essa divisão de papéis nos relacionamentos do programa Tool Academy. Os casais parecem desempenhar suas personagens quase a partir do momento em que começam a falar. Resmungona ou austera, manipuladora ou vítima, antagonista ou inocente, é como se cada membro do relacionamento estivesse atuando em uma peça, em um diálogo, e mostrando atitudes padronizadas de personagens de um roteiro.

Muitas das mulheres que ajudei em terapia acreditam que são estereótipos nos relacionamentos. Em certo nível elas sentem como se estivessem atuando como personagens que não representam completamente a verdade sobre si mesmas. Esses conjuntos de comportamentos prescritos aprisionam as mulheres, e elas se sentem sufocadas e colocadas em camisas de força. São incapazes de expressar uma gama enorme de sentimentos e comportamentos, porque fazer isso não é permitido ou faz com que elas não se sintam à vontade.

Esta Seção a ajudará a libertar-se dos constrangimentos do papel que você desempenha — que a oprimiu e silenciou —, forçando-a a ter um comportamento no qual não se sente bem e que não deseja. Secretamente você mudará o comportamento do seu parceiro. Já leu o suficiente deste livro para saber que você e ele, de forma consciente ou inconsciente, conspiram para manter o que você quer fora de alcance no relacionamento. Não seria surpresa que você e ele desempenhassem um papel criando um drama em que você se sente forçada a tomar parte. Nesta Seção, aprenderá a controlar o comportamento dele e também a expressar toda a sua gama de emoções.

Sua caixa de ferramentas até aqui

Você percorreu um longo caminho para alcançar o que queria no seu relacionamento e entender como obtê-lo. Você sabe que a chave para isso é retirar as camadas de atitudes e comportamentos que foram formadas com o passar dos anos e controlá-las, em vez de deixar que elas controlem você.

Foi isso que fez na Seção 4 para criar mais intimidade no seu relacionamento. Aprendeu como controlar a dinâmica do relacionamento a fim de proporcionar equilíbrio entre suas necessidades emocionais e as do parceiro. Você entendeu como não estavam conseguindo a intimidade desejada porque sua frase visualizadora estava sendo manipulada, seus botões, apertados, e sua linha, solta. Com esse conhecimento você criou um ambiente seguro para ele expressar seus desejos por intimidade sem se distanciar ou se esconder dentro da concha. Você aprendeu a usar seu entendimento da linha do relacionamento para puxá-lo para mais perto de você, persuadi-lo a ter comportamentos de Caçador e aplicá-los a você.

Dar e receber

Nesta Seção, ampliaremos aqueles conceitos essenciais, além da intimidade para ajudá-la a expressar a gama de sentimentos e comportamentos que negou anteriormente. Isso porque, da mesma maneira que aprendeu que você e seu parceiro são tanto Caça como Caçador, e que a chave para a intimidade é compartilhar esses papéis adequadamente, agora introduziremos o conceito de que você e seu parceiro também podem ser muitos personagens: A dona Limpeza e o senhor Preguiçoso, a Doadora e o Receptor, a Nervosinha e o Homem Gelo, etc. Para você se tornar emocionalmente mais completa e trazer ao relacionamento maior harmonia, descobrirá como compartilhar com seu parceiro alguns dos sentimentos e comportamentos desagradáveis que você tem em excesso, e aceitará algumas das emoções e comportamentos que você conferia somente a ele.

Acho que você já sabe do que estou falando. Como pode qualquer relação não se sentir dentro de uma camisa de força se se permite a expressão de apenas alguns comportamentos limitados? Além disso, muitas mulheres me dizem que ficar restritas a apenas algumas emoções também faz com que se sintam emocionalmente isoladas de outras partes de suas personalidades. Elas sentem que vivem apenas uma parte de sua verdadeira identidade. Elas não têm coragem de sair do papel prescrito e não se sentem livres para explorar toda a sua individualidade reprimida e escondida sob a superfície.

Se você e eu estivéssemos conversando, tenho certeza de que logo descobriria que uma das razões pelas quais você está agindo dentro de um conjunto limitado de emoções é porque isso é o que espera de si mesma. Entretanto, à medida que você investigar mais profundamente, acredito que também entenderá não apenas que esses comportamentos são autoimpostos, mas que seu parceiro também tem essa mesma expectativa em relação a você.

Agora admita apenas por um momento a ideia de que seu parceiro está na mesma situação difícil que você. Ele se sente incapaz de sair do ciclo de comportamentos que você espera dele e das suas próprias cobranças. Imagine que o relacionamento seja um globo e que o conjunto de emoções e comportamentos aceitáveis estejam congelados em um polo, enquanto o conjunto do seu parceiro está congelado no polo oposto.

Talvez o conjunto de papéis dele inclua praticar muitos esportes diferentes, ser sempre pessimista e gostar de férias aventureiras. Talvez seu conjunto inclua liderar um clube do livro, ser sempre positiva e nas férias gostar de ficar em casa. Há muito tempo pretende começar a surfar, mas de algum modo o papel que você assumiu para si não permite que faça isso. Então você se sente presa, irada e enganada.

Olhemos de forma mais detalhada. Uma das maneiras mais comuns de divisão de papéis em um relacionamento se dá entre o introvertido e o extrovertido. Você conhece os dois tipos. A introvertida é quieta, tímida, isolada e fala somente quando se dirigem a ela. Fica na última fila da foto da família para que não seja vista claramente. Usa roupas discretas, com cores apagadas e estilo clássico. Por outro lado, a extrovertida controla a conversa, gosta de aparecer, faz tudo de maneira exagerada e é o centro da festa.

Para quem está de fora, essas duas pessoas podem parecer muito diferentes e distintas. Porém, na minha experiência, a introvertida e a extrovertida possuem muitas das mesmas qualidades. Na verdade, dentro do relacionamento há um entrelaçamento confuso de emoções, muitos dos quais são compartilhados inconscientemente.

O que é seu e o que é dele?

Deixe-me apresentar Lela e Sean. Lela, a introvertida, gostava muito mais de jantares íntimos do que de reuniões de grandes grupos, e se esforçava muito para ter uma casa limpa e organizada. Ela cultivava um pequeno grupo de amigos, e era muito mais comum sorrir discretamente do que dar gargalhadas. Para ela, uma noite divertida significava alugar um filme e assisti-lo no sofá da sala; gostava muito mais disso do que sair para ver um filme no cinema. Como você pode imaginar, Lela evitava roupas chamativas e seu guarda-roupa era composto de jeans e blusas bege e marrom. Ela era uma jovem atraente, mas não pude deixar de notar que não pintava o cabelo nem o lavava direito. Evitava usar maquiagem, como se estivesse anulando sua boa aparência natural.

Sean, ao contrário, era extrovertido, demonstrava muitas emoções e comportamentos totalmente opostos aos de Lela. Sentados juntos no meu sofá, eles pareciam ter vindo de mundos diferentes. Ele entrou primeiro no meu consultório, exibido, e depois Lela, que o seguia como uma sombra. Ele adorava se arrumar, sempre vestia uma camisa com o colarinho engomado, sentava-se casualmente com as pernas cruzadas, despreocupado e calmo. O que Sean mais gostava de fazer era ir a um bar no sábado à noite com os amigos. Ele adorava ser fotografado e nunca perdia uma oportunidade de contar piadas aos colegas de trabalho. As roupas que Sean usava, e também sua linguagem corporal, comunicavam que ele tinha uma personalidade extrovertida. Era um excelente imitador e nas conversas era capaz de imitar as vozes e os trejeitos das pessoas que descrevia.

Cedo no relacionamento, Lela e Sean fizeram um acordo inconsciente de dividir seu universo emocional, separando o que era "dele" e o que era "dela". Ela concordara em ser acanhada, solitária, tímida e insegura. Ele concordara em ser destemido, audacioso, assertivo, sociável e extrovertido.

Sean e Lela podem parecer completamente opostos, uma combinação impossível, mas na verdade eles são mais parecidos do que aparentam para um observador de fora. Lembra-se de quando eu disse que o velho ditado de que os "opostos se atraem" não é exatamente verdadeiro? Lembre-se também de que parceiros tendem a compartilhar a mesma frase visualizadora. Pessoas que dividem os mesmos medos e inseguranças normalmente acabam formando um casal. O comportamento extrovertido de Sean atraiu Lela porque ele transbordava confiança e calma que ela, no fundo, sentia que lhe faltava. E por um longo tempo ela curtiu as muitas manifestações da personalidade extrovertida dele. Ela permitiu que ele tivesse o monopólio no comportamento social e fosse o único dono da expressão visível das emoções.

Sean, por outro lado, sentiu-se atraído por Lela e pelo seu estilo recatado e compenetrado. Tudo no seu jeito de se vestir e agir parecia transmitir sua inteligência, segurança, independência e autoconfiança, todas as qualidades que ele sentia que lhe faltavam. Quando vieram me ver, ambos reclamaram que queriam "algo mais" do relacionamento, que pareciam estar em um "beco sem saída" e que deveria "haver algo mais". Depois de sucessivas semanas de terapia, descobriram que se sentiam assim não porque estivessem com o parceiro errado, mas porque cada um se sentia confinado aos papéis que desempenhavam no relacionamento.

No início do relacionamento, Lela podia ter deixado um pouco de comportamento extrovertido para si. Frequentemente, ela pensava em começar a cantar ou se juntar a um grupo de teatro amador, mas pôs essas aspirações em "modo de espera". Ela estava esperando que aparecesse uma oportunidade em que se sentisse mais confortável para buscar esses objetivos. Agora, depois de dezoito meses de relacionamento, ela sentia que devia fazer uma tentativa, mas reclamou para mim que sentia que Sean a impedia de tentar essas atividades, e estava ressentida com isso. Ela estava pronta para desistir do relacionamento porque, cada vez que tocava no assunto, Sean a fazia se sentir inadequada e a colocava para baixo.

Muitos casais enfrentam essa estagnação emocional. Ela começa cedo no relacionamento, quando a atração romântica e o desejo de um pelo outro são fortemente influenciados pelo papel de cada um em completar e proteger a frase visualizadora do outro. Lela se definiu (com o apoio inconsciente do parceiro) como aquela pessoa no relacionamento que era sempre hesitante e acanhada, aquela que evitava grandes grupos e não se mostrava afetiva. Esse papel funcionou para ela — afinal de contas, ele reforçava seu desejo de ser aceita e sua estratégia era agir da maneira menos ofensiva e menos perceptível possível para evitar censura. Também funcionou para Sean, que interpretava a tranquilidade e as características solitárias da parceira como um sentimento inerente de força e segurança interior, o que realmente era.

As latas de tinta da sua vida

O relacionamento entra em crise quando cada parceiro quer se meter nas latas de emoções e comportamentos do outro. Vamos imaginar, se me permite, que cada emoção e cada comportamento tenha a sua lata de tinta. O relacionamento começou com Lela enchendo as suas latas e Sean as dele. Ela encheu até a borda a lata do "acanhamento" e a da "timidez". Sean também encheu até a borda as latas da "desinibição" e do "gostar de aparecer". Agora, Lela está sentindo que gostaria de ter um pouquinho da lata da "desinibição" de Sean, assim como aquela rotulada "selvagem e louco".

O mesmo aconteceu na perspectiva de Sean. Nada seria melhor para ele do que se permitir pegar emprestado de vez em quando a lata "introspectiva" de Lela. Entretanto, aquela lata está transbordando, mas sob o controle dela. Pare um pouco e analise seu relacionamento. Provavelmente existe uma paleta inteira de emoções e comportamentos que você gostaria de experimentar, de dar umas pinceladas, e pintar uma imagem nova e vibrante de si mesma e do seu relacionamento. Mas primeiro você precisa descobrir uma maneira de ter algumas cores das latas que estão sob a custódia do seu parceiro. Para essa descoberta você precisará entender melhor como as latas de tinta são divididas, e para isso precisa revisar suas sentenças visualizadoras.

Aplique sua frase visualizadora

Talvez sua frase visualizadora fale do seu medo da solidão, da sua ansiedade de ser rotulada como fracassada, ou do seu receio de se sentir inadequada. Nas sessões anteriores trabalhamos a gênese desses sentimentos. Sua mãe se importou tanto com seu padrasto que se esqueceu das responsabilidades que deveria ter com você? Você viveu à sombra da sua irmã porque ela era "a talentosa e inteligente"? Seu pai queria tanto um filho que em toda oportunidade que tinha demonstrava frustração por ter tido uma filha? Cada um de nós tem uma frase visualizadora única e um conjunto de circunstâncias que deu origem a ela. Vamos observar de modo mais atento a maneira como nossa frase visualizadora influencia o modo como distribuímos o conteúdo das nossas latas emocionais e comportamentais.

Como vimos, a estratégia de Lela de ser aceita era evitar toda oportunidade que a distinguisse de algum modo. A frase de Lela ("Tenho medo de ser criticada") surgiu quando garotinha, pois seus pais sempre a censuravam. Lela era a quarta filha de uma família "dura" e seus pais realmente não queriam ter mais filhos. Ela nunca ficou íntima de sua irmã porque ela era bem mais velha. Seus pais se referiam a ela como "um acidente" e criticavam sua aparência, suas roupas, as notas e os amigos. Uma lembrança particularmente marcante, que ela repetiu diversas vezes, foi que aos oito anos seu pai a fez chorar por ter ficado furioso quando viu que ela havia colado o selo de cabeça para baixo no envelope de uma carta para pagamento de uma fatura. Todo esse abuso verbal teve consequências. Lela evitava toda e qualquer atividade que pudesse atrair atenção para ela — fosse negativa ou positiva. Ela fazia tudo que podia para evitar ressentimento, inveja ou reprovação dos pais ou de qualquer outra pessoa.

A necessidade de Lela de evitar críticas colaborou para atrair — e ser atraída por — certo tipo de parceiro. Naturalmente ela foi atraída por um homem que parecia ter notoriedade, alguém que gostava de receber atenção de todas as formas e que almejava o reconhecimento. Por odiar a ideia de ser colocada em um pedestal, seja ele de qualquer tipo, não seria melhor ficar com um cara que tirasse toda a atenção dela?

Dessa maneira ela poderia seguramente atuar em um papel no qual se sentia mais confortável.

A frase visualizadora de Sean descrevia também o medo da crítica, da desaprovação e da condenação, portanto, a partir da sua perspectiva, Lela se encaixava perfeitamente. Sean e Lela compartilhavam muitas características familiares importantes, embora tenham vindo de históricos bem diferentes. O pai de Sean era militar e ele era filho único. Tinha-se dele expectativas muito altas, e muitas vezes impossíveis. Quando Sean não era o melhor nos esportes ou nos estudos, o pai o castigava severamente. Além disso, o pai não o elogiava quando merecia ou dispensava essa atitude. Ao escolher Lela como a companheira, Sean tinha certeza de que ele seria "a estrela" do relacionamento e todas as oportunidades para brilhar seriam dele.

Os vários estilos de comportamento que Sean e Lela adotaram para enfrentar seu medo mútuo de desaprovação eram bem diferentes. Para Lela, significava misturar-se ao cenário e ficar o mais invisível possível. Para Sean, significava tentar ser o mais popular e amável possível. Para não disparar a sua frase visualizadora, Sean queria se livrar de qualquer sentimento de mediocridade, segunda ordem e normalidade. Lela também, ela precisava se livrar de qualquer possibilidade de inadequação para que sua frase visualizadora não fosse ativada. Como duas tiras de velcro, Sean possuía aversão a ser mediano e Lela, aversão a ser diferente. A fuga de Sean de todas as coisas medianas prendia a receptividade de Lela a tudo que era normal, e vice-versa.

Vamos fazer um acordo

É claro que o comportamento introvertido de Lela e o extrovertido de Sean estão ligados de maneira profunda e segura. Logo no começo do relacionamento eles fizeram um acordo quanto às latas de emoções e comportamentos: Lela pegaria as latas "timidez" e "seriedade", enquanto Sean ficaria com as latas "sociável" e "extrovertido". Nada disso foi acordado de maneira pública ou óbvia. Foi um pacto feito inconscientemente, e assim cada um teve sua porção de comportamento. Pedir emprestado um comportamento da lata do outro estava fora de questão, para que o parceiro não se sentisse ameaçado e os limites do relacionamento não fossem violados.

Esse tipo de acordo pode ser encontrado na maioria dos relacionamentos. No começo da relação, os papéis assumidos pelos parceiros normalmente funcionam bem, até que um deles começa a se cansar das mesmas velhas coisas de sempre e se sente atraído por algo mais. A parte difícil é saber como sair da sua personagem, porque você não apenas se pôs naquele papel, mas também o assumiu. Acrescente a isso que seu parceiro também se sente muito seguro com o seu papel (e o dele), e qualquer tentativa de mudá-lo será recebida com ansiedade e encontrará resistência.

Vocês dois investiram em demonstrar o comportamento que o outro deseja evitar, portanto, para mudar algum dos papéis, você precisará decidir quais vai querer manter, de quais vai querer um pouco menos e, para começar, quais são aqueles mais fáceis de trabalhar. Uma vez que consiga administrar isso, será capaz de dar ao seu parceiro um pouco do conteúdo das suas latas para que não carregue todo o peso; e você conseguirá pegar alguns comportamentos e emoções das latas dele e torná-los seus.

Permita-se uma gama completa de emoções

Este exercício ajudará você a distinguir emoções e comportamentos que, inconscientemente, despejou no seu parceiro e também a identificar outros que gostaria de se permitir expressar.

Exercício: dez coisas que odeio em mim mesma

Relacione dez coisas que você demonstra no relacionamento que fazem com que fique triste consigo mesma. Pense em situações e comportamentos pelos quais sempre se censura depois. Você não gosta de ser a resmungona quando seu parceiro não deixa as coisas arrumadas? Você fica brava consigo mesma por sentir um pouco de inveja quando ele sai com os amigos para o bar? Você se odeia quando mente para ele sobre onde foi todas as vezes que vai ao shopping com as amigas?

Reveja sua frase visualizadora para ajudá-la nesta tarefa. Ela fornecerá dicas para que você localize alguns dos sentimentos e comportamentos de que não gosta. Por exemplo, se sua frase visualizadora diz: "Tenho medo de perder o controle", então escreva todos os sentimentos e reações que a ajudariam a permanecer no controle, mas que também fazem com que você se odeie por estar no controle.

Esta lista a levará a pensar sobre determinados comportamentos e sentimentos que fazem com que não se sinta à vontade:

1. Ficar com raiva.
2. Sentir-se inadequada.
3. Ser exigente.
4. Estar sempre resmungando.
5. Ser invejosa.
6. Estar sempre mentindo e enganando.
7. Sentir-se tímida.
8. Fazer todo o trabalho.
9. Ser o adulto.
10. Ser sempre a pessoa que cuida das coisas.

Vamos ver como Lela poderia completar esse exercício. A frase visualizadora de Lela era: "Tenho medo de ser criticada". Sua lista de comportamentos desconfortáveis selecionados da lista anterior incluiria:

1. Ficar com raiva.
2. Sentir-se inadequada.
3. Ser invejosa.
4. Estar sempre mentindo e enganando.
5. Sentir-se tímida.

Lembre-se: essa lista de comportamentos e sentimentos é uma reação de Lela atuando em sua frase visualizadora. Ao se proteger dos sentimentos que ela expressou na sua frase visualizadora, e se retirar de qualquer posição que possa ser motivo de crítica, ela se vê em situações que a deixam desconfortável e infeliz consigo mesma. São esses tipos de itens que quero que você relacione.

Por exemplo, digamos que Lela está entre as três pessoas que estão concorrendo ao prêmio de melhor funcionário do mês. Ainda assim, em vez de sair com os colegas para um tomar algo depois do trabalho, ela arranja uma desculpa e vai para casa no horário de sempre, para preparar o jantar para Sean.

Lela tem muito medo de qualquer coisa que possa causar a desaprovação ou o desagrado de alguém; sua reação imediata é que "ela não merece o prêmio" (sente-se inadequada). Quando for chamada para dizer algumas palavras em público, ela "mal conseguirá falar" (timidez) e na verdade deseja saber como os outros funcionários conseguem fazer piadas ao "agradecer por seus prêmios" (inveja). Quando é convidada para sair com os colegas depois do trabalho, ela inventa a desculpa de que "tem uma consulta médica marcada" (estar sempre mentindo e enganando). No caminho para casa ela fica tão "brava consigo mesma" que ultrapassa o sinal vermelho e quase provoca um acidente (raiva).

Agora que conhecemos Lela um pouco melhor, vejamos quais outros itens poderiam estar na sua lista:

6. Não falar por si mesma.
7. Ter de executar todas as tarefas do dia a dia da casa.
8. Ter outras pessoas sempre confiando em mim.
9. Sempre deixar os outros terem a preferência.
10. Sempre me criticar sobre como eu poderia ter agido de modo diferente.

Está claro que a percepção de Lela de quem ela é a impede de dizer algumas palavras de agradecimento em público, de ligar para Sean e dizer que não vai chegar a tempo de fazer o jantar e sair com os seus amigos para tomar algo. Parte do motivo está nas barreiras que ela mesma se impôs. Esse comportamento teria ativado sua frase visualizadora: "Tenho medo de ser criticada".

Mas outra razão pela qual ela se privou de participar da comemoração foi que qualquer comportamento que envolvesse socialização e diversão eram da área de Sean. Lela não tinha uma lata de "festejar" porque havia dado a sua a Sean, que ficou bem feliz ao enchê-la até a boca. Mas vez por outra ela tinha vontade de pegar o item "festejar" de volta. Com o exemplo de Lela em mente, reveja sua lista e pergunte a si mesma: "Quais latas de emoção e comportamento cedi ao meu parceiro?". Se você escreveu: "Preciso ir atrás dele arrumando as coisas", confira se você designou para ele a lata da "bagunça". Se anotou que precisa "equilibrar as finanças da família", verifique se entregou a ele a lata da "total responsabilidade financeira". E se você escreveu na sua lista de coisas que a fazem se sentir desconfortável algo como "sempre ir à casa dos pais dele nos feriados e aniversários", então pergunte a si mesma se entregou a ele a lata do "planejamento de festas". Tão difícil e complexo quanto observar todos os comportamentos e sentimentos de que você não gosta e quer descarregar sobre ele, o que torna esse processo duas vezes mais difícil e complicado é que seu parceiro também está descarregando suas latas de comportamentos e sentimentos que quer evitar. Não é uma tarefa fácil distribuir os papéis de maneira mais igualitária, porque você terá de pegar de volta os sentimentos desconfortáveis que relacionou anteriormente — todos os que ativam sua frase visualizadora. É por essa razão que quero que você seja seletiva e trabalhe apenas nas latas em que se sente bem em dar uma pincelada.

Mais uma vez, se você quer mudar o que está recebendo do relacionamento, precisará entender como e por que você — e seu parceiro — se comportam no contexto um do outro. Ao entender melhor o roteiro do relacionamento que está escrevendo, com ele no papel principal, mais oportunidades você terá de mudar o roteiro e o seu papel, para satisfazer mais seus desejos e suas necessidades.

Muitas das mulheres que vejo no meu trabalho acreditam que reacender o romance do relacionamento até que a chama esteja acesa como estava no início seria a solução de todos os problemas no relacionamento que as aflige. Para ser honesta, nenhum pensamento poderia estar mais errado do que esse. Mesmo que fosse possível voltar no tempo, havia muito mais que romance "passando por baixo da ponte" naquelas primeiras semanas e meses de namoro e vocês nem se davam conta. O trabalho que você fez com seu genograma e com a frase visualizadora lhe deram uma ideia de quantas forças atuam no seu relacionamento, incluindo aquela do início. Essas forças também desempenham um papel na divisão das emoções e dos comportamentos para definir quais vão nas latas "dele" e quais são das latas "dela".

Seu acordo invisível

Vamos dar uma olhada em como era seu modo de agir e pensar no começo do seu relacionamento, o que ajudou a formar a trajetória da sua vida amorosa e também como você a vive hoje. As perguntas a seguir, criadas por um colega meu, vão ajudá-la a pensar sobre o acordo emocional que fez com seu parceiro quando se conheceram.

Exercício: seu acordo invisível

As perguntas a seguir vão ajudá-la a explorar o acordo inconsciente que você e seu companheiro fizeram no relacionamento. Não se apresse, seja honesta e use o conhecimento que adquiriu nas sessões anteriores para ajudá-la com as respostas.

1) *Na sua opinião, o que seu parceiro deveria lhe prover? Exemplos:*
Você achou que ele supriria você com segurança emocional e financeira? Ele a fez sentir-se mais mulher do que qualquer outro homem com quem você já tenha se relacionado antes? Ele fez você dar gargalhadas e esquecer os problemas? Você esperava que seu discernimento e senso de aventura a tirariam de uma existência enfadonha e chata?

2) *De que modo seu parceiro vai "curá-la"? Exemplos:*
Seu parceiro satisfará sua necessidade desesperada de amor e afeição, ajudará a estimular sua autoconfiança? A confiança dele em seu talento, sua habilidade e inteligência a encorajam a melhorar na sua carreira? Você acredita que a atenção constante que ele lhe dá vai melhorar a opinião que tem de si mesma de não ser atraente e desejável?

3) *Como você acha que seu parceiro deveria ser para se sentir melhor em relação a si mesma? Exemplos:*
Um mantenedor estável? Leal e respeitoso? Seguro de si mesmo e confiante? Amável e atencioso? Uma versão masculina de você mesma?

4) *Quais são os comportamentos que seu parceiro tem que você não teria e que a irritam ou deixam com raiva? Exemplos:*

Preocupar-se com suas roupas, aparência e corpo? Sempre com tesão? Excessivamente competitivo? Está sempre faminto? Fuma muito? Bebe demais? Responde ao chefe de forma rude no trabalho? Está sempre atrasado? Comporta-se como um tolo? Envia mensagens pelo celular quando está à mesa do jantar?

Em minha experiência, as pacientes que responderam a essas perguntas ficaram muito sensibilizadas com expectativas ocultas que tinham dos parceiros desde o começo da relação, quando os sentimentos românticos e sexuais eram tão supervalorizados que obscureciam qualquer outra perspectiva. Lembre-se de que seu parceiro está completamente inconsciente das expectativas que você tem em relação a ele. Ele não tem a mínima ideia do papel que você determinou para ele na relação. Não é de surpreender que ele a desaponte com tanta frequência, não é mesmo?

Vamos dar uma olhada no questionário de Lela e ver o que ela escreveu sobre seu relacionamento com Sean.

Na sua opinião, o que seu parceiro deveria lhe prover?
> Eu gostaria que ele me desse segurança e proteção como eu nunca havia tido em outro relacionamento. Esperava que ele me elogiasse e me desse apoio, algo de que sempre senti falta. Gostaria que ele me protegesse de toda crueldade e injustiça que há no mundo.

De que modo seu parceiro vai "curá-la"?
> Ele vai cuidar de mim e me amar, não importa o quanto eu esteja amedrontada ou me sinta confusa. Ele vai me fazer sentir feminina e desejada. Seu amor me ajudará a superar qualquer ciúme, por mais insignificante que seja, e qualquer crítica.

Como você acha que seu parceiro deveria ser para se sentir melhor em relação a si mesma?
> Provendo. Sendo forte e apoiador como meu pai. Independente e completamente autoconfiante.

Quais são os comportamentos que seu parceiro tem que você não teria e que a irritam ou deixam com raiva?
>O modo como ele chama a atenção de todas as pessoas na sala.
>Ele é muito superficial. Pensa que é tão bom no trabalho que se gaba das suas realizações o tempo todo.

As respostas de Lela carregam alguns insights interessantes, particularmente aqueles que se referem às latas de emoção e comportamento que já discutimos. Quando vi Lela pela primeira vez na terapia, ela chegou como alguém que não dava a mínima para a opinião que os outros tinham a seu respeito. Era totalmente imune às fofocas do escritório e às calúnias que aconteciam no ambiente de trabalho. Era aquela pessoa de fala mansa, que escolhia as palavras cuidadosamente. A maneira como se vestia e falava quase desencorajava as pessoas a se aproximarem dela, quanto mais namorá-la.

Minha opinião era a de que havia muito mais por baixo daquela aparência e ler seu questionário confirmou meu pressentimento. Na tentativa de proteger sua frase visualizadora ("Tenho medo de críticas") e descarregar em seu namorado muitas das qualidades de que ela tinha aversão, Lela agora se descobriu presa a um papel em que não queria mais atuar, com um companheiro que ignorava suas expectativas, que repetidamente ou a irritava ou a desapontava.

Ela estava furiosa com ele, consigo mesma, com a família e com o mundo — mas porque a ira era uma das "latas" dele, até mesmo esse escape emocional ficou inacessível a ela.

Mulheres que se fecharam de modo que não conseguem expressar seus sentimentos de ira e frustração de forma natural e justificável deixam para si mesmas poucas opções. Seus sentimentos inconstantes são acumulados durante meses e anos até que um dia alguma coisa interior faz com que eles estourem. Elas podem se tornar violentas com outras pessoas ou consigo mesmas, comportar-se de modo irracional ou implodir em uma depressão clinicamente comprovada. Por isso é tão importante libertar-se, de modo seguro, dos estereótipos comportamentais esperados, a fim de restaurar o equilíbrio emocional na sua relação e em si mesma.

Liberte-se dos papéis restritos

Prepare-se para entrar em território desconhecido. Pedirei que comece invadindo uma das latas de comportamento do seu namorado. Isso mesmo. Você fará o papel que normalmente foi designado a ele. À primeira vista, vai parecer muito estranho, até mesmo perigoso e arriscado, mas esse sentimento não vai durar muito. Todas as mudanças provocam um sentimento incômodo e confuso no início, e é por isso que nos agarramos ao que conhecemos para nos sentir seguros. No entanto, se você mantiver um pouco de autodisciplina, será capaz de determinar seus verdadeiros sentimentos e separá-los daqueles que seu parceiro lhe imputou. Quando a confusão emocional da sua relação começar a se resolver, será capaz de controlar quando, onde e como se expressar.

O próximo exercício ajudará você a se libertar dos papéis restritos e estritos.

Exercício: o exercício do contêiner

As duas listas a seguir contêm papéis que existem na maioria dos relacionamentos. Elas não precisam ser definitivas, por isso, enquanto estiver trabalhando no exercício, sinta-se livre para acrescentar itens em uma delas ou em ambas.

O que você faz
Quem toma conta/Paciente
Quem organiza/Quem faz as coisas ao acaso
Mãe/Filho
Superesforçada/Preguiçoso
Econômica/Gastador
Organizada/Bagunceiro

O que você sente
Irada/Equilibrado, calmo
Dominadora/Submisso

Otimista/Pessimista
Extrovertida/Tímido
Sexy/Conservador
Preocupada/Despreocupado

O primeiro passo é escolher e escrever no seu caderno os itens que você acredita que descrevem melhor você e seu relacionamento. Observe a lista "O que você faz". Se você sente que sempre está cuidando física e emocionalmente de um parceiro carente, escolha "Quem toma conta/Paciente" e "Mãe/Filho". Se está sempre ajeitando as coisas dele e arrumando a cozinha do jantar toda noite, escolha "Organizada/Bagunceiro". E se é você quem mantém o controle do orçamento da família, enquanto ele gasta sem controle com ingressos para o futebol, então escolha "Econômica/Gastador".

Em seguida, revise as categorias relacionadas em "O que você sente". Quando, por exemplo, vocês ficam presos no trânsito e se atrasam para um compromisso, você é quem fica calma, enquanto ele xinga e soca o volante? Então você deve escolher "Irado/Equilibrada, calma". Quando vocês estão planejando as férias, é ele quem determina quando viajar, o que fazer e onde ficar? Se essa situação lhe parece familiar e frequente, então escolha "Dominador/Submissa".

Colocando em prática o exercício do contêiner

Agora vem a parte legal! Escolha uma das características "fazer" que você marcou, da qual você, particularmente, deseja assumir o controle e que também é o traço que você acredita que será mais fácil de trabalhar. Se você identificou que é "quem organiza, mãe e perfeccionista", então na próxima vez que ele confiar em você para organizar uma festa familiar, as férias, limpar o armário dele ou levar o carro para trocar o óleo, quero que siga uma ordem muito simples: não faça! Evite fazer qualquer uma dessas coisas. Encontre desculpas para não fazer os trabalhos da casa. Fique longe das atividades que ele depende de você para que sejam feitas. Ao não desempenhar o papel que se espera de você, estará impedindo firme, mas gentilmente, que ele largue as atividades (e emoções) com as quais ele não se sente confortável.

Vamos imaginar que sua característica "fazer" mais marcante seja "superesforçada", enquanto a dele seja simplesmente ser "preguiçoso". Você faz tudo. Você limpa, cozinha, organiza e assume a responsabilidade pelas finanças da casa, pelo conserto do carro e das coisas da casa — tudo. É como se você fosse o adulto e ele a criança. Então, na próxima vez que vocês chegarem em casa depois de um longo dia de trabalho, os dois se sentarem no sofá em frente à TV, e ele a cutucar e perguntar: "O que tem para o jantar, querida?", quero que você se contenha e não responda como sempre fez por semanas, meses e até anos. Afinal de contas, você também teve um dia difícil. É irritante a maneira como ele espera que você simplesmente faça surgir o jantar como por mágica e o sirva à mesa, noite após noite. Alguma coisa será diferente dessa vez. Você reconhece que está desempenhando uma atividade que faz parte da lata que você rotulou como "superesforçada".

Então, em vez de dizer algo como "Vou ver o que tem na geladeira" ou "Vai ficar pronto em meia hora", e sair correndo para a cozinha, responda simplesmente, em um tom doce e inocente: "Não faço ideia, querido". Continue prestando atenção à TV. Fique firme e veja o que ele faz em seguida. Pode ser que ele tente persuadi-la com agrados para fazer o jantar, ou talvez perca a paciência com você, mas quero que você inverta a situação e aja de modo preguiçoso, cansada, como se nada pudesse lhe aborrecer. Boceje. Espreguice como se você fosse ficar no sofá a noite toda. Mas não desista. Mesmo que você esteja com fome, valerá a pena resistir agora para receber a recompensa mais tarde.

Eu garanto que mais cedo ou mais tarde ele vai acabar na cozinha arrumando alguma coisa para comer, mesmo que seja apenas um sanduíche só para ele. Lembre-se: esse exercício não é sobre quem faz o jantar. Nesse exemplo, a questão é sobre você assumir todos os cuidados no relacionamento e ser a melhor. Dessa vez deixe que ele faça alguma coisa, permita que ele seja o adulto e gaste um pouco de energia cuidando de si mesmo.

Seria absurdo pensar que ele começaria, de uma hora para a outra, a preparar toda noite para você uma refeição completa — com entrada, prato principal e sobremesa. E você pode querer voltar a cozinhar porque é boa na cozinha e gosta disso. Mas se você fizer esse exercício três ou quatro vezes (ou faça algum que se aplique à sua situação), terá começado a dividir um pouco da sua lata de "superesforçada" com ele e, em troca, será capaz de usufruir um pouco da lata dele de "preguiçoso".

Você pode querer usar a mesma abordagem com outras atividades que eram tarefas suas, como fazer compras, faxina, pagar as contas e planejar as férias. Esteja preparada e espere. Se sua característica for organização, terá de suportar a bagunça dele até que ele entenda a mensagem. Talvez ele fique triste com você porque de repente a casa ficou uma bagunça, e isso é culpa só sua. Mas, em vez de lutar ou tentar se explicar, sente, relaxe, e veja se ele consegue aguentar uma casa bagunçada. Aja despreocupadamente ou de forma distraída ou simplesmente como se não se preocupasse mais com isso. Não lhe peça para limpar a casa. Você já fez isso e não adiantou muito. Tranquilamente, observe e perceba que ele começa a ter um pouco de responsabilidade com a limpeza da casa, a pegar as roupas sujas e a lavar a louça.

Basicamente, é como treinar um bebê. Você está na contramão e agindo de forma oposta, fazendo com que ele escolha suas próprias sugestões e se comporte de modo diferente. Quando ele entender seu novo papel de ser responsável pelas características que você está lhe devolvendo, será capaz de lhe retornar alguns dos elementos que você perdeu no relacionamento. Ele crescerá, se transformará em um homem mais maduro e deixará seus velhos modos para trás. Será possível que finalmente você, secretamente, manipulou seu companheiro para assumir o papel de um adulto responsável?

Para lhe dar outro exemplo de como esse exercício pode ser poderoso, voltemos a Lela e Sean. Lela, como sabemos, é uma pessoa introvertida, e provavelmente não a surpreenderia se eu a caracterizasse como alguém que também é um pouco pessimista (olha o lado negativo das coisas), ansiosa (não se solta), calma (não quer abrir mão das suas emoções). Na lista das "coisas que faz" de Lela, ela poderia ter escolhido Quem toma conta/Paciente, Econômica/Gastador e Organizada/Bagunçado. Na lista das "coisas que sente", ela poderia ter escolhido Sexy/Conservadora e Preocupada/Despreocupado. Como uma pessoa introvertida, Lela esquivou-se de qualquer atividade ou comportamento expansivo que a colocaria de lado, ou chamaria atenção para ela. E Sean, como sabemos, era um cara extrovertido, despreocupado, otimista e fácil de conviver.

Um dia, Sean chegou em casa muito entusiasmado. Havia ouvido uma conversa telefônica em que seu chefe mencionava que uma vaga de gerente de vendas seria aberta em breve em uma das lojas afiliadas. Sean não conseguia se conter. Sendo um otimista inveterado, tinha certeza de que o chefe havia mencionado o emprego enquanto ele estava na sala como uma dica de que ele seria a pessoa certa para o trabalho. Sean se entusiasmava cada vez mais, lembrava a sua história no trabalho, recordava todos os elogios que havia recebido. Quinze minutos depois de ter contado a história a Lela, ele não estava apenas convencido de que havia sido escolhido, mas estava imaginando que salário pediria pelo novo cargo.

Lela viu a sua oportunidade. Sensibilizada pela ideia de que Sean estava direcionando todo o seu pessimismo e negativismo para ela, teve a chance de dar algumas pinceladas na sua lata de otimismo. Lela mudou de tática. No passado, talvez ela tivesse respondido: "Sean, calma! Você sabe que ele gosta mais de outros rapazes do escritório do que de você, e não era você que outro dia queria se demitir?". Mas, em vez disso, ela se controlou e disse: "Puxa vida! Que ótimo! Você é a pessoa perfeita para esse cargo. E também é mais próximo do seu antigo cargo, então a mudança será menor também. Posso ver a cara dos seus colegas quando você for chamado à frente do escritório! Eles vão ficar com inveja. Ninguém merece isso mais do que você".

Lela aguentou firme, radiante de entusiasmo, e fazia planos sobre o que faria com o dinheiro extra, tentando adivinhar no calendário quando o emprego seria efetivado. O que aconteceu a seguir surpreendeu até mesmo Lela. Sean, aos poucos, e de um modo bem claro, começou a controlar seu entusiasmo. Não ficou negativo com a possibilidade de uma promoção, mas começou a considerar a situação de uma maneira mais equilibrada e realista. Lembrou que teria de concorrer com outros representantes de vendas e que a vaga do emprego seria anunciada no jornal, aumentando a competição com os candidatos externos. Mesmo que o chefe reconhecesse seu bom trabalho, Sean resolveu se esforçar mais porque agora sabia do novo cargo.

Lela pegou emprestado um tanto da autoconfiança de Sean para permitir que ele fosse mais realista quanto às suas oportunidades. E isso deu a ela a emocionante oportunidade de fazer alguma coisa que ansiava há anos: ser positiva, ter esperança e ser construtiva.

A sabedoria da maturidade

Gostaria de preveni-la de que existem alguns baques inesperados ao longo do caminho, e eles surgirão de lugares imprevisíveis. Isso porque, quando você começa a demonstrar comportamentos que anteriormente eram posse e território do seu parceiro, você também deixará espaço para que ele assuma algumas das características que eram exclusivamente suas. De repente, você estará lidando com um cara que tem toda uma gama de comportamentos, alguns dos quais você particularmente não gostará. Se ele for passivo e não expressar raiva facilmente, agora estará vivendo com alguém que se permite ficar com raiva e mostrar abertamente sua ira. Se seu parceiro for um gastador extravagante, que gasta o dinheiro dele em luxos desnecessários, talvez se descubra com alguém que será uma pessoa de gostos baratos.

Mas, também, considere o contrário. Você será capaz de ter uma personalidade mais completa e expressar de modo mais amplo uma gama de sentimentos. Um novo mundo de emoções e comportamentos se abrirá para você. Você pode ter todas as suas emoções, em vez de ficar confinada àquelas que ele não se sente à vontade, ou que não se encaixam na percepção que ele tem de si mesmo. Emocionalmente você terá se libertado (e ele também!), sem o conhecimento dele.

Talvez você já tenha experimentado algumas recompensas ao aceitar de volta algumas emoções que antes eram exclusivamente da competência do seu parceiro. Muitas das mulheres que já ajudei relatam um sentimento de renovação e de ampliação de horizontes. Dê a si mesma um elogio bem merecido. Parabéns! Você já realizou a tarefa louvável de pôr seu relacionamento em uma condição mais firme e mais madura.

Consulte sua lista de recompensas do caderno e encontre a da sexta posição. Presenteie-se com a atividade listada, é a sua medalha da maturidade. Ao entender como controlar os limites emocionais entre você e o parceiro, conseguirá desfrutar um relacionamento que, de agora em diante, traz muito mais satisfação. Pense nisso da seguinte maneira: "Completa, calma e equilibrada".

Seção 7

Como lidar com a traição tola

A fantasia do fruto proibido

Homens atraentes e disponíveis. De repente, eles estão em todo lugar.

No clube, olhando insistentemente para você pelo espelho quando pensam que você não está notando. No escritório, quando pega aquele executivo gracinha olhando fixamente para a sua blusa quando se aproxima da mesa dele para pegar um arquivo. E, meu Deus, quando foi que o irmão do seu namorado de repente ficou tão lindo? Você tem certeza de que ele tem olhado para você ultimamente, e com isso se sentiu muito sexy.

De onde vieram todos esses homens maravilhosos, encarando você como se "tirassem uma casquinha" de longe e quase desafiando você a tomar uma atitude?

Não há dúvida de que você e seu parceiro estiveram brigando muito ultimamente. E que você se sente solitária e rejeitada. Ele praticamente a excluiu dos seus pensamentos e sentimentos. E sexo? Está faltando muito nesse departamento, então não vamos falar nisso.

De qualquer forma, quem poderia culpá-la por pensar em estar com outro homem? Tantas possibilidades. Tantas oportunidades. Talvez você nem esteja fantasiando um affair — que poderia trazer muitas dificuldades, ser muito complicado. Mas que tal um sexo casual? Muitas de suas amigas já fizeram e você viu como elas ficaram excitadas. E você? Alguém só por uma noite para fazê-la sentir a excitação de ser desejada e viva novamente? E, além do mais, isso ensinaria uma lição ao seu homem!

Mas espere. Não tão rápido. Nem tudo está perdido. Você ainda não perdeu totalmente a esperança ou aceitou por completo que o seu relacionamento não tem solução. Afinal de contas, não é que você não tenha mais interesse pelo seu homem. Ele ainda é o número um. Se ele ao menos deixasse você se aproximar, fosse mais atento, a fizesse se sentir desejada e mais mulher.

Ainda assim... considerando seu humor agora, com tentações por todos os lados, você não consegue deixar de imaginar como seria se...

Quem está traindo?

A maioria das mulheres cujo relacionamento está em crise fantasia ter um caso. Mas elas também confessam ficar divididas entre os desejos e a culpa, a lealdade e os anseios. Suas fantasias sobre traição não são apenas muito comuns, são também naturais. Eu digo às mulheres que me procuram, confusas e atormentadas por seus desejos de ter sexo fora do relacionamento, que a situação delas é completamente compreensível. Quando uma mulher se sente impotente e sozinha, tem um desejo compreensível de satisfazer suas necessidades em algum outro lugar, por qualquer meio que esteja disponível. Talvez você já tenha tido a experiência de fazer sexo com alguém mais e agora esteja lidando com as consequências e implicações disso. Tenha seu companheiro descoberto ou não, isso provavelmente só tornou mais difícil para você permanecer dentro do relacionamento que está tentando salvar.

O mais provável, entretanto, já que está lendo este livro, é que é você quem suspeita que está sendo traída.

Chame isso de intuição, o sexto sentido da mulher, ou o repentino comportamento estranho e inexplicável dele, mas uma coisa que você não consegue ignorar está lhe dizendo que ou ele teve ou está tendo um caso com outra mulher.

A infidelidade acaba com o relacionamento

Não existe maneira de minimizar o preço emocional que a infidelidade cobra de um relacionamento, não importa quem seja o perpetrador e quem seja a parte injuriada. Ela ameaça a essência do fundamento da qual duas pessoas dependem, se querem construir uma vida juntos. A dor que vem em consequência é imensurável. Confiança, autoestima, respeito e orgulho sofrem danos colaterais naquilo que é um dos atos mais violentos — embora recuperáveis — sofridos por qualquer um em um relacionamento. Digo "recuperável" porque é perfeitamente possível para um relacionamento sobrevier à infidelidade. Não é um processo fácil, e certamente não é rápido. Mas se certos fatores positivos fundamentais no relacionamento sobreviverem intactos, então o relacionamento pode não simplesmente continuar, mas progredir.

Estatísticas apontam que seis em cada dez relacionamentos sofrem com traição. Se você traiu ou suspeita que está sendo traída pelo namorado ou marido, esta Seção a ajudará passar pelas fases da recuperação — assumindo uma condição específica: aquela que você quer. Apenas você, depois de trabalhar os exercícios e conselhos nesta Seção, poderá responder a essa questão. Algumas mulheres terminaram os relacionamentos porque, depois de entenderem a dinâmica da traição dos parceiros, perceberam que eles não eram nada confiáveis. A dor e o risco insuportável e, em última análise, o trabalho exigido para fazer o relacionamento voltar ao normal simplesmente não valeriam a pena. Outras sentem que, com o entendimento e o controle adquirido na terapia, seus relacionamentos agora têm melhores chances de crescer e dar-lhes um sentido de propósito, realização e amor correspondido.

Esta Seção foi programada para existir independente das outras sessões neste livro. Você pode ficar nos estágios da reconciliação por quanto tempo achar necessário, antes de — ou junto com — as outras sessões e exercícios. Lembre-se: a traição é um trauma emocional para você, para seu parceiro e para o relacionamento. Será necessário mais do que uma Seção para que os três se recuperem de uma infidelidade.

Três tipos de infidelidade

Talvez isso a surpreenda: apesar de haver infinitas variações, existem apenas três tipos de infidelidade. Vou descrevê-los.

O banquinho de três pernas

O primeiro tipo de infidelidade é com frequência chamado de "banquinho de três pernas". Isso porque, como um banquinho, a harmonia entre os três indivíduos (o casal principal e a amante) estabelece um tipo de estabilidade para o relacionamento como um todo. Sem o affair, o relacionamento não permaneceria em pé. Toda a pressão e a tensão entre o casal principal é absorvida e estabilizada pela amante, que é o terceiro membro do relacionamento. Os relacionamentos desse tipo costumam durar anos e têm o tácito conhecimento da pessoa que está sendo traída. Esse cenário também se aplica ao "traidor em série", aquele indivíduo que não tem uma amante por muito tempo, mas está sempre dividindo o relacionamento principal, com uma tendência de constante traição.

O caso para escapar

Esse segundo tipo de infidelidade é o "caso para escapar". Nesse tipo o parceiro trai porque deseja sair do relacionamento. Muitos homens e mulheres acham muito doloroso deixar seus parceiros sem ter estabelecido um relacionamento amoroso seguro para absorver a provação da separação.

Nesta Seção, não vou me deter nesses dois tipos de traição porque estou supondo que, se você está lendo este livro e provavelmente suspeita que seu parceiro a está traindo, você vai se encaixar na terceira categoria de infidelidade: o caso da comunicação.

O caso da comunicação

Quando uma mulher descobre que seu parceiro a está traindo, a reação mais comum dela é explicar isso dizendo que ele tem necessidade de fazer sexo com maior frequência, diferente ou melhor. Ela se culpa por não satisfazer as necessidades sexuais do seu homem, achando que ele foi levado aos braços de outra mulher para ter os desejos sexuais satisfeitos ou que ele se perdeu por causa das mulheres que "dão em cima" dele o tempo todo. Entretanto, se você ouvisse, como eu, os homens falando sobre o motivo de terem traído suas namoradas e esposas, na maior parte das vezes eles confessam profundos sentimentos de insegurança, autoaversão, indignidade e medo. O que eles diriam — se conseguissem... — é que a traição era na verdade um grito por atenção. Você pode não acreditar nisso, mas, quando um homem trai, ele está implorando para ser apreciado de um modo que o protegerá dos sentimentos associados com a sua frase visualizadora. Pode parecer um jeito muito distorcido e imaturo de pedir afeição e compreensão, mas, apesar disso, essa é a realidade: uma tentativa até o último momento de ter suas necessidades emocionais — não sexuais — satisfeitas.

O modo imaturo pelo qual os homens costumam tentar pedir a ajuda emocional de que precisam das mulheres me lembra uma criança que está tentando conseguir que a mãe lhe dê atenção enquanto ela está ocupada fazendo compras. O garoto puxa o casaco dela, choramingando "mamãe, mamãe, mamãe", mas a mãe está distraída com as compras e não lhe dá atenção. Então ele agarra um pote da prateleira da loja e propositadamente o joga no chão. Agora ele tem a sua atenção! Mas é o tipo errado de atenção, e, perdendo a paciência, ela lhe dá uma bronca aos berros e o faz chorar, da mesma maneira que um caso acaba por ameaçar um relacionamento. O desastre está feito e ambos são agora forçados a focar no conflito.

A infidelidade não é um mistério sem solução. Seu parceiro está tentando se comunicar com você. Ele deseja que você o ouça, que lhe dê atenção, para que satisfaça sua necessidade de intimidade, pela qual está sedento. A ironia, é claro, é que você também sente necessidade de intimidade. O problema, como vimos nas Sessões 3, 4 e 6, é que enquanto vocês dois querem a mesma coisa, ficam tentando comunicar suas necessidades mútuas de maneiras diferentes. Vocês interpretam os sinais de maneira errada e não são capazes de ouvir um ao outro. Essa falta de habilidade para se manter sincronizado o leva a tentar um comportamento cada vez mais perigoso, pondo o relacionamento cada vez mais em risco, a fim de conseguir se conectar. Foi por isso que ele deixou a mancha de batom no colarinho ou largou o celular onde você poderia encontrar e ler as mensagens. Inconscientemente, ele deseja que você saiba. Ele está morrendo de vontade que você saiba. Se ele não for descoberto, então a traição dele foi uma perda de tempo.

Um dos erros clássicos de comunicação da traição tem origem nos vários conceitos quanto à definição que as pessoas têm de traição. Os casais passam muito felizes pelos relacionamentos sem nunca discutir suas definições de traição. Com frequência, as mulheres têm uma noção muito diferente da dos homens. Porque o temperamento da mulher é mais protetor, materno e possessivo, elas tendem a definir traição de um modo muito mais amplo que os homens. E quando seu parceiro ultrapassa o limite — seja com um drinque depois do trabalho com uma colega ou um abraço e um beijo de despedida na esposa do seu amigo —, ele é frequentemente surpreendido por uma reação muito forte da parceira. Para a sua maneira de pensar, foi um pequeno flerte inocente, mas, para ela, ele traiu uma confiança sagrada. Porque você não deixou claro suas perspectivas sobre o assunto, ele aceita e executa as regras e definições dele do que é trair e do que não é.

O que é infidelidade?

Se você ainda não o fez, é importante que estabeleça a definição do que significa traição para você, e depois tenha uma discussão muito franca com seu namorado para que ele saiba onde os limites estão estabelecidos.

Por exemplo, muitas mulheres ficam arrasadas quando descobrem que seus parceiros têm tido relacionamentos puramente virtuais com mulheres na internet. Elas se sentem violadas e traídas como se eles tivessem tido encontros em um motel com essas mulheres. Conversas em salas de bate-papo na internet podem ser bastante íntimas, sem nunca serem consumadas. Um homem pode passar horas conversando com uma mulher, compartilhando com ela muitos dos seus sentimentos mais profundos, sentimentos que a parceira acredita que devem ser reservados para ela, e somente para ela. Quando uma mulher descobre a infidelidade virtual do marido ou namorado, ela fica desesperada como ficaria se ele e a outra mulher tivessem tido uma relação física, em vez de verbal.

Outra variação de infidelidade virtual é ver pornografia na internet, o que tem se tornado uma fonte cada vez maior de atrito e separação de relacionamentos nos últimos anos. A infidelidade se refere normalmente a "receber algo de valor de alguém ou de alguma coisa que está fora do relacionamento". Como você percebeu, o sexo é um barômetro muito útil ao relacionamento; geralmente é o primeiro a sair e o último a retornar quando os casais estão em crise. Os homens podem visitar sites pornográficos na internet para se livrar da frustração sexual que está crescendo no relacionamento. Muitas vezes é o único "sexo" que o homem está conseguindo ter. Para uma mulher, isso pode parecer uma traição, embora ele esteja totalmente sozinho com o computador. Isso pode fazer parte do seu relacionamento e ser saudável se você estiver ciente do fato e ficar feliz com isso. Mas raramente essa questão parece aceitável quando há problemas no relacionamento.

Quando começar a pensar o que é infidelidade para você, lembre-se de que definimos intimidade na Seção 4 como a "distância mais próxima possível entre você e o parceiro, permitindo que mantenha a independência e o senso de identidade". A traição é adicionada a essa equação, na medida em que pode ser definida como "qualquer atividade que se intromete na capacidade que você e seu parceiro têm de ser íntimos". Isso significa que seu parceiro pode estar traindo você com uma mulher no trabalho ou com seus amigos — que são a sua primeira escolha quando se trata de tempo livre. Ele pode estar traindo você ao ficar todo sábado à noite na internet ou ao se encontrar com a sua "ex" no final da tarde quando diz que ficará até mais tarde no escritório.

Qualquer atividade que prejudique o tempo do seu parceiro ou a capacidade de se engajar em um comportamento íntimo, significativo em um relacionamento, pode ser entendida como traição. Tecnicamente isso talvez não seja infidelidade. Não houve troca de fluido corporal. Mas, para você, isso é o mesmo que trair, quando seu parceiro se envolve com qualquer outro tipo de atividade que roube a sua oportunidade de estar intimamente com ele. Essas são as suas regras, você sabe onde os limites foram estabelecidos. Instintivamente, você sabe o que a faz se sentir bem ou não.

Abra seu caderno

Com isso em mente, abra o caderno e faça uma lista das atividades que considera traição. Normalmente, o sexo encabeça a lista, e, se esse for o seu caso, que tipo e quanto? Seu parceiro está traindo você se ele pensa em outra mulher quando está fazendo amor com você? É traição se ele tiver um relacionamento platônico com outra mulher? É diferente se a outra mulher for a "ex" dele? Muitas mulheres reclamam que os namorados gastam mais tempo na garagem consertando o carro do que no quarto. Seu companheiro a está traindo com a fixação por carros antigos? (Lembre-se: não estou dizendo que seu parceiro deveria abandonar os amigos e os hobbies por sua causa. Um relacionamento saudável permite a troca dos interesses de ambas as partes fora do relacionamento. Isso se torna problemático apenas quando os interesses fora do relacionamento são usados como uma cortina de fumaça para evitar questões no relacionamento ou para procurar alguma coisa de valor que poderia ser criada dentro do relacionamento.)

A seguir, estão alguns itens adicionais que você pode ou não considerar traição. Copie a lista no seu caderno, acrescente outros se precisar e marque os itens que acha que estão passando para o território da traição. Na coluna "ele", marque os itens que acha que ele entenderia como traição.

Atividade	Você	Ele
Beijar		
Ter conversas íntimas por telefone		

Ter contatos frequentes com uma "ex"		
Pedir o número de telefone para mulheres		
Manter contato regular com a mesma mulher, sem contato sexual		
Fantasiar com outra mulher		
Consumir pornografia na internet		
Sexo oral (nele)		
Sexo oral (em outra mulher)		
Mentir		
Encontrar pessoas em salas de bate-papo na internet		
Ter amigos no Facebook que sabe que seu parceiro desaprova		
Ensaiar com sua banda nos finais de semana		
Consertar o carro na garagem, nos finais de tarde		
Jogar videogame		

Revise suas perguntas e provavelmente descobrirá que, embora homens e mulheres concordem que há um limite a ser ultrapassado, eles discordam sobre qual seja esse limite. Pela minha experiência, é raro encontrar casais que concordem com a definição do que seja traição.

Você está negando a realidade?

As mulheres são muito boas em negação. Elas suspeitam que os parceiros estão sendo infiéis, e até em alguns casos têm provas irrefutáveis, mas ainda não conseguem acreditar completamente que isso seja verdade. Claramente, esse é o caso de muitas mulheres no Tool Academy. Apenas quando se sentam comigo na sala de terapia é que o completo significado da traição dos parceiros as toca. É como se uma parte delas realmente não quisesse saber. Elas estão se protegendo não apenas dos dolorosos sentimentos da traição, mas também de conflitos internos consigo mesmas. Muitas mulheres dizem para si mesmas, categoricamente, que se algum dia descobrissem que os parceiros as estavam traindo, acabariam com o relacionamento. Mas agora que suspeitam que os parceiros estão tendo um caso, seu sentimento de orgulho ferido não pode se reconciliar com seu sentimento de amor que diz "fique". Então, para evitar o conflito, fecham os olhos até que a verdade se torne óbvia e inevitável demais.

Ser traída é uma marca, uma experiência emocionalmente devastadora. Apesar da dor e do sentimento de injúria, o caminho para a reconciliação depende da sua habilidade de assumir algum nível de responsabilidade pelo que aconteceu. Parece injusto, eu sei. Afinal de contas você não é a pessoa que mentiu e provocou a decepção. É ele a pessoa que anda às escondidas, gasta dinheiro com outra mulher e fez sexo com ela. Foi você quem ficou em casa e acreditou que ele estava no escritório. E agora você se sente uma idiota, uma vítima, e tem o direito de sentir dor e indignação; tem até mesmo o direito de puni-lo e vingar-se — se esse for o seu desejo.

Parte do processo da cura é desabafar os sentimentos e expressá-los de forma segura. Mas seja cuidadosa para não tolerar demais os sentimentos ou aguentá-los por muito tempo. Em algum momento será necessário tomar uma decisão. Você pode arrumar as malas e deixá-lo ou escolher reconstruir a confiança e seguir em frente com o relacionamento. Se escolher a última opção, será preciso aceitar alguma responsabilidade pela infidelidade do parceiro. Precisará entender seu papel na traição. Isso não desculpa o que ele fez. Simplesmente possibilita que você controle a situação e siga na direção que desejar. O próximo passo que precisa dar é entender o que ele quer lhe dizer. É isso que não consegue ouvir?

Você consegue ouvir a verdade?

Quando Lisa foi ao meu consultório, sua vida estava uma bagunça. Isso ficou óbvio pela maneira que remendava as frases pela metade e pela incapacidade de seguir uma linha de pensamento; era como se ela não soubesse qual caminho seguir para encontrar ajuda para um relacionamento em pedaços. Entrou repentinamente em meu consultório e bateu a porta como se estivesse sendo perseguida por uma matilha de cachorros bravos. Eu a recebi e, logo que ouviu meus cumprimentos, desabou em uma cadeira e deixou escapar um profundo suspiro. Todo o seu corpo relaxou como se finalmente tivesse se libertado de um esforço enorme de permanecer firme. Depois se recompôs e se sentiu mais à vontade. Entendi que Lisa nunca tinha pensado sobre si mesma como uma pessoa particularmente desconfiada, porém seu namorado, Tony, tem se comportado de modo estranho há meses. No início da noite ele foge para o quintal para fazer "chamadas telefônicas de trabalho" e se recusa a contar a ela qual é o assunto do telefonema e com quem tem conversado. Lisa sabia que alguma coisa estava acontecendo, por isso, certa noite, pegou o celular e rolou a tela até encontrar três mensagens de texto que eram puro galanteio. "Eu não acredito que você fez isso comigo, depois de eu ter tentado agradá-lo tanto. Eu estou cheia desse seu papo-furado, já o desculpei demais, tenho sido paciente e você faz isso comigo?".

Para surpresa de Lisa, Tony negou tudo. Quanto mais ela insistia que ele estava tendo um caso, mais bravo ele ficava. Brigaram por horas a fio. Ela ficou insistindo, tentando fazê-lo confessar, mas de modo inflexível ele negava tudo. Lisa começou a pensar que ele estava certo e que ela estava imaginando toda aquela cena.

É claro que Lisa estava certa: Tony estava tendo um caso com uma colega do trabalho. Quando Lisa trouxe Tony para a terapia, ele deixou claro que sentia que as constantes reclamações de Lisa contra ele justificavam seu comportamento. "Ela sempre me importuna. Sempre com o mesmo assunto. Sinto muito pelo que fiz, mas é quase como se eu não tivesse outra opção."

Embora estivesse infeliz no relacionamento — há muito tempo ele era infiel —, não queria pressionar o botão da autodestruição do relacionamento, admitindo o caso sem sentido. Embora nunca tenha dito isso, Tony dependia de Lisa. Secretamente, confiava no apoio e na estabilidade emocional dela, apesar da necessidade constante e irritante de Lisa de ficar em volta dele o tempo todo. O caso secreto lhe dava espaço para respirar longe da necessidade sufocante de Lisa de ficar com ele. Estava em um beco sem saída. Acreditava que, se admitisse a imprudência, o controle dela por ele aumentaria muito mais. Ela nunca havia lhe dado um segundo de paz. Então ele respondeu usando raiva, esperteza e charme para se desviar das perguntas incessantes dela e mantê-la a distância.

Tony estava usando seu caso como um meio de manter distância entre Lisa e ele. O caso era a sua "porta de saída dos fundos", através da qual ele podia escapar quando as exigências de Lisa por intimidade e afeição ficavam agudas e incansáveis. Quanto mais ela tentava controlar a sua linha, mais distância ele colocava entre os dois, fugindo cada vez mais para o seu caso. Desse ponto de vista, com medo de se aproximar, ele simplesmente adaptou-se ao que entendia ser uma ameaça para sua independência e individualidade.

Em vez de dizer a Lisa que o relacionamento não estava satisfazendo suas necessidades, Tony escolheu a alternativa mais fácil e procurou satisfazê-las com uma nova mulher. O caso também lhe dava a ilusão de separação de Lisa, o sentimento de que ele poderia escapar para uma distância segura quando as coisas ficavam íntimas demais e não se sentia à vontade com ela. Mentir para Lisa lhe dava um sentimento de autonomia e superioridade. Ao manter esse caso em segredo, ele a excluía e criava uma barreira entre eles, distanciando-se das questões desconfortáveis que Lisa — na sua maneira desajeitada — continuava exigindo que ele enfrentasse.

Quando finalmente a verdade veio à tona, Tony rapidamente adotou uma estratégia de autojustificação. Da mesma maneira que muitos homens fazem ao serem confrontados quando seus casos são descobertos. Tony culpou Lisa por ser dominadora demais, autoritária e muito franca em tudo. Lisa não se definia da mesma maneira, mas concordou com Tony que era uma mulher muito forte. Como a maioria dos casais que fazem terapia e que estão tratando dessas questões, os homens veem as parceiras em uma posição de poder. Como os homens no Tool Academy, Tony sentia que Lisa tinha chegado ao fim das negociações. Do ponto de vista dele, ela sempre estava tentando levar o relacionamento na direção do casamento. Tony dizia: "Sou homem, ninguém me diz o que devo fazer. Sou jovem demais para me acomodar". Mas, é claro, ele não está sozinho e não está interessado em casamento; ele tem um relacionamento e tira muito da sua força de Lisa, da mesma maneira que uma criança extrai força dos pais.

Todas as vezes que Tony se comportava mal ficando bêbado e se esquecendo de encontrá-la em um restaurante, ou em qualquer outro lugar que haviam marcado, Lisa ficava brava, o censurava, perdoava, e então esperava que da próxima vez ele se comportasse melhor — exatamente como uma boa mãe. Ou quando ficava até mais tarde na rua, bêbado, ela brigava com ele quando abria a porta, mas depois lhe dava um abraço de perdão. Lisa criou um ambiente seguro e atencioso para Tony sair e explorar o mundo... à custa dela. De modo semelhante ao relacionamento que ele teve na infância, Tony estava extraindo de Lisa o apoio, a intimidade e a compreensão que havia recebido da mãe quando criança. Lembre-se da Seção 6, na qual você relacionou todas as peculiaridades que pegou das latas emocionais do seu parceiro, permitindo que ele atuasse em um papel oposto. Da mesma maneira, Lisa estava sendo responsável, prudente e sensata para que Tony pudesse ser irresponsável e imprudente e agir como um louco.

Tony considerava Lisa uma parceira poderosa, e, como muitos homens que buscam refúgio em um caso, procurava redefinir a equação de poder no relacionamento tendo um caso escondido dela. Ele tinha algo mais que ela. Essa era a maneira dele de recuperar algum poder que sentia estar totalmente sob o controle de Lisa. Lisa percebeu que a traição de Tony era uma expressão da sua falta de poder, da sua tentativa de retomar o poder que ele não conseguiu alcançar por meios diretos. Conforme trabalhávamos juntos na terapia, Lisa entendeu que Tony simplesmente não tinha as habilidades para ajustar o equilíbrio no relacionamento de uma maneira transparente e aberta.

Os casos são um sintoma, não a causa, de um relacionamento com problemas. Geralmente, os casos acontecem quando todas as outras coisas já fracassaram, como uma última tentativa de corrigir a infelicidade que resulta de um relacionamento sufocante. É lamentável que a bomba da traição seja necessária para que um casal confronte o sofrimento que está suportando. Muitas vezes, se a mulher for honesta, confessará que enterrou suas suspeitas muito antes daquela evidência que tornou impossível continuar ignorando o caso.

As mulheres no Tool Academy sabiam que seus maridos estavam traindo — talvez não de um modo concreto ou factual, mas sabiam. Imediatamente sentiram que alguma coisa estava errada. Embora seus companheiros fossem mentirosos torpes, as mulheres não conseguiam encarar a possibilidade de que eles as estivessem traindo ou as tinham traído. Instintivamente as mulheres sabem quando eles estão mentindo — e essas mentiras corroem e desgastam o relacionamento. A confiança que existe entre eles começa a se desintegrar. O relacionamento corre perigo.

A mulher gasta muita energia psíquica negando a realidade de que seu parceiro está tendo um caso. Praticamente a suspeita inconsciente a deixa louca e ela é consumida pela necessidade constante da afirmação de amor e afeição dele. É a dança clássica da Caça e do Caçador.

A verdade é o bem mais frágil e precioso que um relacionamento pode criar entre duas pessoas. Uma vez que o mínimo grão de decepção é introduzido, as tentativas de comunicação e reconciliação resultam em fracasso. O casal não consegue alcançar intimidade ou crescimento, e o relacionamento sofre uma paralisia.

Isso simplesmente não leva a lugar nenhum

A traição é uma situação insustentável para ambas as partes. Aquele que está tendo o caso não está em uma situação melhor. O caso de Tony pode ter aliviado um tipo de tensão no relacionamento, porém também criou outro tipo especial de extenuação e pressão. Ele tinha de lidar com desejo, excitação e prazer, bem como com a incerteza, a defesa, a ansiedade e todas as coisas que ele tinha fora do relacionamento com Lisa. Frequentemente ouço os homens dizerem que "é apenas sexo" como um meio de comunicar que conseguem compartimentar o caso e separá-lo da relação primária. O que acontece é que a culpa e a ansiedade geradas pelo caso pesam demais, e logo as emoções negativas do homem transbordam e são dirigidas à sua parceira. Sem nenhum motivo ele ficará mal-humorado, irritado ou cheio de ódio. As coisas que ele encararia de maneira normal agora são difíceis e o incomodarão. Tomar decisões domésticas simples o confundirá. As finanças, de repente, podem se tornar um problema.

Esses são os sintomas de excesso emocional que, de forma adversa, afetam o relacionamento e dá a você as pistas de que ele está sendo infiel. Você pode sentir que o comportamento estranho do parceiro não tem nada a ver com sua rotina diária. Até certo ponto você tem consciência de que isso não tem sentido, não leva a lugar nenhum. Essa desconexão entre o que você conhece do seu companheiro e do seu relacionamento e a maneira que ele está agindo agora a deixa confusa, amedrontada, insegura e na defensiva.

Talvez queira tentar fazer o exercício composto de três partes para apoiar sua intuição e verificar se ele realmente a está traindo.

Exercício: ele está traindo?

1. Use a teoria da linha. Teste se ele reage com um comportamento anormal e inexplicável quando puxa com mais força a linha dele. Por exemplo, faça exigências rigorosas esta semana e veja se ele lhe telefona às 16 horas para dizer que trabalhará até mais tarde e depois chega em casa à 1 hora — quando sabe que você está na cama, provavelmente dormindo.
2. Ele tem demonstrado um comportamento incomum? Quando você combina que jantará na casa da sua irmã no sábado à noite, ele desaparece por vinte ou trinta minutos e, quando você pergunta onde ele estava, surge com uma desculpa esfarrapada como "fumando lá fora" ou "resolvendo um problema do trabalho ao telefone"?
3. Avalie sua frase visualizadora. Porque provavelmente sua frase visualizadora é similar à dele, pense quais são os sentimentos que sua frase lhe causam e imagine como ele reagiria a esses mesmos sentimentos. Se sua frase for: "Acho que não sou boa o suficiente", então o que ele estaria fazendo agora para aliviar o sentimento "de não ser bom o suficiente"?

Seu parceiro está enviando uma gama enorme de mensagens inconscientes. Lembre-se: ele está em conflito quanto à sua capacidade. Em seu desejo inconsciente de ser descoberto, ele está deixando escapar todo tipo de pistas e dicas. O segredo que ele esconde de você cobra o seu preço todas as vezes que ele mente ou age de forma desonesta. Ouça sua intuição. Você pode sentir quando ele está saindo da rotina ou se tem um comportamento normal.

Quando a infidelidade finalmente é revelada, o casal de alguma forma sente alívio. Quando Lisa finalmente descobriu o caso de Tony, ela percebeu que não estava louca. Todo o comportamento bizarro dele de repente fez sentido. Sua percepção do caso de Tony também fez com que seus papéis fossem reescritos — e não necessariamente de maneira produtiva. O poder no relacionamento novamente mudou, mas dessa vez para o terreno de Lisa. Ela se sentiu ferida e humilhada, mas começou a experimentar o poder que vem de se definir como uma "vítima", "a parte injuriada". Simplificando, ela sentiu que estava "certa", e Tony, "errado". E até Lisa descobrir uma maneira de reconciliar construtivamente o equilíbrio no relacionamento e abrir os canais de uma comunicação segura e produtiva, a percepção de que Tony estava tendo um caso, que agora era aberto a todos, somente serviu para que ele se sentisse mais impotente. Essa foi a dinâmica que levou Tony a trair em primeiro lugar!

Depois que ele confessou o caso, Lisa pensou se gostaria de ficar com ele e tratar dessas questões. Finalmente, ela decidiu que sim. Entretanto, se você for confrontada com a descoberta de que seu companheiro a traiu, talvez decida de modo diferente.

Você fica ou sai?

Sua posição no relacionamento ficava comprometida antes mesmo de seu parceiro confessar a infidelidade. O segredo dele mantinha o relacionamento em desequilíbrio e o poder sempre pendia para o lado dele. Mas agora você sabe e a igualdade no relacionamento foi restabelecida. Talvez o poder tenha até mesmo pendido para o seu lado. Você pode escolher entre ficar ou ir embora. Naturalmente, haverá muitos outros fatores a serem considerados. Financeiramente você tem condições de bancar uma separação? Onde você vai morar se for a pessoa que precisa sair da casa onde vivem? Se tiverem filhos, quem cuidará deles? Todas essas são considerações significativas, mas pelo menos você não está mais vivendo com medo de perder o equilíbrio.

Quando a confiança é quebrada, sempre acho que o relacionamento se assemelha a um vaso quebrado: com paciência e compreensão, as partes podem ser unidas novamente. Se você olhar cuidadosamente, as rachaduras sempre vão aparecer, e a forma do vaso ficará para sempre alterada. Você é quem sabe. Você decide. O relacionamento pode ser reconstruído se você quiser. A intimidade e a confiança podem ser reconstruídas se você estiver disposta a trabalhar para isso e decidir que gostaria de investir tempo e emoção — necessários para dar uma nova chance ao relacionamento. A única maneira de ter sucesso no relacionamento novamente é descobrir, antes de tudo, o verdadeiro motivo de a traição ter ocorrido. Você está disposta a ouvir e entender o motivo pelo qual ele a traiu? Você está preparada para atendê-lo com as coisas do relacionamento que estão faltando e que ele foi procurar fora, em um caso com outra mulher? Ele está disposto a fazer o que for necessário para recuperar sua confiança, e ele consegue lhe dizer o que estava faltando? Se você disse sim e sabe que ele também está dizendo sim, então agora é a hora de largar sua caixa de ferramentas e pôr a mão na massa.

ABRA SEU CADERNO

Assim como Tony, provavelmente a primeira reação do seu parceiro será — inacreditavelmente — culpar você. Imagine-o relacionando as razões pelas quais a traiu. Escreva-as em seu caderno. Aqui está uma lista que reuni ouvindo mulheres durante anos, apenas para ajudá-la a começar.

- Você me sufoca.
- Você não me ouve.
- Eu não consigo conversar com você.
- Você gosta de brigar comigo.
- Você não me apoia.
- Você não é boa de cama.
- Você está me traindo.
- Você pensa que manda em mim.
- Você quer me prender.
- Você exige toda a minha atenção e nunca nada é suficiente.

- Você não se importa de verdade com o que faço com o meu tempo.
- Você é chata.
- Você me sufoca e eu preciso de mais espaço.
- Você significa mais para mim do que ela.
- Você não me ama de verdade e eu não amo você.

Exercício: ouvir a verdade

Agora chegou a hora de ter uma conversa com seu parceiro. Neste exercício, quero que você descubra qual é a verdadeira razão para ele ter tido um caso. Se você quiser conduzi-lo a uma zona de conforto, em que ele se sentirá bem para lhe dizer o motivo de tê-la traído, vai precisar usar todas as suas habilidades para ouvir, as que adquiriu na Seção 1. Não espere que a conversa seja agradável ou civilizada. Ela despertará dor e raiva, censura e recriminação. Então, antes que ela aumente a ponto de uma discussão exaustiva, lembre-se das técnicas de distanciamento da Seção 5 e use-as. Mantenha-se em uma posição de observadora e dê a ele algum espaço de segurança, exatamente como você aprendeu na Seção 4. É importante que você se mantenha calma nesse início de conversa. Você precisa encorajá-lo a lhe contar todos os fatos para que saiba exatamente com o que está lidando e como reagir. Também recomendo que não tenha essa conversa mais do que duas vezes; apenas o suficiente para entender e ouvir as razões dele.

Essas primeiras conversas são importantes, não apenas porque lhe darão a informação de que precisa para retomar o controle da situação, mas também porque você está estabelecendo um tom de conversa que será produtivo e a ajudará a direcionar o relacionamento para onde deseja. Quanto mais você souber o "porquê" da traição, mais bem posicionada estará para assumir a responsabilidade do futuro da sua relação com ele.

Aqui estão algumas sugestões que a ajudarão a ter essas discussões nos seus termos e a se manter no controle.

Mantenha contato visual com o parceiro. Nesse momento crítico inicial pode ser doloroso olhá-lo nos olhos. Da mesma maneira, pode ser muito difícil para ele olhar nos seus olhos também, pela vergonha que sente. Mas o contato visual é uma das principais formas de comunicação. O que você está sentindo é comunicado diretamente ao seu parceiro, desviando o centro da linguagem do cérebro, onde as emoções são traduzidas em palavras que podem, frequentemente, ser rudes e mal interpretadas, especialmente em momentos de estresse como esses.

Deixe seu parceiro falar. Provavelmente, você vai ficar perturbada e muito emotiva no início e terá vontade de gritar com ele ou sair correndo da sala. Essas são reações normais e apropriadas. Mas procure ouvir o que ele está dizendo sem o interromper ou gritar com ele. Você precisa ouvir a história toda para poder entender o que aconteceu e saber como vai lidar com isso. O que ele diz, e como ele diz, irá dar a você pistas de valor inestimáveis para ajudar a entender o caso e ter insights do motivo por que aconteceu.

Mantenha suas perguntas no campo do "porquê" do caso. A essa altura, resista à necessidade de saber todos os detalhes do caso. Você vai querer saber quando e onde ele ficou com ela, se ela era uma amante melhor que você, quem deu o primeiro passo, com que frequência eles se viam, com que frequência eles faziam sexo. Mas nesse momento controle a conversa e foque em por que ele acha que o caso aconteceu. Por exemplo, pergunte a ele o que ele sentiu que estava acontecendo no seu relacionamento que o levou a ter um caso. O que o caso lhe proporcionou? O que ele achava que precisava?

Evite culpá-lo. Evite culpar a amante. Você será tentada a rotular o parceiro como um verme, um imprestável, um tolo insensível! Você também terá algumas palavras escolhidas a dedo para a mulher com quem ele a traiu: prostituta, puta, destruidora de lares, vagabunda. Mas, por mais que queira insultá-los, e isso talvez a faça se sentir melhor por um tempo, não vai ajudá-la a entender o motivo pelo qual a traição aconteceu.

Não culpe a si mesma! Você pode duvidar da sua feminilidade e sexualidade. Você pode dizer a si mesma que você foi a causa de ele ter corrido para os braços de outra mulher. Estou aqui para lhe dizer para parar com isso. Em última análise, as responsabilidades pelos casos são compartilhadas; vocês dois têm culpa pelo que aconteceu. É um erro pensar que o caso aconteceu totalmente por sua culpa, tanto quanto é um erro acreditar que a infidelidade dele foi totalmente por causa dele.

No princípio, assim como Tony, seu companheiro deve "partir para o ataque", gritando, e agitado criar uma cortina de fumaça para esconder seus verdadeiros sentimentos, tanto de você quanto dele mesmo. Isso é apenas para distraí-la, cansar você. Ele a está privando da sua indignação bem merecida e protegendo-se de sentir-se mal. Ele pode agir com orgulho e grosseria, quase orgulhoso da sua infidelidade e da sua habilidade de pôr você no seu devido lugar. Mas se agarre às técnicas que aprendeu. Você pode ficar um bocado chocada, o que a deixará estarrecida, com emoções que pensa ter obrigação de sentir. Se começar a discutir, lembre-se de parar antes de atingir o ponto de explosão. Controle a conversa e faça com que ele se encontre com você em um local no qual os dois possam se comunicar racionalmente e com inteligência, mesmo que isso cause alguma dor. E ouça com muita, muita atenção, porque o que você começará a ouvir provavelmente a surpreenderá.

À medida que você administra a conversa e ajusta o barômetro emocional, começará a pegar fragmentos da fala dele que mostrarão que seu companheiro se sente incompetente e ansioso. Ele começará a dizer coisas que deixarão claros seus sentimentos mais profundos de incerteza, ciúme e baixa autoestima. Mas espere aí! Não são esses os sentimentos que ele está fazendo *você* sentir, enquanto ele a está traindo, agindo como um sem-vergonha? Você vai reconhecer o que realmente está acontecendo se recordar as lições da Seção 6. Ele pegou os sentimentos que o fazem se sentir desconfortável e os derramou na sua lata. Mas agora que os segredos dele foram revelados, origem de toda a sua insegurança e o ciúme expostos, você pode parar de sentir aquelas emoções terríveis que tiram a autoridade.

Antes que possa se livrar dos sentimentos negativos que ele impôs a você, ele precisará garantir que o caso acabou de vez. É imperativo que ele lhe diga abertamente que parou, ou que irá parar de traí-la. E ele terá de dizer isso com convicção. Ele tem de dizer isso com um sentimento muito verdadeiro e fazer você acreditar nele. Só então ele será capaz de absorver um pouco dos sentimentos ruins que agora compartilhará com ele, e só então você estará livre para sentir um pouco daquela raiva a que tem direito. Lembre-se: ele não está acostumado e tem medo de sentir emoções que estão prestes a ser devolvidas às suas latas. Então vá devagar com cada desafio que enfrentar nesta Seção. Vai levar algum tempo para que ele se acostume a se sentir como um adulto.

Exercício: é a sua vez de discutir

Eu sei que você tem sido muito paciente até aqui. Você ouviu o parceiro sem retaliação ou recriminação, enquanto ele oscilava entre orgulhar-se do seu caso e estar profundamente arrependido. Você ouviu o que ele tinha para dizer, e agora é a sua vez. Nessa fase, quero que você expresse completamente seus sentimentos reprimidos de dor, raiva e desapontamento. Suas emoções estão a ponto de explodir, e você precisa pô-las para fora. Diga tudo o que precisar dizer a ele. Xingue. Amaldiçoe. Grite com ele pela maneira como se aproveitou de você.

Agora é o momento de pôr tudo para fora. Tire dele tudo o que precisar saber. Se forem os detalhes sujos do caso, bem, faça-o lhe contar tudo. Mas aqui está a "pegadinha". Você só vai ter essa Seção duas vezes por semana e apenas por trinta minutos cada uma delas. Durante essas duas sessões de meia hora você pode realmente ir fundo. Quebre os pratos, grite com toda a sua força, diga-lhe exatamente o que você pensa dele — mas apenas no tempo determinado para isso. Durante o resto da semana você precisa se conter e controlar a raiva, a amargura, os sentimentos feridos, até que seja a hora de expô-los novamente naquele horário planejado.

Esse é o acordo e ele também tem de aceitar e executar isso. Se ele não estiver disposto a fazer o acordo, então precisa ser lembrado de que você é a vítima, que foi ele quem traiu a confiança e transou com outra enquanto você esperava por ele em casa. O mínimo que ele pode fazer é sujeitar-se a você nessa circunstância. Tenho quase certeza de que, como descobri com muitas das minhas pacientes, ele ficará grato por ser o "saco de pancadas" por apenas sessenta minutos por semana e vai pensar que está se safando com muita facilidade.

Limitar a expressão da mágoa e da dor que você sente, e da vergonha e da culpa que ele sente, permitirá a cura do relacionamento. Vocês dois passaram por uma provação terrível e é um jogo totalmente novo agora, e precisam de tempo para tentar alguma coisa, para avaliar o relacionamento. Ele agora está vulnerável, pois seu segredo foi revelado e ele tem a sua atenção. Você não está mais assombrada por suspeitas, agora que você sabe da indiscrição dele. Você não precisa mais ser agressiva e importuná-lo a fim de que ele seja mais íntimo e afirme seu amor por você. Muitos casais me dizem que se sentem mais próximos durante essa fase do que foram por muitos anos.

Reconstrua a confiança

O próximo passo na reorganização do seu relacionamento é reconstruir a confiança destruída. De muitas maneiras, você é uma pessoa diferente agora do que quando começou este livro. As habilidades adquiridas e os exercícios praticados mudaram sua perspectiva do relacionamento (e revelaram facetas diferentes da sua pessoa). Agora talvez tenha percebido que confiança cega é uma qualidade da adolescência, pois em um relacionamento adulto a confiança total sempre corre perigo.

ABRA SEU CADERNO

Agora é o momento perfeito para pensar a respeito da confiança e de como ela deve se manifestar no relacionamento. Faça uma lista das qualidades que considera serem essenciais para que a confiança renasça no seu relacionamento. Seguem alguns elementos que são importantes para muitas pessoas. Podem ser úteis para você também, mas sinta-se à vontade para acrescentar os seus.

- Confiança.
- Determinação.
- Honestidade.
- Lealdade.
- Compromisso.
- Limites compartilhados.

Agora você está pronta para completar o círculo da discussão que começou quando descobriu a traição do parceiro. Você fará isso tendo outra discussão, na qual, mais uma vez, terá de principalmente ouvir. Entretanto, precisará investigar. Depende de você fazer perguntas que conectarão o que ele está dizendo sobre muitas das qualidades que você resumiu na sua lista da "confiança".

Quando fizer perguntas a respeito do caso dele, seja arrojada e destemida, mas também honesta e respeitosa. "Se outra mulher aparecesse na sua vida e você achasse que ela era atraente e excitante, como reagiria?". "Se estivesse bebendo até tarde da noite com outra mulher, quando você chegasse em casa, me contaria?". Você está pronta para ouvir calmamente o que ele tem a dizer. As habilidades e os insights que você tem agora a ajudarão a entender melhor o que precisa saber para seguir em frente. Confie nos seus instintos. Você saberá se pode acreditar nas respostas dele. Agora você é muito mais sábia do que quando teve essa conversa pela primeira vez.

Diretrizes do novo relacionamento

Para o relacionamento seguir adiante será necessário mais do que uma mudança de coração da sua parte e da dele. Para o relacionamento realmente avançar para o próximo nível, ele terá de traduzir aquelas boas intenções em um comportamento verdadeiro. No próximo conjunto de exercícios vou lhe pedir para fazer duas listas que a ajudarão a controlar como ele formatará e se ajustará aos desejos dele para ser mais homem e menos tolo.

Abra seu caderno

Faça agora uma lista de como seu parceiro precisa se comportar se ele quiser ter um futuro com você. Aqui vão algumas sugestões que devem ser usadas como um trampolim para as suas ideias.

- Gostaria que você me elogiasse quando estiver bonita ou quando tiver um bom desempenho no trabalho ou na casa.
- Gostaria que você chegasse na hora quando marcássemos um encontro.
- Gostaria que você fosse mais tolerante com a minha família.
- Gostaria que você tomasse a iniciativa do sexo mais regularmente.
- Gostaria que de vez em quando fizesse compras comigo.
- Gostaria que, quando eu lhe contasse meus problemas, você não falasse de modo brusco e raivoso comigo ou fizesse com que eu me sentisse uma idiota.
- Gostaria que você me estimulasse a tentar novas atividades.

Agora, revise sua lista e leia rapidamente. Afinal de contas, os exercícios que você praticou a ajudaram a desenvolver sua habilidade para identificar e entender os sentimentos ou as dificuldades dele. Sendo assim, use sua empatia agora e faça outra lista do que você acredita que ele exige para que o relacionamento siga adiante. Ele é o seu homem, e você o conhece. Pense no que ele realmente gostaria que você fizesse mais a fim de sentir que as necessidades dele estão sendo satisfeitas. Não deixe que os exemplos abaixo limitem você. Cada pessoa é diferente da outra. Sua lista será perfeita para o seu relacionamento.

- Gostaria que você me fizesse sentir melhor quando tenho um dia ruim e não fizesse com que eu sentisse que a culpa é minha.
- Gostaria que você me achasse atraente mesmo que algumas vezes esteja temeroso e pareça tolo.
- Gostaria que você entendesse que ainda sou amigo da minha "ex" e tivesse certeza de que ela não é uma ameaça a você.
- Gostaria que você fosse selvagem na cama.
- Gostaria que você mostrasse um pouco mais de apreciação quando a levo para jantar fora e gasto dinheiro com você.

Reconstruindo a confiança destruída

Leva tempo para solidificar seu relacionamento após o trauma de uma traição e você precisará ser paciente. Haverá derrotas e descobertas. É importante que você se recuse a andar para trás ou as lições que deu a ele terão vida curta e serão esquecidas. Vocês dois podem crescer muito. E porque você tem o insight e a consciência do que realmente está acontecendo no relacionamento, você está no controle. Você está dando a ele o que ele precisa para se sentir mais seguro, confiante e provedor. Você controla os limites da parceria a fim de que as necessidades emocionais dele sejam satisfeitas dentro do contexto do relacionamento que você proporciona a ele.

Ele será verdadeiro para sempre com você? E você, será verdadeira para sempre com ele? Ninguém pode garantir. A vida é incerta. Mas agora você tem uma medida para mensurar como o relacionamento está indo, e sentirá os sinais de alerta quando o relacionamento estiver saindo dos trilhos antes que ele role montanha abaixo.

Para muitas leitoras, esta será uma das sessões mais penosas do livro. Para algumas, os exercícios e os insights desta Seção farão com que seja possível recuperar a confiança que foi destruída na traição do parceiro. Essas leitoras devem selecionar o sétimo presente da sua lista de recompensa. Pense nele como a medalha da confiança.

Para outras, as feridas ainda estão muito vivas. Essas mulheres descobriram a força interior para confrontar verdades difíceis e desejam aceitar as causas subjacentes para a infidelidade do parceiro, porém os atos de infidelidade dele estão ainda muito frescos para que possam confiar e dar uma segunda chance ao relacionamento. Chegará o tempo em que elas estarão prontas para confiar novamente nos parceiros e para tentar um novo começo. Mas, enquanto isso, para essas mulheres — talvez você? — esse momento ainda pode estar bem distante. Apesar disso, você também ganhou o direito de um presente de autocongratulação e deveria se conceder o prazer relacionado na sétima posição da sua lista.

O fato inegável é que agora você está mais forte e mais independente; você deu atenção aos seus instintos. Se ele a trair novamente, você reconhecerá os sinais e agirá de acordo. Você adquiriu insights e conhece suas necessidades melhor que antes. Você é a adulta do relacionamento e tem os recursos emocionais para conseguir o que deseja. Se você não conseguir com o homem que está com você agora, então seja forte e corajosa o suficiente para procurá-lo em outro lugar.

Seção 8

Sexo: a ferramenta poderosa

Qual é a sua opinião sobre o sexo?

O sexo é uma diversão? O sexo é uma tarefa? O sexo é uma excitação? O sexo é algo impróprio?

O sexo é intimidade, uma forma de se autoexpressar, uma maneira de se conectar ou simplesmente uma necessidade?

Pode ser, e geralmente é, todas essas coisas e muito, muito mais. Entretanto, se você estiver lendo este livro porque deseja controlar seu parceiro e dominar o relacionamento para conseguir aquilo que mais deseja, gostaria que comparasse o sexo com o poder. Pois ele é o poder que naturalmente você tem sobre o parceiro.

Provavelmente você já percebeu que, se quiser controlar seu relacionamento, terá de controlar o sexo. E agora está pronta para permitir que eu a ajude a levá-la para o próximo passo.

Espero que entenda e concorde que o controle não é necessariamente um ato negativo em um relacionamento. Na verdade é essencial, contanto que seja flexível e ceda de vez em quando. Porém, agora, gostaria de encorajá-la a deter o poder que é seu direito natural, e empregá-lo para que alcance aquilo que almeja em um relacionamento.

A ferramenta poderosa dele – o dinheiro

Tradicionalmente, em uma relação, os homens detinham o poder controlando as finanças. Para um homem, o dinheiro é uma expressão de poder, uma extensão da sua identidade masculina. Quando um casal briga por causa de dinheiro, o que as duas pessoas não percebem é que na verdade estão brigando por causa de poder e controle. Ao controlar a aquisição de bens materiais — as roupas que veste, o carro que dirige, a comida que come —, o homem controla muito do que é necessário e agradável à sua existência. E, então, quando você discute se pode comprar mais um par de sapatos, a discussão é muito mais a respeito do controle dele sobre você e o seu prazer do que se ele tem recursos para comprá-los ou se você precisa mesmo de outro par de sapatos.

A maioria das mulheres que já ajudei prontamente reconhece que os homens comparam dinheiro com poder. É muito fácil entender a questão no abstrato. Mas raramente as mulheres compreendem o quanto essa equação controla seu cotidiano.

ABRA SEU CADERNO

Para demonstrar o quanto as mulheres geralmente renunciam ao controle do dinheiro, e portanto a uma parte do poder no seu relacionamento, responda às seguintes perguntas no seu caderno e veja quanto poder seu homem detém ao controlar a linha da carteira.

Quanto você pode gastar sem precisar conversar com ele? R$ 20,00? R$ 100,00? R$ 200,00? R$ 500,00? R$ 1000,00 ou mais?

Quanto ele pode gastar sem conversar com você? R$ 20,00? R$ 100,00? R$ 200,00? R$ 500,00? R$ 1000,00 ou mais?

As finanças estão dividas em dinheiro dele e seu dinheiro, ou vocês juntam tudo?

Quem toma a decisão maior sobre quando e como gastar com as coisas de casa? Das férias? Carros?

Quem ganha mais?
Você sabe quanto ele ganha?
Ele sabe quanto você gasta com roupas?
Você sabe o quanto ele gasta com roupas?
Você sabe o quanto ele gasta ajudando pessoas da família dele?
Você pediria a ele para fazer a mesma coisa com a sua família?
Ele deixa você ver o talão de cheques ou o extrato do cartão de crédito dele?

Abra seu caderno

Classifique em ordem de importância financeira (baixa, média, alta) os itens seguintes para você e seu parceiro.

Item	Você	Ele
Carro		
Lazer		
Roupas		
Casa		
Livros/revistas/vídeos/CDs		
Computadores/TVs/DVDs		
Férias		
Restaurantes/bares/clubes		
Academia		
Doações para caridade		
Pagamento das contas da casa		
Empréstimo/aluguel		
Seguro-saúde e consultas médicas		
Ocasiões especiais e presentes		

Não é incomum os casais fazerem segredo das finanças uns para os outros e nunca discutirem o assunto. Muitas mulheres que já fizeram terapia comigo, casadas há vinte e tantos anos, não tinham a menor ideia de quanto os maridos ganhavam.

Dinheiro é um dos principais tópicos das brigas dos casais, mas é apenas o campo de batalha, não a batalha. As questões envolvendo dinheiro permeiam uma relação e são a principal fonte de poder masculina, quando se trata de controle. Por isso, quando uma mulher ganha mais que o marido ou namorado, os papéis podem ficar confusos e o homem normalmente tem de encontrar maneiras de definir sua masculinidade e se manifestar na relação.

O sexo é a sua moeda

Para igualar o jogo as mulheres, de maneira lógica e natural, usam o sexo para mostrar sua influência em um relacionamento. O sexo é a nossa moeda e precisamos gastá-la ou economizá-la de modo sábio e proposital se quisermos conquistar o valor e a qualidade desejada na relação com nosso parceiro.

Nesta Seção, vamos trabalhar com o conceito de que o sexo — mais íntimo e que satisfaz — na verdade é o subproduto de um conceito essencial que discutimos em outras áreas do seu relacionamento, isto é, uma melhor comunicação. Você já viu um exemplo disso na Seção anterior, quando exploramos os motivos pelos quais um homem pode trair a parceira. Para muitos homens, o melhor sexo pode ser o motivo pelo qual ele acha que corre para os braços de outra mulher, mas a verdadeira razão, como já descobriu, é equilibrar a escala de poder na relação. Quando uma mulher é vista como poderosa demais e, portanto, muito ameaçadora, muito dominadora ou muito maternal, o homem procura o remédio para reparar a equação de poder tendo sexo com outra mulher. O sexo na verdade não é o problema.

Tipicamente, a luta pelo poder que acontece na arena sexual emerge do estágio romântico do amor que acabou na relação. As mulheres se convenceram de que seus parceiros deliberadamente detêm a intimidade e a afeição que acabaram no relacionamento. Quando as mulheres se descobrem nessa desagradável situação, geralmente sentem os estágios clássicos da tristeza, do sentimento de perda, da privação da ilusão do amor romântico, que é tão real e doloroso quanto a perda física de um ente querido.

Primeiro você fica chocada. O cenário emocional de repente mudou, e o que uma vez lhe era familiar e confortável agora se tornou estranho e desconhecido. Você fica surpresa: "É possível que esse homem que se deita na cama comigo seja a pessoa com quem passarei o resto da minha vida?". Depois você tenta racionalizar a situação assustadora e se descobre interpretando as fraquezas e falhas dele de maneira positiva. Você pensa: "Talvez ele esteja enfrentando um momento difícil no trabalho. Talvez esteja sofrendo por causa da família dele. Talvez, de repente, tenha descoberto alguma coisa em mim que não seja atraente ou que lhe cause repulsa".

O que vem depois é uma fase de raiva. "Afinal de contas, quem ele pensa que é? Já suportei todas as suas loucuras e seus absurdos. Já me sacrifiquei. Então, por que está agindo de forma tão desinteressada e tendo tempo disponível para todo mundo, menos para mim?". Embora muitas mulheres fiquem furiosas com seus parceiros nesse estágio, não querem ou não ficam à vontade para confrontar os parceiros com o descontentamento que sentem, nem terminam o relacionamento. E assim, como vimos, desesperadas, muitas mulheres cometem o erro de assumir uma abordagem agressiva e antagônica para mudar o comportamento dos parceiros. Reclamam, criticam, atormentam e discutem com os homens na esperança de mudá-los. Essa é a fase da barganha da tristeza, na qual as mulheres, a fim de alcançar alguma satisfação, começam a fazer compromissos.

Lá vem aquela palavra de novo: compromisso. Você sabe desde a Seção 4 que uma das maiores diferenças entre minha abordagem para ajudar as mulheres nos relacionamentos e o conselho de muitos outros terapeutas é que não acho que casais que fazem terapia devam assumir mais compromissos para atingir o equilíbrio emocional e a harmonia na relação. As mulheres já assumem tantos compromissos na vida e não ganham nada mais assumindo o compromisso com sua satisfação no relacionamento. Além disso, o compromisso em uma relação simplesmente não funciona. Mais cedo ou mais tarde a infelicidade, a vergonha e a frustração voltam aprofundando e prolongando o ciclo da tristeza. E é nesse momento que o desespero se estabelece, o último estágio da luta pelo poder.

Muitas das mulheres com quem trabalhei, que se perderam nesse caminho, são incapazes de romper o ciclo e jogar a toalha, terminando o relacionamento com a separação ou com o divórcio. Minha opinião é que, se estiver lendo este livro, está em algum lugar dessa fase do ciclo da tristeza, e tem uma boa oportunidade de criar um resultado positivo e recompensador para você.

Interrompa o impasse

O primeiro passo é assumir o controle e interromper a paralisação sexual. É um impasse muito familiar: você precisa de intimidade para ter sexo, e ele precisa do sexo para ter intimidade. Em certo sentido, cada um de vocês deseja a mesma coisa, mas porque você é uma mulher e ele é um homem, cada um segue caminhos que estão arraigados ao psique do seu gênero para conseguir aquilo que desejam. Você precisa de mais envolvimento, segurança verbalizada e um contato concreto anterior para fazer sexo, enquanto ele precisa do sexo antes de baixar a guarda e demonstrar seu lado carinhoso.

Dê e terá

Existem outras diferenças importantes entre a maneira como homens e mulheres funcionam psicológica e biologicamente que precisam ser tratadas e vamos discuti-las em breve. Mas, agora, gostaria que ficasse ciente de que ele provavelmente quer sentir proximidade e intimidade (tanto quanto você!), mas a maneira de ele atingir os objetivos é pelo ato físico do sexo. Embora talvez acredite que negar o sexo seja uma maneira de mostrar seu poder, na verdade está trabalhando contra si mesma. Ao não usar seu poder sexual, está negando a ele o único caminho que ele tem disponível para satisfazer sua necessidade de intimidade. Esta Seção mostrará como usar seu poder sexual para alcançar a intimidade desejada ao controlar sua moeda sexual. E, assim, você o treinará tão bem que ele lhe dará o prazer de que sente falta.

É uma questão de química

Para conseguir uma boa relação sexual, precisará ter uma compreensão básica de como são diferentes as maneiras que os homens e as mulheres pensam o sexo. Os gêneros têm um grande papel na biologia do sexo, bem como na psicologia. As pesquisas mostram que os homens geralmente têm um impulso sexual muito maior. Esse conceito é um pouco mais complicado do que a ideia de que os homens simplesmente ficam excitados o tempo todo e aproveitarão toda e qualquer oportunidade para transar. Isso acontece porque a testosterona é o hormônio responsável pela libido de uma pessoa e normalmente um homem tem vinte a quarenta vezes mais desse hormônio que a média das mulheres. O nível de testosterona das mulheres (e de outros hormônios que intensificam o sexo e a libido delas) oscila mensalmente e é muito afetado pela menstruação, bem como pelo parto. O nível de testosterona no homem, por outro lado, permanece praticamente o mesmo na vida adulta.

Outra diferença entre os sexos é o modo como um homem e uma mulher expressam sua libido. Tipicamente, os homens têm a tendência de se comportar de modo mais assertivo do que as mulheres quando se trata de sexo. As mulheres são muito mais complexas. A libido delas é influenciada não apenas pela testosterona, mas também pelo hormônio feminino chamado estrógeno.

Ao contrário das inclinações "positivas" geradas pelo hormônio testosterona, o estrógeno fica mais "receptivo". Existe uma grande diferença entre ser passivo e ser receptivo. Os altos níveis de estrógeno permitem que as mulheres fiquem mais acessíveis, abertas, amigáveis, simpáticas e sedutoras — qualidades que se traduzem muito bem e de modo natural na cama. Para os homens, o sexo pode ser apenas sexo, enquanto uma mulher também pode usar o sexo como uma maneira de expressar intimidade ou para agradar o parceiro.

Nos primeiros dias de um relacionamento, tanto os homens quanto as mulheres tendem a ter mais libido. Os psicólogos evolucionários sugerem que isso é importante porque a natureza dita que um dos nossos instintos primitivos é a necessidade de reprodução para que as espécies tenham a melhor chance possível de sobreviver. É o chamado "laço entre o casal", mas com o passar dos anos a libido diminui — particularmente para as mulheres. O resultado é que tanto o homem quanto a mulher ficam confusos. O homem se sente traído e rejeitado pela sua "ex-gatinha sexy" e teme que o desejo diminuído da parceira pelo sexo signifique que exista um problema no relacionamento. A mulher imagina que a diminuição da libido signifique que não ame seu parceiro como antes. Na verdade, essas mudanças no campo do desejo simplesmente são o curso natural dos acontecimentos no relacionamento de um casal.

O ciclo sexual

Se estiver passando por problemas na área sexual, ou não tem feito muito sexo, é quase impossível pular a fase inicial do processo esperando ir para a cama e ser uma parceira desejável. Então, vamos começar revendo o ciclo sexual que introduzi na Seção 1.

Como você pode imaginar, o ciclo da mulher funciona de modo diferente do ciclo do homem por causa das diferenças que existem em sua química biológica. Tanto o homem quanto a mulher compartilham os cinco estágios do ciclo sexual: desejo, excitação, platô, orgasmo e resolução. Entretanto, para as mulheres, as fases do ciclo variam muito mais quanto à duração e à intensidade. Além disso, seu ciclo individual de cinco fases é único e apenas seu. Cada uma dessas fases precisa ser completada antes de passar para a próxima, para que você tenha satisfação no sexo.

Você está no clima?

Tudo começa com o desejo. O desejo é um dos aspectos mais importantes do sucesso do fazer amor porque ele faz com que tudo aconteça. Sem desejo, o sexo pode ser desagradável ou simplesmente não acontecer. No início do relacionamento, o amor romântico provoca a química necessária para o desejo, e assim o sexo é profuso e prazeroso. Entretanto, uma vez que a ilusão do amor romântico acaba e outras emoções começam a vir à tona, o desejo pode ir diminuindo até acabar ou simplesmente ficar intermitente, com o prejuízo colateral de diminuir a qualidade da sua transa.

Os homens podem pular a fase do desejo, ficar fisicamente excitados e prontos para o período platô muito rapidamente. Eles têm um barômetro anatômico óbvio bem na sua frente para sinalizar se estão ou não prontos para a relação sexual. Ficam excitados mais facilmente pelo estímulo visual (a visão do corpo feminino), bem como pelos sons, cheiros e até mesmo lembranças.

A maioria das mulheres, entretanto, precisa de um tempo mais prolongado da fase do desejo para um sexo bem-sucedido. Mas o desejo verdadeiro é um artigo frágil. Ressentimento, cansaço, estresse — existem muitos sentimentos internos e circunstâncias externas que podem prejudicar o ciclo sexual, por isso o detonador do desejo nunca dispara. Você precisa se sentir excitada, relaxada, à vontade, um pouco vulnerável, confiante e sensível — todas as coisas que talvez sinta ter desaparecido da sua relação atual. Então, não é de estranhar que o sexo seja um problema.

É um ciclo vicioso. Se você conseguir fazer sexo com maior regularidade, consequentemente os sentimentos de intimidade ficarão mais acessíveis porque seu namorado está tendo o que precisa para se tornar mais íntimo de você. Mas acho que agora você não se sente próxima o suficiente dele para querer começar o ciclo. Se o ciclo for interrompido, fica muito mais difícil ativá-lo novamente. Por exemplo, depois de algumas vezes fazendo sexo sem conseguir se excitar, na próxima oportunidade que aparecer para fazer sexo você provavelmente estará menos propensa a transar. O sexo se torna uma zona "proibida" para os casais que deixam a situação definhar. Você evitará o sexo porque sabe a que situação ele a levará: frustração por não conseguir excitação suficiente, sentimento de que suas necessidades serão ignoradas, de que está sendo deixada para trás na corrida do homem para a próxima fase, e talvez dificuldade para atingir o orgasmo.

Desejo = Excitação

Na maioria das vezes o desejo é mental. Ele é que a põe no clima. O próximo estágio é a excitação, e ele tem mais a ver com o elemento físico. A excitação normalmente está associada com as preliminares e precisa ter uma duração suficiente para preparar a mulher para a penetração. É um estágio incerto e frequentemente não é finalizado. A excitação deixa a mulher pronta para o ato físico do amor, permitindo que o homem penetre facilmente. Como vimos, o ciclo de excitação do homem pode ser muito mais curto que o da mulher, motivo pelo qual os homens aceleram essa fase das parceiras no ciclo sexual. O beijo é muito importante para excitar as mulheres, e os casais muitas vezes negligenciam esse componente quando estão juntos há muito tempo.

Mais adiante veremos, novamente, um pouco mais do estágio da excitação nesta Seção. Vou mostrar como você pode treinar seu parceiro para ir mais devagar, prolongando essa fase para que possa se preparar melhor, tanto física quanto mentalmente, para o sexo.

Chegando lá

A fase do platô é o nível máximo da excitação, quando você se entrega ao parceiro e ao ato de fazer amor. Quando as mulheres alcançam o estágio do platô, podem ficar ali por um tempo antes de atingir o orgasmo. Mas muito frequentemente a fase do platô é rápida. Novamente o sexo pode se transformar apenas em um meio de atingir o orgasmo em vez de o casal aproveitar aquele sentimento máximo de conexão. Quando os homens começam a corrida para o orgasmo, e uma vez que o mecanismo do orgasmo começa, cria-se um momento próprio, seguido da ejaculação. Os homens não conseguem conter o orgasmo. Para ter sincronia com seu parceiro no ciclo sexual é necessário tempo, habilidade e comunicação.

Orgasmo

Uma mulher pode facilmente ser colocada de lado se o período de excitação do homem for rápido ou se ele logo tiver um orgasmo. Talvez ela ainda não esteja bem lubrificada ou suficientemente excitada, enquanto ele já foi embora sem ela, o que faz com que ela se sinta deixada de lado. É muito triste, mas descobri que as mulheres com frequência se culpam por entenderem que elas têm um desempenho sexual ruim. Acreditam que a demora para chegarem à fase da excitação seja culpa delas, acreditam que suas necessidades não são tão urgentes ou importantes quanto as dos homens. As pesquisas dizem que apenas uma pequena porcentagem das mulheres tem orgasmos só com a penetração, então não vai adiantar nada ele ficar naquele vai e vem se a mulher não tiver sido preparada pelas preliminares: beijo, toque, carícias, sexo oral ou masturbação.

Muitas mulheres preferem fingir orgasmo em vez de discutir seu ciclo sexual com os parceiros. Mas lembre-se: o bom sexo tem tudo a ver com comunicação. Os homens normalmente não têm problemas quando se trata de falar sobre suas técnicas na cama. Não suponha que seu parceiro consiga ler sua mente quanto àquilo que você precisa para ajudá-la a atingir o orgasmo. É muito importante conseguir conversar sobre o que você quer e gosta. O momento da transa não é a melhor ocasião para conversar sobre sexo. Tente discutir sexo especificamente quando não está no quarto — talvez quando saírem para fazer uma caminhada ou para jantar, por exemplo.

A próxima fase do ciclo sexual é o ato físico de fazer amor, quando você está excitada, bem sensível e pronta para o orgasmo. Durante o ato de fazer amor, a melhor maneira de ter mais daquilo de que gosta é deixar que ele saiba do que você gosta. Quando ele a tocar da maneira certa, encoraje-o deixando escapar um gemido suave, movimente-se dirigindo o corpo ou a mão dele enquanto mostra que ele a está agradando. Se gostar de alguma coisa que ele fizer, faça com que ele saiba disso. Acredite, ele notará se sua comunicação for clara e definida. Você está no controle. Você vai treiná-lo dando-lhe um retorno positivo quando ele faz amor com você da maneira que você gosta. Também ajuda se fisicamente fizer uma performance para mostrar aquilo que você quer. Você precisa ensiná-lo. Não seja tímida para lhe dar ideias. A maioria dos homens, na verdade, está ansiosa para agradar e se sujeitará à sua instrução meiga e gentil — se achar que isso os ajudará a fazer a coisa certa.

Convivência: a intimidade é a sua recompensa compartilhada

Uma vez que os dois parceiros estão satisfeitos fisicamente, entram na quinta e última fase do ato de fazer amor. Muitas mulheres me dizem que a maioria dos seus problemas surge durante a fase do relaxamento, da convivência. Sentem que a intimidade criada na transa é abruptamente perdida porque os parceiros ligam a TV, viram-se de lado e pegam no sono ou se levantam e vão para a cozinha preparar alguma coisa para comer. Minhas pacientes reclamam que tudo que pedem é que eles acariciem seus cabelos, as abracem e conversem. Em vez de se sentirem próximas e conectadas aos amantes, elas descrevem essa fase seguinte ao sexo como o momento mais solitário.

O sexo é tão carregado de emoções e tão cheio de comunicação não verbal que pode ser difícil analisar e compreender o que está impedindo você de sentir prazer nele.

Um dos maiores desafios é superar a vontade de parar tudo quando encontra um obstáculo na sua transa. Se houver uma falha no seu ciclo sexual, naturalmente não vai querer começar tudo de novo e se arriscar a uma série de frustrações e àquele sentimento crítico de fracasso novamente. Então, é importante que entenda totalmente seu ciclo sexual pessoal e seja capaz de localizar precisamente os caminhos irregulares que podem ser aplainados pelos exercícios apresentados nesta Seção.

A roda do sexo e o ciclo sexual revistos

Abra seu caderno

Para ajudar a entender a situação, gostaria que abrisse seu caderno e redesenhasse a sua roda do sexo sem consultar aquela criada na Seção 1. Lembre-se de que o eixo da roda é o ato físico do sexo, e os raios que saem do eixo são as outras categorias da sua vida. Agora, compare a roda que acabou de desenhar com aquela que criou na Seção 1. Escreva as diferenças que podem ter aparecido desde que começou a fazer os exercícios deste livro.

Agora, faça o mesmo com o ciclo sexual (olhe novamente suas respostas iniciais às perguntas do ciclo sexual da Seção 1). Talvez o estágio da excitação atual tenha melhorado porque sua capacidade de comunicação também aumentou. Também é possível que a fase de convivência tenha diminuído ultimamente porque você ainda está trabalhando para encontrar a melhor maneira de conduzir o relacionamento para o equilíbrio correto entre a Caça e o Caçador. Ao comparar as duas sessões, você pode perceber o que está mudando.

Abra seu caderno

Use sua frase visualizadora para pôr seu ciclo sexual no foco exato. Responda às perguntas a seguir e escreva no caderno como elas se relacionam com a sua frase.

- Você se sente sozinha depois de terminar o ato físico do sexo?
- Parece que o sexo é feito às pressas? Você se sente deixada para trás, com suas necessidades negligenciadas, quando tenta acompanhar a trajetória do ciclo sexual dele?
- Tudo no ato sexual sempre gira em torno dele?
- Ele demonstra entender suas necessidades físicas de sexo?
- Ele demonstra atenção, cuidado e responde às suas necessidades ou você sempre precisa ensinar a ele novamente do que gosta todas as vezes que fazem sexo?
- Quando existe algum problema com o sexo no seu relacionamento, você sempre acha que é culpa sua?
- Você consegue discutir sobre sexo de maneira livre e desinibida?
- Ele sempre tem orgasmo primeiro?
- Você se sente excluída durante o sexo?
- Você sente que ele está totalmente absorto em seu próprio prazer?
- Você sente que ele faz os movimentos do sexo mecanicamente?
- Você sente que ele reage quando você usa novas técnicas na cama?

Aprendendo com Sara e Mark

Quando Sara, que conhecemos na Seção 4, respondeu a essas perguntas usando a sua frase visualizadora — "Eu nunca sou boa o suficiente" —, ela descobriu que seu ciclo sexual tinha várias áreas de vulnerabilidade.

Sara, você se lembra, era muito carente. Ela buscava repetidas vezes reafirmação e expressões de afeição da parte de Mark, seu parceiro. Eu vi isso em várias ocasiões quando eles estavam fazendo terapia juntos.

Mark estava falando e Sara, sentindo-se deixada de lado e negligenciada, deixava escapar perguntas do tipo: se Mark havia notado que ela estava usando uma blusa diferente ou um novo par de sapatos, e se ele havia gostado deles. Se ele não respondia imediatamente, ela se encolhia, sentindo-se depreciada e rebaixada. Se ela o pressionava para conseguir uma resposta, e ele respondia afirmativamente, mas não de modo convincente, ela ficava chateada e apelava para mim, tentando me pôr no meio da discussão. "Você não me engana, e nem à Trina", ela dizia, praticamente gritando com ele. "Ela consegue perceber o que você está fazendo tão facilmente quanto eu."

Em momentos como esse eu percebia que nada que ele dissesse ou fizesse resolveria a situação. Quanto mais ele tentava comunicar seus sentimentos sinceros a Sara, mais ela sentia que ele estava tentando enganá-la. "Você é um mentiroso nojento", ela dizia. "Você não me engana, e nem à Trina." Quando ele desistia de convencê-la de que suas intenções eram honestas, ele se virava para mim tentando arranjar para si uma defesa, como um condenado, dirigindo-se a mim como se eu fosse o juiz, o júri e o executor. Entretanto, nada que ele fazia parecia suficiente ou verdadeiro o bastante para acabar com a suspeita de que ela simplesmente não estava à altura.

Seus sentimentos de inadequação se intrometiam, provocando curto-circuitos de diferentes graus em cada uma das cinco fases do seu ciclo sexual. Inicialmente, os sentimentos de desejo de Sara estavam minados pela sua percepção de que não era digna do amor do seu parceiro ou de que estava fadada à sua incapacidade de satisfazê-lo. Ela teve de trabalhar muito duro para eliminar esses sentimentos e superar seus medos a fim de ao menos chegar ao início do seu ciclo: a fase do desejo. Mas a fase da excitação também não foi fácil para Sara, porque aqui, também, ela tinha medo e não acreditava nas suas habilidades de estimular sexualmente o parceiro. Ela estava contaminada pelas dúvidas na fase das preliminares. Será que ela tocava Mark da forma correta? O que ela estava ouvindo era um gemido de prazer ou de desapontamento? Ela era suficientemente excitante para ele na cama? Ela ficava lembrando o tempo todo as outras namoradas que ele teve. Ela as conhecia e sabia que deveriam ser muito mais experientes do que ela. Ela conhecia Mark o suficiente para saber quando ele estava atingindo o orgasmo, mas, novamente, sua insegurança de não ser uma boa parceira sexual, de estar fora de sincronismo com ele, mostrava que ela estava muito longe do seu próprio orgasmo.

Sara nunca teve condições de aproveitar a intimidade da terceira fase, o platô, por estar sempre se comparando com alguma imagem indefinida de parceira sexual perfeita para o seu homem, e por isso nunca relaxava. Nem é preciso dizer que a fase da convivência/resolução acabava da mesma forma insatisfatória para Sara. Ela nunca atingiu o orgasmo, e, ao final da transa, não importava o quanto Mark a elogiasse, Sara sentia que ele estava apenas falando por falar.

Mas aconteceu que, quando Sara começou a conversar com Mark sobre suas respectivas necessidades sexuais, ela descobriu que ele estava sendo completamente sincero nos seus elogios sobre as habilidades sexuais dela. O que Sara aprendeu por avaliar e visualizar o ciclo sexual dela através da sua frase visualizadora foi que ela sempre experimentou a relação sexual em termos das necessidades do parceiro, sabotando, assim, suas chances de se satisfazer sexualmente. Ela negligenciou completamente suas necessidades e se sujeitou ao prazer do parceiro. Logo Sara percebeu que podia se libertar dos sentimentos de inadequação simplesmente aceitando que era boa de cama e sendo um pouco mais assertiva ao mostrar a ele como satisfazer suas necessidades.

Nunca deixa de me surpreender o fato de que duas pessoas em um relacionamento suponham que saibam o que satisfaz sexualmente o outro e nunca se preocupem em perguntar. Não espere que seu parceiro saiba a maneira como você gosta de ser tocada ou o que você quer fazer na cama. Os homens não nascem amantes perfeitos. Você precisa ensiná-lo porque suas necessidades são especiais e únicas para você, e só para você. E não pense que só porque ele tem um pênis sabe o que fazer com ele. Carinhosamente, mostre a ele como você deseja que ele o use. É muito raro que um homem não esteja ansioso quanto à performance dele e prefere evitar perguntas sobre o assunto. As mulheres, por outro lado, enfrentam o desafio de comunicar-se com os homens para conseguir que seus desejos sejam satisfeitos. O resultado é que os homens se esforçam muito nas coisas erradas, e as mulheres não são capazes de lhes dizer o que estão fazendo de errado.

O sexo está fora do cardápio

Pode parecer um pouco absurdo, mas a melhor maneira que conheço para uma mulher conseguir que seu homem não pule o início do ciclo sexual dela é não fazer sexo com ele durante um tempo. Deixe-me explicar. Não quero dizer abster-se do contato físico com ele. No exercício a seguir encorajo você a tocá-lo (e ele a tocá-la) de várias maneiras exóticas e excitantes, que são completamente sensuais sem ser diretamente sexuais.

Exercício: o toque sensual

O ato da relação é tão poderoso e carregado de emoções que para atingir o objetivo deste exercício digo aos casais que o sexo está proibido. Isso porque quero que você aprenda a produzir e a controlar o sentimento de desejo e de intimidade entre vocês dois. Para fazer isso, vocês precisarão sentir um ao outro devagar e bem de perto. Precisarão aprender como dar e receber prazer sensual, gerando desejo sem a expectativa ou a pressão de ter uma relação sexual. Veja como fazer.

Diga a ele que você tem uma surpresa, algo muito especial que quer dar a ele. Atue como uma atriz, faça-se de tímida, seja sedutora, encante. Deixe-o pensar que tudo que está para acontecer gira em torno dele. Naturalmente, ele pensará que rolará uma transa. Mas o que você vai lhe dar é algo muito melhor para a situação. Pelo fato de a relação sexual ser um jogo de alto risco no momento, diga a ele que vai fazê-lo se sentir especial por uma noite, do jeito que ele escolher — contanto que não envolva sexo. Quando ele parar e pensar, as opções de escolha ficam bastante abertas. Você pode dar um banho nele, massageá-lo, fazer cócegas com uma pena, qualquer coisa que ele queira, desde que não envolva tocar uma zona erógena ou fazer sexo.

A maioria dos homens tem uma imaginação bem simples quando se trata de coisas desse tipo. Você precisará ter algumas atividades já planejadas, assim ele pode pegar o espírito da coisa e ser capaz de surgir com alguma ideia própria também. Lave o cabelo dele, passe óleo em suas mãos e seus pés. Lamba a barriga dele. A única coisa que ele não pode fazer é tocar em você. Se ele quiser fazer sexo, você precisará insistir, com jeitinho, para que espere por outro momento.

Lembre-se: você está no comando. Essas são as suas regras e você tem o poder. Se ele tentar quebrá-las, então não tem mais jogo. O que você consegue com isso é que, enquanto ele pensa que é o Senhor e você é a Escrava, na verdade é exatamente ao contrário: você é a Senhora e ele é o Escravo. Você está excitando o desejo dele, provocando-o para que ele seja mais sensual e sensitivo com o próprio corpo pelo exemplo, fazendo o ciclo ir mais devagar, mantendo tudo na fase do desejo. Mais uma vez sei que isso significa dar a ele tudo o que você quer, mas você está exemplificando para que ele entenda e experimente o prazer e a intimidade que você precisa. Tenho quase certeza de que ele ficará ansioso para retribuir da mesma maneira.

Quando dou o exercício do toque sensual como tarefa de casa para os casais que estão tendo problemas com o sexo, eles ficam muito suscetíveis e ansiosos para entrar na brincadeira da tarefa. Eles realmente parecem ficar aliviados pelo sexo não ser permitido e a pressão não existir. Eles podem voltar no tempo e experimentar novamente o momento de quando se encontraram pela primeira vez, despertando o prazer de dar e receber prazer sensual. Mesmo assim, não é incomum que casais voltem na semana seguinte, depois de terem recebido esse exercício, e digam: "Sinto muito, Trina, nós começamos fazendo o exercício direitinho, mas acabamos pisando na bola e fazendo sexo". Claro, eles se divertiram fazendo sexo, e essa separação deve ter ajudado. Portanto, não se preocupe se o exercício acabar de um jeito inesperado. Mas apenas depois de vocês terem algumas sessões de toque sem sexo é que eu quero que você abra mão da proibição e tenha uma relação sexual. É importante que primeiramente estabeleçam uma apreciação pura e simples do físico um do outro.

Comunique suas fantasias

Em minha prática, frequentemente tenho observado que casais que têm problemas com o ato de fazer amor acham muito mais fácil fazer sexo do que conversar sobre o assunto. Eu já disse e vale a pena repetir: sexo bom tem boa comunicação. Às vezes, a situação pede uma comunicação não verbal, como quando pedi que você tocasse seu namorado da maneira que você quer que ele a toque. Em outras vezes, as palavras expressas são necessárias para que as coisas aconteçam.

Exercício: vamos falar sobre sexo

Este exercício tem a intenção de ajudá-la a superar alguns dos sentimentos desagradáveis e desconfortáveis que os casais muitas vezes experimentam quando conversam a respeito da sua vida sexual. É uma maneira divertida e excitante de usar a conversa para pôr você no controle da sincronia do ciclo sexual dele com o seu, e isso faz com que ele fique atento às fases não preenchidas do seu ciclo. O exercício é centrado em cada um de vocês, ao compartilharem suas fantasias sexuais.

Gostaria que escolhesse um momento em que os dois estivessem envolvidos em uma atividade, seja caminhando, relaxando ou jantando. Estabeleça o clima usando seu charme interior e faça brincadeiras meigas com ele, daquela maneira especial que apenas você sabe fazer. Provavelmente, ainda esteja um pouco brava com ele, mas lembre-se: mudar padrões de comportamento é difícil, e no começo se sentirá um pouco estranha e forçada. A recompensa para o esforço será melhor comunicação na sua vida sexual, o que proporciona intimidade maior e mais prazer.

Quando ele começar a responder às suas provocações, leve a conversa para as fantasias sexuais. Não é uma mudança tão drástica quanto você pode pensar. Algumas frases simples podem ser uma transição fácil e confortável, como: "Você sabe, eu estava conversando hoje com uma das minhas amigas sobre as fantasias sexuais dela...", ou "Li no jornal outro dia que muitos casais compartilham suas fantasias sexuais com os parceiros...".

Então pergunte que fantasias sexuais ele tem. Talvez você queira perguntar isso de modo mais indireto, como: "O que você gostaria de fazer, sexualmente falando, que não temos feito?", ou "Qual é a sua maior fantasia sexual?". Essa atitude pode surpreendê-lo de modo agradável, embaraçá-lo ou até mesmo chocá-lo um pouco. Mas use sua magia feminina para fazer com que ele se abra.

Muitas pessoas têm uma vida de fantasias saudáveis e ativas, mas trabalham sob a ótica errada de que precisam realizá-las, torná-las reais. O benefício das fantasias é manter as pessoas imaginativas, uma ferramenta para equilibrar ou contrabalançar os parceiros na realidade. Algumas fantasias nunca são realizadas. Muitas pessoas têm fantasias particulares e secretas que usam para dar início à fase do desejo do seu ciclo sexual. As fantasias são uma ferramenta benéfica, mas não precisam ser realizadas ou compartilhadas. Uma fantasia serve seu propósito adequadamente sendo sua, e apenas sua. Pode ser uma imagem mental, um cenário ou alguma coisa que faz com que você se desligue da realidade do cotidiano e a ajude a ficar excitada.

Lembre-se de que o propósito dessa conversa é também conseguir que ele se comporte na cama de uma maneira que você se sinta mais completa. Portanto, tenha em mente a fase do ciclo sexual que gostaria de aprofundar, de deixar mais demorada, e de fazer com que ela se desenvolva mais. Agora que ele está no clima, chegou a hora de você atuar como uma detetive travessa e levar a conversa ao ponto de seduzi-lo para que lhe diga o que ele acha que a excita. Não o julgue nem o culpe. Sutilmente, permita que ele saiba se atingiu o alvo ou não. Se ele estiver certo, sua resposta — um sorriso malicioso ou uma piscadinha talvez — vai garantir que ele repita o comportamento desejado na próxima vez que fizerem sexo. Se ele estiver errado, e lendo você incorretamente, sugiro que você concorde com ele mas, depois, sugira outra coisa que ele poderia fazer com você que realmente balançaria o seu mundo. Dirija-o às partes da sua curva sexual com sugestões verbais recatadas e deixe que ele saiba onde você quer que ele se demore um pouquinho mais, onde ele deve ser mais atencioso ou cuidadoso.

Você se lembra da Lela e do Sean da Seção 7? Lela era introvertida, sempre tímida e séria, nunca queria chamar a atenção para si mesma. Sean era extrovertido, a vida da festa, aquele que sempre gostava de novos desafios, era supercompetitivo no trabalho e com os amigos. Quando comecei a aprofundar o tópico da vida sexual deles, ficou muito óbvio que os papéis que determinaram para si estavam em atuação. Sean comandava, iniciava o sexo e controlava a duração de cada fase da transa de acordo com o tempo do seu ciclo sexual. Lela seguia sua liderança, totalmente submissa e receptiva aos desejos e às necessidades físicas de Sean. Ela pensava que era a parceira perfeita para ele porque sabia do que ele gostava e permitia que ele controlasse todas as coisas na cama. Pelo menos era isso que ela pensava.

Quando Lela usou sua astúcia feminina e conseguiu conversar sobre a vida sexual do casal, ficou chocada quando ele disse que gostaria que ela tivesse um papel mais ativo na transa. Ele disse que achava seu papel um pouco pesado, sempre tinha de iniciar o sexo, e ao fazer isso parecia que estava forçando a parceira.

Então chegou a parte da conversa que realmente chocou Lela. Quando ela sugeriu que ele lhe dissesse uma fantasia, ele ficou vermelho e extremamente tímido. Ela gentilmente o elogiou e mal pôde acreditar no que ele estava dizendo. Ele gostaria que Lela não apenas iniciasse o sexo, mas a fantasia dele era que ela transasse com ele com as mãos e os pés amarrados na cama. A revelação de Sean foi surpreendente, pois Lela entendeu como os dois enchiam a lata emocional um do outro com comportamentos desconfortáveis. A fantasia de Sean de ser submisso na cama significava que ele também, secretamente, desejava ser menos dominante na situação.

Como conhecemos Lela anteriormente, ela gostaria de ter alguns comportamentos extrovertidos que havia descarregado e enchido as latas emocionais de Sean. A confissão de Sean de querer que ela fosse mais agressiva na cama foi para ela uma surpresa incrivelmente agradável. Sua fantasia se tornou realidade.

Lela dá agora o próximo grande passo de conectar suas dificuldades da transa com os medos e inseguranças expressos pela sua frase visualizadora. Ela foi capaz de relatar a aversão a não se sobressair e chamar a atenção para si, para o seu comportamento passivo e introvertido no quarto. Se você se sente pronta, pegue sua frase visualizadora e tente conectá-la com os pontos ruins que descobriu do seu ciclo sexual.

O relacionamento de Lela e Sean com certeza sofreu uma mudança radical. Mas ainda era frágil e o sexo também ainda era uma questão igualmente frágil. Então sugeri que eles fizessem nosso próximo exercício, que naturalmente é a sequência do exercício anterior no qual pedi para que compartilhassem suas fantasias sexuais. Lembre-se de que comecei a Seção com um exercício que insistia para você excitar seu parceiro mas realmente não fazer sexo. Eu também pedi que a conversa sobre fantasias sexuais não terminasse no ato sexual. A restrição do sexo ajuda a reequilibrar a luta pelo poder sexual. Agora que você tem o controle do seu ciclo sexual e sabe como manipular seu amante de modo que ele possa completá-lo mais plenamente, chegou a hora de ter uma boa transa, cheia de prazer.

Se o sexo ainda for um problema no relacionamento, uma boa Seção na cama será mais valiosa do que rolar entre os lençóis e deixar que a natureza siga seu curso. Você ainda precisará permanecer no controle se quiser desfrutar de todas as delícias que esperam por você. Embora talvez se sinta excitada por causa dos exercícios dessa semana, você sabe que o trem sai rapidamente dos trilhos se ele conseguir o que deseja na hora que quiser! Também sabemos muito bem que os homens sempre parecem estar prontos para o sexo, enquanto as mulheres têm um conjunto mais complexo de pré-requisitos de que necessitamos para entrar emocional e fisicamente no clima. A habilidade do homem para ligar o seu "interruptor do amor" em um piscar de olhos pode estragar o relacionamento. Qualquer interação, por mais inocente que seja, ou gestos genuinamente meigos podem ser suspeitos porque você pode pensar que o motivo de ele estar sendo legal ao lhe dar um apertão de brincadeira ou acariciar seu cabelo é porque tudo o que ele quer depois disso é sexo. Você vive essa cena muito frequentemente. Ele se aproxima de você mas você não está pronta. Então, ou você diz não e ele se sente ferido e repreendido, ou você diz sim e carrega um sentimento ferido. É aquela situação do perde-perde.

Estabeleça um dia para o sexo

Sugiro que nesse estágio de reorganização do seu relacionamento separe uma noite por semana para puro sexo, sem restrições. Será apenas uma noite por semana, mas é um compromisso muito bem definido que vocês dois devem honrar. É muito importante que não façam sexo em qualquer outro momento da semana. Ter um momento específico e designado para o sexo tira a pressão do resto da semana. Ele sabe o que vai acontecer, digamos toda terça-feira, então pode relaxar e parar de se esforçar tanto fazendo as coisas erradas para levar você para a cama. E você sabe que acabará tendo sexo naquela noite, então pode deixar de lado qualquer suspeita de que ele esteja "armando" quando faz carinhos. Eu escolhi a terça-feira, mas pode ser qualquer outro dia da semana. O importante é definir o dia e ser firme com isso.

Os homens, em geral, não gostam da ideia da agenda, mas você está no controle agora e tem o poder de conduzir a negociação. Diga a ele que, se quiser ter certeza de que terá sexo, será no dia que você determinou. É claro, é crucial que você cumpra seu lado da barganha, não importa como esteja se sentindo na terça-feira. A compensação é que você pode ter certeza de que não haverá mais sexo no resto da semana, então pode ir para a cama relaxada e confortável, ler aquela revista sabendo que nada vai acontecer. Ele vai aguentar porque sabe o que acontecerá na terça-feira.

Agora que a pressão sexual foi aliviada, a afeição — tão necessária que é frequentemente perdida quando vocês dois estão tentando lidar com os problemas da vida sexual — consegue entrar novamente no relacionamento. A afeição voltará para as interações diárias quase naturalmente. Você descobrirá que é capaz de acariciá-lo e aceitar seu carinho sem ficar tensa ou esperar que esses gestos simples e amigáveis tenham consequências não pretendidas. Os casais contam que nesse estágio uma nova energia é introduzida e um grande sentimento de proximidade acontece.

Exercício: faça amor, não sexo

O próximo e último exercício não apenas se beneficia dos ganhos que você teve até agora, mas também proporciona um ciclo completo quando implementa o controle do seu parceiro para alcançar maior intimidade e satisfação sexual. É bem simples e, em certo sentido, você já fez metade do exercício, exceto que agora gostaria de fazê-lo novamente, mas dessa vez sem nenhum limite físico. Você poderá terminar o trabalho! Talvez já tenha percebido que vou pedir que reveja o primeiro exercício que realizou nesta Seção, aquele que livremente tocava o seu parceiro, excitando seus sentidos. Entretanto, dessa vez, gostaria que combinasse esse exercício com o ato de fazer amor.

Volte e recrie a atividade que fez com seu parceiro, seja uma massagem com óleo quente, um banho aromático ou cócegas com uma pena. Diga a ele que gostaria de ser a Escrava e ele o Senhor, desperte seus sentidos tocando nele de uma maneira nova e excitante. Dessa vez, entretanto, você também pode trocar os papéis. Ele pode ser seu Escravo também. Liberte-se. Não deixe que ele se apresse. Você está no controle e deseja que cada fase do seu ciclo sexual seja realizada antes de permitir que ele passe para a próxima fase.

Agora que está mais consciente de tudo, passe gentil e lentamente às zonas erógenas dele. Estenda a experiência sensorial para essas áreas enquanto muda do estágio de desejo para o estágio de excitação. Quando ele corresponder — e tenha certeza de convidá-lo para agir assim —, faça com que ele corresponda com a mesma atenção e cuidado que você teve com o corpo dele. Ele está simplesmente fazendo o que você ensinou. Então, por que não aproveitar?

Nessa disposição deliciosa de corpo e mente, quando estiver pronta, mude para a fase do platô, demore o tempo que desejar antes do clímax, e finalmente entre na fase final, aproveitando a nova dimensão de intimidade que criou.

Muitas das minhas pacientes estão tão felizes e animadas pelos resultados da sua mais nova e melhorada transa que dizem que o ótimo sexo que têm agora salvou o relacionamento. Se você estiver pensando da mesma maneira, gostaria de lembrá-la que o bom sexo que está experimentando começou enquanto ainda estava vestida. Você não consegue ter um sexo bom sem um bom relacionamento. Então receba os méritos, porque sozinha, de maneira hábil, melhorou a comunicação entre você e o parceiro, o que tornou possível o relacionamento e um sentimento de romance renovado.

Maior intimidade = ótimo sexo

Espero que você tenha relacionado um generoso presente no oitavo item da sua lista de recompensa — alguma coisa picante e até mesmo um pouco ousada. Não hesite em se presentear. Você merece. É a sua medalha do amor.

Porque você melhorou a intimidade em outras áreas do seu relacionamento, agora você é capaz de aumentar drasticamente a intimidade sexual e trazer de volta o romantismo.

Seção 9

Ciúme: evite uma colisão tripla

Sempre fico surpresa todas as vezes que um casal começa a primeira Seção afirmando para mim que seus problemas estão fora do casamento e não entre os dois. "Ah, não, Trina", eles dizem, "o problema do nosso relacionamento não tem nada a ver conosco".

"Não é ele", ela confirma. "É o trabalho dele. Exige muito e tem pressão demais. Está nos separando."

"Não é ela", diz ele dando tapinhas na mão dela, "é o filho dela do primeiro casamento. Ele está sempre chorando e nunca a deixa em paz".

Eles reclamam das sogras apegadas, de ex-amigas ciumentas, dos irmãos controladores ou dos amigos possessivos. Talvez exista atrito com todas as pessoas e com tudo em volta do relacionamento, mas o casal insiste que entre eles está tudo indo muito bem.

"De maneira nenhuma. Não há como o problema estar em um de nós, Trina. Estamos muito bem."

Fica claro para mim desde o início que o casal, na verdade, está escolhendo omitir o fato de que querem cumplicidade de terceiros, que sequestram seu relacionamento e distorcem o foco das causas verdadeiras do problema.

Vamos ouvir uma típica primeira conversa de terapia de um casal que chamarei de Taylor e Luís.

>   **Taylor**: Depois que Luís chega em casa após um longo dia de trabalho, faço alguma coisa para ele comer e ele se vira e vai para a casa da mãe imediatamente, antes mesmo que eu tenha tido a oportunidade de lhe dizer "Oi". Não tenho nada contra a mãe dele. Amo a minha mãe também, mas por quê? Eu quero dizer, por que ela conta com o filho noite após noite, para fazer alguma coisa para o jantar? Ela é mãe, sabe como fazer comida! Ele cozinha para ela muito mais do que para mim. Ela diz que está sofrendo muito por causa da artrite ou da enxaqueca, ou de vertigem, ou seja lá o que for... Mas tenho estado com ela o suficiente para saber que ela está levando essa situação longe demais, se você entende o que quero dizer, pedir que o filho faça todas as coisas para ela. O Luís tem uma irmã. Por que a irmã dele não ajuda? Isso é o que eu gostaria de saber! E mais — o Luís e eu não concordamos a esse respeito, mas acho que a mãe dele poderia lavar a roupa se quisesse, em vez de contar com ele para fazer isso para ela. E as compras? E todas as pequenas coisas que ele conserta pela casa? Fins de semana? Não mencione os fins de semana, nunca o vejo. É como ser solteira novamente.
>
>   **Luís**: Eu sei que ultimamente tenho feito pouco sexo, estando entre a casa da minha mãe, o trabalho e com Taylor. Eu sei, e disse isso a ela e me desculpei muitas vezes. Mas pago as contas em dia, vamos ao cinema todo sábado à noite e cumpro minhas obrigações como homem da casa de outras maneiras também. Se isso não é suficiente, realmente gostaria de saber o que mais posso fazer. O que mais posso dar? A menos que ela queira que eu abandone minha mãe, e eu sei que Taylor não gostaria que eu fizesse isso. Vi como minha mãe cuidou do meu pai quando ficou

doente, dia após dia, e como minha mãe cuidou da minha irmã e de mim. Ela fez um bom trabalho e devo fazer o mesmo.

Você pode ser a terapeuta

Porque você tem seguido cuidadosamente essas sessões, vamos fazer um pequeno jogo. Gostaria que você assumisse o papel da terapeuta de Luís e Taylor por um momento e observasse os indícios do que realmente está acontecendo. Em outras palavras, se você fosse um observador treinado, que conclusões tiraria sobre esse relacionamento?

Talvez concorde com a reclamação de Taylor, de que Luís nunca está por perto, que ele faz coisas para a mãe que nunca faz por ela. Talvez também sinta um quê de reprovação na sua voz, como se ela estivesse acusando Luís de ser ingênuo, fraco e manipulado por sua mãe. Na sua história, definitivamente ouço que Taylor se sente traída, ressentida de que alguém mais esteja recebendo toda a atenção e interesse do marido.

Ouvindo Luís, talvez chegue à conclusão de que, embora ele seja um filho obediente, está usando a situação de modo um pouco agressivo, talvez mesmo até para se vingar de Taylor. Parece que ele deixou sua obrigação com a mãe tornar-se uma maneira de evitar interação com Taylor. Também me parece que ele se sente sobrecarregado, um pouco incomodado e ressentido quanto às exigências da esposa. Quando ouvimos cuidadosamente Luís, também compreendemos que na infância a mãe passou um bom tempo cuidando da doença crônica do pai. Luís reconhece que a mãe fez um bom trabalho dividindo seu tempo e sua atenção entre marido e filhos. Entretanto, é mais do que possível que Luís nutra um pouco de ressentimento em relação à situação, como qualquer criança que não teve o acesso incondicional e total ao amor da mãe.

Com o passar das semanas de terapia, muitas das nossas observações iniciais são corroboradas por comentários adicionais que os casais fazem. Os sentimentos de Taylor quanto à privação da afeição de Luís vêm à tona. A certa altura, Taylor diz, em um momento de raiva: "Se você se considera um pessoa que cuida tão bem das outras, por que não começa a dar um pouco desse cuidado a mim? Você não é um homem, é um filhinho da mamãe! Se você fosse um homem, passaria mais tempo em casa, me dando amor, em vez de mimar aquela velha".

Nosso palpite sobre Luis também está certo. As cobranças de Taylor o afastam. Veja o que ele disse em resposta a Taylor: "Tudo o que ouço pela casa é 'Luís, aonde você vai, por que você não fica em casa?' ou 'Luís, vamos sair hoje à noite, você nunca me leva para sair', quando você sabe perfeitamente que isso não é verdade. Meu Deus, algumas vezes você parece minha irmã. 'Faça isso por mim. Faça aquilo por mim.' Você não consegue entender que a minha mãe se vai em alguns anos? Não pode ter respeito, você está falando da minha mãe! A mulher que me trouxe à vida. Você tem que se afastar, sua vagabunda!"

Você pode imaginar o barulho de fogos explodindo que se seguiu.

A história de Taylor é que ela foi criada por uma mãe solteira. O pai era alcoólatra e abandonou a família quando Taylor tinha cinco anos. A mãe dela tinha dois empregos e Taylor teve de se cuidar sozinha. Então, quando chegou a hora de Taylor escrever sua frase visualizadora, quase pude escrever por ela. Ela escreveu: "Tenho medo de ser abandonada e deixada para trás, descartada e esquecida".

A frase visualizadora era ativada todas as vezes que Luís saía para tomar conta da mãe, porque afloram sentimentos que são reminiscentes daqueles tempos em sua vida em que ela lutava com a solidão causada pela partida do pai. Em sua obra de arte, ela estava em conflito sobre onde colocar o botão que representava a mãe; ela me disse que queria ser mais próxima da mãe mas sabia que na verdade não era. E quando adicionou Luís e sua família ao seu padrão de obra de arte atual, Taylor colocou um botão velho e esfarrapado de roupas entre o seu e o dele, para representar a mãe intrometida dele.

Quando ajudei Taylor a expressar seus sentimentos usando o exercício da comunicação XYZ da Seção 5, o que ela disse confirmou a hipótese: "Quando você sai para cuidar da sua mãe, tenho medo de que não volte nunca mais". O que Taylor quis dizer por "qualidade de tempo", naturalmente, era o "momento íntimo". E, como você sabe, a intimidade é algo que frequentemente ameaça muito o homem.

Luís indicou nas sessões posteriores que qualquer alusão à intimidade aproximava-se muito de um tempo da sua vida em que foi muito infeliz. Como sabemos, a mãe dele passou muito tempo atendendo às necessidades do pai, tempo esse que Luís achava que deveria ser gasto com ele ou no mínimo compartilhado de maneira mais justa. A referência à sua irmã era um pouco mais camuflada, mas se tornou essencial. Luís era o mais velho dos dois filhos e ficou responsável por cuidar das necessidades da irmã quando a mãe estava ocupada. Ele cozinhava para ela, lavava as roupas, levava-a para a escola e averiguava se ela havia feito as lições de casa; em resumo, fazia o papel de mãe. Todas as solicitações feitas a Luís pela irmã roubavam o tempo dele com os amigos ou com suas próprias coisas. O tipo de comportamento que Taylor pedia dele suscitava sentimentos de privação de prazer que ele perdera na juventude. Também lhe causavam sentimentos inadequados, que surgiram há muito tempo quando tinha sobre seus ombros a responsabilidade de educar a irmã.

Você talvez tenha percebido que as lentes visualizadoras do casal eram muito parecidas: "Tenho medo de sozinho ter de cumprir as demandas e necessidades de outras pessoas que são colocadas sobre os meus ombros". Tanto Taylor como Luís têm medo de ser abandonados, isolados emocionalmente e ficarem sós. No caso de Taylor, ela está procurando um parceiro que faça o papel de libertador, que dê a ela o conforto que anseia e merece.

Para Luís, o medo de ser abandonado é constituído pelo medo das cobranças emocionais que são feitas a ele. Não é irônico que Luís esteja novamente fazendo as mesmas coisas que aconteciam no cenário da sua infância? A única diferença é que agora ele se põe no papel da mãe, tratando Taylor da mesma maneira que a mãe o tratava quando menino. Essa revelação ficou clara para ele bem depois, quando conversava comigo sobre seu genograma.

Leia a declaração XYZ de Luís e veja se consegue sentir o medo que surge quando ele confunde a intimidade com a dor das cobranças emocionais que são feitas a ele: "Quando me pede para passar mais tempo com você, isso faz com que me sinta preso e entre em pânico, então, da próxima vez que quiser que saia com você, gostaria que esperasse um pedido meu".

Isso não é uma solução lá muito cordial da perspectiva de Taylor! Todo o poder para resolver a ansiedade dela seria deixar as coisas no controle de Luís. O que aconteceu foi que Taylor usou a teoria da linha e permitiu que Luís fosse até a casa da mãe dele todas as vezes que desejava, sem apelos e reclamações. Ao soltar a linha, algo miraculoso aconteceu. Não apenas a sentença XYZ foi realizada como ele começou a procurar Taylor! Ele não se sentia mais preso pela constante reclamação de falta de atenção que ela costumava fazer. Ele se sentiu cada vez menos ameaçado quando estava perto dela, tendo certeza de que não era responsável por ela. Taylor estava controlando a sua linha. Ele começou a sair da sua concha e a se sentir mais à vontade ao lado dela. Começou a lhe dar pequenos presentes sem motivo algum. Instituiu a "noite de sair" e planejaram jantar fora toda terça-feira. Antes Taylor não tinha direito às suas latas emocionais do "cuidado". Luís tinha de cuidar de tudo. Antes ele recusava as tentativas de Taylor de demonstrar afeto. Interpretava o afeto como cobranças emocionais, que deveriam ser recíprocas. Quando o equilíbrio foi restaurado na relação, a lata do "cuidado" de Taylor começou a se encher, enquanto ele abandonou seu controle exclusivo e aceitou o cuidado dela sem medo ou pânico.

Olhe só! Em pouco tempo Luís estava agindo exatamente como Taylor previu no seu diálogo XYX. Ele começou a gastar menos tempo com a mãe e mais tempo com ela.

O outro no seu relacionamento

A síndrome da "sogra" que Taylor experimentou com Luís é bastante comum. Os terceiros podem ser a sogra, mas podem ser também os amigos e familiares. Esses intrusos não têm de ser nem pessoas, podem ser atividades e outros compromissos como trabalho, hobbies ou jogos da internet. Um casal pode usar qualquer pessoa ou qualquer coisa para evitar as verdadeiras razões que interferem no seu relacionamento. No caso de Luís e Taylor, na verdade o problema não era a sogra; ela era apenas o meio pelo qual ele conseguia comunicar com segurança sua insatisfação com a relação.

Os terceiros frequentemente são considerados por uma das pessoas do casal como intrusos na relação. Mas a verdade é que o triângulo acontece porque o homem e a mulher acham difícil confrontar a crise na relação e descobrem o benefício de ter um terceiro para diluir ou diminuir a intensidade da luta. É uma estratégia de distração, um meio que os casais usam para evitar os problemas em vez de encará-los.

Não é surpreendente que os casais elejam um terceiro porque a perspectiva de lidar diretamente com suas questões é aterrorizante. As duas únicas saídas disponíveis para um casal resolver um problema é arrumar a situação ou terminar a relação. É por isso que o homem e a mulher, inconscientemente, conspiram para trazer um terceiro ao cenário. O terceiro — seja uma pessoa, uma atividade, o trabalho — ajuda a diminuir a intensidade e capacita o casal a discutir sobre alguém ou alguma coisa que não ameace diretamente o relacionamento.

Quando a discussão do casal envolve um terceiro, existem maneiras infindáveis de resposta. A pressão para confrontar e estabelecer a verdadeira causa do atrito é adiada. Um terceiro cria um tipo de estabilidade distorcida, caracterizada pelo rodeio do problema sem chegar a lugar nenhum, e continuam para sempre com o mesmo conflito, sem solução. É muito mais fácil discutir com seu marido sobre a mãe intrusa dele do que dizer que ele não é forte o suficiente ou protetor o suficiente e deixar a mãe dele fora disso.

Alguns triângulos são óbvios, como no caso de Taylor, Luís e a mãe dele. Taylor não tinha dificuldade de identificar o problema do terceiro naquele triângulo. Você se lembra da Lisa da Seção 7? Era fácil para ela identificar a amante de Tony no caso extraconjugal como a terceira ponta do triângulo. Intromissões de terceiros frequentemente são acompanhadas de ciúme. Resmungar que seu parceiro está gastando muito mais tempo e dando mais atenção para alguém mais do que para você é o sinal indicador de que um triângulo está desempenhando uma influência destrutiva na sua relação. É o irmão dele que sempre aparece na hora do jantar que praticamente se tornou parte da casa? Ou seu grupo de amigos com quem ele ia à escola e agora sai todo verão? É a "ex" dele que agora é tratada como uma amiga e entra em cena um pouco demais para confortá-lo? Se sentir ciúme, é um aviso confiável de que está em um triângulo.

Triângulos são relativamente fáceis de ser localizados quando o papel do terceiro é de uma pessoa. Mas, como vimos anteriormente, alguns terceiros não são pessoas, mas atividades que uma pessoa faz de modo tão obsessivo que ameaça a estabilidade da relação. Seu namorado desaparece toda noite para tocar violão em vez de ficar com você? Ele passa os fins de semana na garagem refazendo o motor do Mustang 67 em que trabalha há mais de um ano? Ele joga no computador até de madrugada em vez de ir para a cama na mesma hora que você?

Lembre-se: ninguém ou nada pode fazer parte do seu triângulo quando usado por alguém ou por vocês dois para desviar a atenção dos obstáculos que aparecem no caminho impedindo que alcancem a intimidade. Outra maneira de pensar a respeito da questão é que existem três pessoas na relação: você, ele e outra coisa. Como disse, essa coisa pode ser mascarada no papel de um hobby ou de qualquer outra atividade. Seu parceiro pode mostrar verdadeira paixão pela "coisa". Ele até pode ensaiar quarenta horas por semana com uma banda na esperança de conseguir gravar um disco. Talvez ele fique, toda noite, escrevendo após o jantar, estimulado pelo sonho de publicar um romance. Talvez acorde bem cedo no sábado para andar trinta quilômetros de bicicleta.

"Essa coisa" pode ser uma doença, um vício ou um hábito. "Ela" pode ter diversas formas e pode ser camuflada de modo que seja difícil identificá-la. Seu parceiro sempre está procurando um hobby novo — esta semana é o futebol, na semana passada era o caratê — tudo é expressão da sua energia infindável ou ele simplesmente preenche sua agenda com esportes e compromissos de modo que não tenha tempo para ficar com você? Enfim, voce é o juiz, e se está se sentindo traída, independentemente da legitimidade do objeto — seja uma pessoa ou uma atividade —, então seu sentimento é um motivo válido.

Na minha opinião, ajudando casais, uma das manobras mais comuns para justificar planos frustrados é que um dos dois sempre usa o emprego como cortina de fumaça para se esconder, em vez de confrontar o problema da relação. Você se lembra da Tanya e do Peter da Seção 4? Tanya trabalhava incessantemente. O trabalho a consumia. Ela tinha seus motivos: tinha de trabalhar muito em um lugar cheio de homens; seu patrão era muito difícil; era uma posição disputada e queria ser vice-presidente aos trinta anos. Tudo isso parecia fazer sentido e ser razoável, exceto, como sabemos, pelo fato de que simplesmente sofismava os problemas do relacionamento. Usava também as longas horas que passava com a equipe de trabalho para evitar despertar sua frase visualizadora: "Tenho medo de ficar sozinha". Seu trabalho era o seu sofisma, sua simulação, a terceira parte na relação.

Você já está comprometida demais

Quando seu homem se apega a "uma coisa" para fazer parte do triângulo e o faz com entusiasmo e zelo enormes, então colocar-se entre ele e a paixão dele pode ser extremamente estressante. Você sente inveja da paixão do seu parceiro? Como? É muito terrível admitir que ele trai você com uma atividade, um hobby ou um projeto em vez de uma mulher? "Mas, Trina", você pergunta, "não é sacrifício o que os amantes têm de fazer uns pelos outros? Eu não deveria pôr minhas necessidades de lado para ajudar a transformar meu homem em sucesso? Relacionamento não tem tudo a ver com compromisso?".

Acho que agora você já me conhece bem o suficiente para adivinhar que minha reação será esta: "Não tem nenhum sentido!". Compromisso não é a resposta, especialmente se sente que já está com a pior parte e deseja mais afeição e afeto da parte dele. Na verdade, não importa se ele está mesmo apaixonado pela "coisa" ou se está apenas usando "a coisa" para evitar problemas no relacionamento. A resposta, de fato, é imaterial. Você sabe o que deseja, e, nesse momento, não conseguirá isso da relação. Não sossegue. Você é o verdadeiro amor da vida dele, sua prioridade número um e seu primeiro lugar. Pare de dar desculpas a ele. Ao fazer o jogo do triângulo, você está se impedindo de alcançar o que deseja na relação. Você o quer, e se ele não consegue administrar isso, então ele não pode ter você.

Você está triangulando com seus filhos?

Existe outro "terceiro" sobre o qual ainda não conversei, mas que pode ser uma das forças mais voláteis, perigosas e trágicas em um relacionamento, que deve ser reconhecido e abordado com muito cuidado: os filhos. Muitas vezes os filhos se tornam "o terceiro" nos relacionamentos litigiosos. Vulneráveis e impotentes, os filhos frequentemente são usados por um casal para desviar a dor do confronto dos problemas de si mesmos ou do relacionamento. Naturalmente, não é algo que os casais queiram fazer intencionalmente, mas acontece com muita frequência e pode ter consequências trágicas.

O filho pode ser de um casamento anterior ou de um relacionamento de um dos dois ou do casamento deles. Pelo fato de o casal estar tão envolvido na dinâmica do relacionamento, eles se agarrarão a qualquer coisa ou a qualquer pessoa para evitar a dor, a humilhação e a culpa que sentiriam se confrontassem a essência de seus problemas.

Em minha experiência, já vi casos extremos em que um ou os dois usam a criança para desviar a atenção do conflito do casal. Lembro-me de um caso em que a mãe usou a filha de sete anos como uma barreira física, estimulando o terror noturno da menina como uma desculpa para trazê-la para a cama do casal, e desse modo evitar fazer sexo com o parceiro.

Como disse, esse é um exemplo extremo de como um pai pode levar uma criança a participar de uma triangulação e sofrer consequências destruidoras. Vi muitos casos em que a manipulação que o casal fazia com os filhos era mais sutil, e, portanto, mais difícil de ser identificada. Os filhos podem ser ingênuos, mas têm uma capacidade fantástica de detectar tensão em um relacionamento; sentem quando os pais estão aborrecidos ou emocionalmente feridos. Os filhos têm o direito de ter pais felizes e contentes. Não apenas odeiam quando alguém que amam sofre, mas, se os pais estão seguros, então também se sentem seguros.

Pense no seu passado e lembre das brigas de seus pais na infância. Não teria feito qualquer coisa para não brigarem e para que a paz voltasse? Você se lembra de como se sentia quando seu pai deixava sua mãe triste ou brava, chorosa ou aos gritos? Ou como você ficava chateada quando as constantes reclamações da mãe faziam com que seu pai voltasse para sua concha?

Quando os pais começam a se separar, os filhos, sentindo uma catástrofe eminente, normalmente mostram um comportamento que, seja para o bem ou para o mal, tem a intenção de uni-los. Um traço comum desses comportamentos dos filhos mais velhos é apresentar problemas com a lei ou com as drogas, na esperança inconsciente de que a energia usada pelos pais para atacar um ao outro seja redirecionada para eles.

Deixe-me lhe dar outro exemplo mais detalhado de como um filho pode ter um papel fundamental no triângulo do casal.

Susan e Jake têm um filho de três anos chamado Miles. Depois de um ano de casados, Susan e Jake começaram a ficar entediados, chateados e frustrados porque a excitação do tempo da lua de mel romântica havia chegado ao fim. Foi nesse momento que Miles entrou na vida deles. Por um tempo, o relacionamento foi estimulado e se revigorou com uma série de festas familiares que durou meses. Mas, nos últimos seis meses, o sentimento de frustração e aborrecimento se instalou novamente. Não era um sentimento evidente ou alguma coisa bem articulada. Susan começou a reclamar que Jake poderia compartilhar mais as tarefas da educação do filho. Jake fazia alguns comentários esporádicos de que Susan precisava perder peso.

Foi nesse cenário que Miles começou a atuar. Ele desobedecia os pais, recusava-se a dormir, era mal-humorado e fazia birra chutando e gritando sem parar. Susan estava a ponto de perder o juízo. A criança simplesmente a esgotava. No final de uma tarde de tortura intensa, tudo o que ela podia dizer era: "Espere só até o seu pai chegar. Vou contar a ele como você tem se comportado mal!". Quando Jake chegou e ouviu as barbaridades que Miles havia feito, castigou a criança e a mandou para a cama sem contar sua história de dormir. Nesse ponto, tanto Susan quanto Jake estavam de acordo, e juntos sentiam a ansiedade e a frustração de ter um filho desobediente.

Um pouco mais tarde, Susan foi escondida até o quarto do filho e leu para ele um pouco do seu livro favorito, pois ela sabia que ele ainda estava acordado e não conseguiria dormir sem a história. Agora o triângulo havia se estabelecido. Eram Susan e Miles contra Jake. Ainda sem conseguir dormir, entretanto, Miles desceu a escada depois de uma hora. Jake, sentindo culpa por ter punido o filho, tentou fazer as pazes com o garoto e começou a jogar videogame com ele. Permitir que Miles ficasse acordado até tarde era contra as regras de Susan. Agora o triângulo se instalara novamente. Eram Jake e Miles contra Susan. A noite terminou com um final infeliz quando Susan encontrou Miles e Jake jogando. Ela discutiu com Jake sobre o horário de dormir e, muito brava, pôs Miles na cama.

Reconhecendo seu "terceiro"

Meu chute é que agora provavelmente você já tenha começado a identificar pelo menos um triângulo no seu relacionamento. Triângulos não são difíceis de ser identificados, e quase toda relação tem pelo menos um. Para observar como seu triângulo se encaixa no quadro geral da dinâmica do seu relacionamento, faça o seguinte exercício escrito.

ABRA SEU CADERNO

No caderno, faça uma lista de todas as possibilidades de "terceiros" que existam entre você e seu parceiro. Eles podem ser pessoas ou atividades que já identificou nas sessões anteriores. Ou talvez seja uma coisa nova que venha à sua mente, agora que já tem maior consciência do papel que o "terceiro" pode ter no seu relacionamento. Pense nas últimas semanas e identifique as vezes em que se sentiu machucada ou com ciúme quando seu parceiro se desculpou por ter gastado tempo com outra pessoa ou atividade em vez de com você. Aqueles momentos, quando seu coração sentiu uma pontada, foram um sinal de que existe provavelmente um triângulo no seu relacionamento. Veja a seguir algumas distrações comuns que talvez reconheça como candidatas ao seu triângulo:

- Lealdade excessiva à família.
- Períodos longos de trabalho.
- Preencher o tempo livre com trabalho voluntário na comunidade.
- Compulsão por videogames na internet.
- Compulsão por consertar coisas na casa.
- Compulsão por sempre se ocupar com um hobby ou um esporte.
- Valorizar extremamente as crianças.
- Permitir que o trabalho engula sua vida.
- Usar todos os fins de semana para festas com amigos.
- Ter um caso amoroso.

Agora volte às páginas do caderno e encontre suas anotações ou as fotos da sua obra de arte. Provavelmente, já faz um tempo que não olha para ela, então passe um tempo revisando todos os jogadores e suas posições no estágio atual da sua vida. Quando tentar identificar seus triângulos, talvez eles não apareçam na sua arte como formas geométricas claras. Portanto, terá de ampliar seu conceito de forma, admitindo que nem todos os triângulos têm todos os lados iguais. Você se lembra de Wayne e Sally da Seção 2? Sally posicionou Wayne longe dela e do filho, e a cunhada, irmã de Wayne, entre os dois. Nesse caso, Wayne representava uma ponta do triângulo, Sally formava a segunda ponta, e a irmã de Wayne era a terceira.

Rever sua obra de arte ajuda a identificar não apenas os "terceiros" na sua vida amorosa imediata como também a reconhecer os padrões dos "terceiros" entre os familiares, tanto do passado quanto do presente. A "coisa" na sua obra de arte exige um pouco de trabalho investigativo da sua parte. Você pode localizar vestígios que indicam algum tipo de força destrutiva em ação quando pessoas que deveriam estar próximas são posicionadas longe umas das outras. Jogo, álcool, mulheres ou simplesmente a incapacidade de estabelecer família pode ser uma "coisa" difícil de localizar, a menos que você tenha conhecimento anterior da sua obra de arte ou do seu genograma ou consiga procurar por informação e perguntar a uma pessoa da família. Esteja preparada para assumir o papel de detetive e investigar. Acredite, os padrões que surgirão na sua obra de arte e no genograma animarão você a procurar respostas para o que até agora não foi explicado ou simplesmente não foi falado a respeito das interações triangulares. Não se surpreenda se começar a perceber triângulos entre os familiares que menos espera, e ver como eles se relacionam com você e seus relacionamentos.

Os seres humanos são ávidos por punição, especialmente autopunição. Preferimos muito mais enfrentar a angústia e o tormento que geramos ao evitar os problemas nos nossos relacionamentos que enfrentar as consequências que imaginamos que virão quando os encararmos. Mas agora você aprendeu como reconhecer e alterar os componentes emocionais no seu relacionamento e fez grandes progressos no aprendizado para controlar as dinâmicas de vocês. Trabalhando com os exercícios até aqui, você adquiriu as ferramentas e a experiência de que precisa para enfrentar a "pane geral" do seu relacionamento. Agora chegou a hora de dar o próximo passo de, secretamente, controlar não apenas seu parceiro, mas também os terceiros envolvidos. Para fazer isso você precisa aprender a romper os laços emocionais e psicológicos que mantêm seu triângulo unido.

O drama do seu triângulo

Como você agora já sabe, os triângulos são muito traiçoeiros porque têm o propósito de estabilizar um relacionamento, mas de maneira muito prejudicial e profundamente insustentável. E é por isso que são tão difíceis de ser quebrados. Você já deu o primeiro passo reconhecendo quando um terceiro está se intrometendo no relacionamento e bloqueando seu caminho para a intimidade. O próximo passo é "destriangular" seu relacionamento, entendendo mais profundamente as forças que atuam no triângulo. Deixe-me explicar.

Cada pessoa em um triângulo desempenha um papel a todo instante. Esse papel é como uma atuação em uma peça de teatro, só que essa peça é o drama da sua vida real. Você já deve estar familiarizada com a importância dos papéis nos relacionamentos. Na Seção 6, viu como seu comportamento se modificou pela troca do seu papel que causou uma transformação no comportamento do seu parceiro em relação a você ou, para ser mais direta, mudou o papel dele. Observar e reconhecer seu comportamento, e, depois, estrategicamente alterá-lo, põe você no controle e muda as dinâmicas entre você e ele. Agora estou propondo que você faça algo muito similar, exceto pelo fato de que aqui você precisa identificar e entender não somente os papéis que estão sendo desempenhados por uma pessoa, mas por duas — os outros dois pontos do seu triângulo de relacionamento.

Especialistas que estudam esse fenômeno interpessoal descobriram que existem três tipos básicos de papéis sendo desempenhados a qualquer momento entre os três membros do "drama do seu triângulo". Os especialistas rotulam esses três tipos de comportamento de maneiras diferentes, mas eles são basicamente caracterizados como: o Opressor, a Vítima e o Libertador.

Os Opressores são rápidos em acusar outros quando as coisas não acontecem de acordo com o planejado. São hipercríticos e sempre veem o lado negativo. Quando as coisas não dão certo, perdem a paciência.

Os Opressores são rígidos e tendem a ver todas as coisas como preto ou branco. São autoritários e gostam de estabelecer regras e limites desnecessários.

As Vítimas são rápidas em se considerar culpadas quando as coisas não acontecem conforme o planejado. Elas se sentem abandonadas e culpadas, impotentes e humilhadas. Quando coisas ruins acontecem, como invariavelmente ocorre, assumem que são as culpadas. Constantemente se culpam; sentem-se atormentadas e usadas. O mundo e todas as pessoas estão esperando para atacá-las. Em uma discussão, elas se veem como partes injuriadas e têm certo orgulho do próprio sofrimento.

Os Libertadores acreditam que podem absorver a culpa e tornar toda a situação melhor para a Vítima como em um passe de mágica. Os Libertadores se veem como campeões, redentores e heróis, quando, na verdade, evitam participar. Eles mantêm as Vítimas dependentes e permitem que elas falhem.

Identifique o papel de cada um

Seria uma simples questão de identificação do Opressor, da Vítima ou do Libertador se a sua vida fosse um filme. Nos filmes, as pessoas dizem e fazem coisas que as identificam facilmente. O Opressor diz: "Idiota. Você sempre faz as coisas erradas". A Vítima suporta o abuso e murmura: "Sim. Você está certo, está absolutamente certo". E o Libertador rapidamente aparece e de maneira romântica oferece um final feliz. Mas a vida real — a sua vida — não é assim. É mais sutil e contida. Sentimentos de culpa podem ser comunicados por um olhar repressor de reprovação. A condição de uma Vítima é telegrafada por uma postura caída de ombros. A promessa de salvação aparece em forma de um elogio mal interpretado por um novo chefe.

Identificar quem está fazendo o papel de Opressor, de Vítima ou de Libertador no drama do seu triângulo fica muito mais problemático porque uma pessoa pode ter os três papéis em uma mesma situação. Você se lembra de Susan, Jake e seu filho Miles? Em um momento da noite Susan era a Vítima e o filho fazia o papel do Opressor (sim, as crianças são capazes de fazer com que você se sinta culpada e impotente). O papel de Vítima mudou quando Jake chegou em casa e castigou Miles, mudando o papel de Libertadora para Susan, que sorrateiramente subiu as escadas e foi para o quarto de Miles ler uma parte do seu livro predileto. Os papéis do triângulo mudaram novamente quando Susan assumiu o papel do Opressora (um pouco ácida, mas você entende) quando ela distribuiu disciplina ao encontrar o marido e o filho jogando videogame.

Os papéis no drama do triângulo são raramente estáticos. Eles se transformam e mudam. Acrescente a essa dinâmica, já complexa, que cada um desses papéis depende do outro para existir. Para realizar o papel de Opressor, o Opressor precisa de uma Vítima, que permitirá ser oprimida. Para a Vítima atuar, ela precisa que o Opressor seja cruel com ela. Para ser um Libertador, ele precisa de uma Vítima para salvar. Em outras palavras, cada papel precisa do seu complemento negativo para existir e para que o triângulo alcance sua marca especial de estabilidade corrosiva.

Imagine o que aconteceria se essa interdependência pudesse ser interrompida. Como consequência, o drama do triângulo seria quebrado.

Descubra seus papéis

Se você seguiu o curso apresentado neste livro, provavelmente praticou e fortaleceu a habilidade de transformar seu comportamento e se libertar dos papéis que tinha em relação ao seu parceiro. Lembre-se da Seção 4 quando basicamente você disse: "Tchau, amor. Divirta-se" quando ele saiu para beber com os amigos? Você estava soltando a sua linha e reescrevendo o seu papel, mudando de Caça para Caçador. Agora você precisa assumir aquela mesma mentalidade e aplicá-la ao drama do seu triângulo.

A chave aqui, como tem sido ao longo do livro, é usar a habilidade para objetivamente observar o que está acontecendo e evitar agir de acordo com a sua frase visualizadora. Afastar-se da briga impedirá você de ser arrastada para o furacão das emoções. Isso funcionou com a sua palavra código na Seção 5 e pode funcionar novamente aqui. Diminua o ritmo das coisas, analise o diálogo, interrompa o fluxo. Isso soa familiar?

Você precisa se desassociar o bastante para discernir se o que está sendo dito está fazendo com que você se sinta impotente e desesperançosa, se é crítico ou abusivo — em resumo, se seu parceiro está fazendo o papel de Opressor. Lembre-se: ele não consegue oprimi-la se você se recusar a fazer o papel da Vítima.

Da mesma maneira, se você se descobrir criticando o parceiro, sentindo uma raiva cega quanto à sua incapacidade flagrante de respeitar um simples pedido como o de levar o lixo para fora ou separar o material reciclável, então recue e verifique o que está acontecendo. Você não apenas está agindo como Opressor, mas também está se relacionando com ele como se ele fosse a Vítima. Tome o controle. Mude a abordagem. Use a habilidade de comunicação para acalmar a situação, mudar os papéis e interromper o triângulo. Vejamos a seguir um exemplo do que estou falando.

Muitas mulheres se unem a um homem com o desejo de salvá-lo. Você já ouviu o ditado: "Os homens se casam com as mulheres esperando que elas não mudem; e as mulheres se casam com os homens esperando que eles mudem?". Já conheci muitas mulheres que são praticamente obcecadas pelo seu papel de Libertadoras; e por isso arriscam a sua rede social pessoal e o sucesso profissional para salvar o parceiro do álcool, das drogas ou de uma carreira em queda acelerada. Logo vai descobrir que, embora seja possível ter participação na reabilitação de outras pessoas, é uma causa perdida acreditar que você consegue fazê-lo sozinha.

Se suspeitar que está desempenhando o papel de Libertadora, verifique o que diz e como diz. Está fazendo promessas que não consegue manter e provavelmente, na verdade, não acredita em si mesma? Está sendo cúmplice, tornando possível que seu parceiro perpetue os seus hábitos destrutivos e garanta o seu papel de Libertador e a dependência dele a você. Frases como: "Não importa o que faça, sempre vou amar você", ou "Confie em mim, posso ajudar você", ou "Deixe que o meu amor o ajude a chegar aonde quer" podem ser bem-intencionadas, mas habilitam a Vítima e são contraproducentes.

ABRA SEU CADERNO

Passe os próximos dias ouvindo cuidadosamente e observando detalhadamente sua interação com ele. Registre no caderno aqueles momentos em que acredita estar fazendo o papel de Opressora, de Vítima ou de Libertadora. Certifique-se de quem desempenhou cada papel, o que foi dito que a levou a atuar naquele papel, e o que aconteceu após sua atuação. Seguem exemplos de alguns casais com os quais trabalhei.

Sean perguntou se Lela queria sair com os amigos no sábado à noite e Lela disse que não. Quando ele perguntou o motivo, ela disse secamente: "Porque não". A seguir o diálogo.

Sean: Você nunca quer sair e se divertir. Por sua causa estou perdendo meus amigos. Como você consegue ser tão chata? Você se lembra da última vez que saímos e você se divertiu de verdade?
Lela: Você é muito melhor que eu com as pessoas.
Sean: Não é tão difícil ser agradável. Tente.
Lela: Se isso é tão importante para você, saia e se divirta sem mim! Se você quer se embebedar e agir como um idiota, não tem problema nenhum para mim.
Sean: Tudo o que importa são os amigos, Lela. Eles são importantes para mim e deveriam ser para você também. Os amigos podem ajudar quando está triste e fazem com que você se sinta bem consigo mesmo. Por que você não quer se sentir bem consigo mesma?
Lela: Está bem, pode ir. Quero que você se divirta. Vou ver se encontro uma maneira de preencher o tempo, ir ao cinema ou qualquer outra coisa.
Sean (suspirando): Não, tudo bem. Vou ficar em casa.

Nesse caso Sean mudou de Opressor para Vítima, e Lela, colocando a culpa em Sean, mudou de Vítima para Opressora. O terceiro, os amigos de Sean, atuaram o tempo todo como Libertadores, ajudando Sean a evitar uma noite íntima com Lela.

A seguir, veremos como poderia ter sido a conversa se Lela estivesse preparada para renunciar àqueles papéis e interromper o triângulo.

Sean: Você nunca quer sair e se divertir. Por sua causa estou perdendo meus amigos. Como você consegue ser tão chata? Você se lembra da última vez que saímos e você se divertiu de verdade?
Lela: Você é muito melhor que eu com as pessoas.

Nesse momento Lela ouve que ela está se eliminando, fazendo o papel de Vítima, e escolhe outra abordagem. Ela se lembra da sua frase visualizadora e do exercício XYZ. Agora veremos como ela poderia responder e controlar o parceiro e a situação, para sua satisfação.

Lela: Veja bem. Sei como isso é importante para você, mas essas situações sociais com muita gente me fazem, francamente, sentir um pouco esquisita e exposta.

Sean: Você não está mais exposta do que as outras pessoas. E, se estiver, qual é o problema? O que impede você de gastar tempo e ficar com os amigos?

Lela: Tudo bem. Quando há muita atividade ou barulho geralmente você se esquece de que estou ali. Quando estamos dançando juntos na pista, e todo mundo está olhando, eu não me sinto à vontade. Então, da próxima vez, gostaria de ficar mais perto de você e que dançássemos apenas alguns minutos.

A coragem de ser você mesma

Trabalhamos juntas neste livro para que você tenha o controle do seu parceiro e da sua relação a fim de que possa alcançar um grau maior de satisfação e intimidade. A observação e a capacidade de conversa adquirida pode ser usada em qualquer relacionamento que envolva um terceiro. Naturalmente, será necessário maior habilidade para administrar uma situação que envolve três forças em vez de duas, mas os elementos e as habilidades são os mesmos.

Talvez já tenha notado que esta Seção é um pouco diferente das outras. Ela trata tanto da negociação dos desafios, que são uma constante na relação, quanto da identificação das questões que normalmente atrapalham seu relacionamento. O ciúme potencial que ameaça o equilíbrio, que está sempre espreitando, enquanto estiver em um relacionamento. Entretanto, agora, você sabe como dirigir um relacionamento de três pontos solucionando problemas em vez de criar drama e caos; enfrentando situações dolorosas de modo honesto em vez de evitar, desviar ou culpar outros; e tendo a coragem de ser mais consciente, em vez de perpetuar suas ilusões. Todos esses elementos fazem parte do relacionamento maduro, confiável e recompensador que tem com a pessoa que ama. O segredo de controlar seu parceiro a fim de que ele alcance um relacionamento mais completo, honesto e maduro é ter controle de si mesma.

Parabéns! Você demonstrou um enorme progresso nesta Seção e merece o presente que escolheu como nona medalha. A nona recompensa da sua lista. É hora de se presentear com a medalha da coragem.

Agora você está se aproximando do final deste curso de terapia de reorganização, e fez um avanço enorme porque seguiu as orientações contidas neste livro. Tenho certeza de que já desfruta de maior intimidade com o parceiro, bem como de sentimentos novos de liberdade e independência. Agora você sabe como reconhecer situações e comportamentos que ativam a sua frase visualizadora e já adquiriu a capacidade de controlar aqueles comportamentos e evitar aquelas situações. É muito importante também que conheça a frase secreta do seu parceiro, que lhe confere o mecanismo para controlar situações e comportamentos que proporcionam maior intimidade.

Agora provavelmente você consiga adivinhar o verdadeiro segredo que há por trás da minha terapia. Este livro é muito mais sobre você do que sobre o seu amante — porque a verdadeira chave para reorganizar seu relacionamento começa com a reorganização das atitudes e dos papéis que você adquiriu no decorrer dos anos.

PARTE TRÊS
Reorganize seu relacionamento: mude

Seção 10

Você consegue confiar?
Ou ele é simplesmente um tolo?

Muitos livros sobre relacionamentos começam com o tópico da confiança, mas este livro finaliza com esse assunto.

Talvez você fique imaginando o motivo de eu não ter começado nossa jornada juntas lhe dizendo aonde chegaríamos. Por que não oferecer, logo no princípio da expedição, um vislumbre do lugar em que eu esperava terminarmos?

Mas essa seria uma maneira ilusória de começar o livro, como também o é na terapia.

Você começou nosso trabalho ansiando por uma mudança, estimulada para começar um relacionamento rico e satisfatório. Mas o que você não sabia (e agora sabe) era que sem as ferramentas necessárias, e a prática para usá-las, você não estaria pronta para realizar a tarefa. E como poderia? Você ainda não tinha experimentado e internalizado os conceitos-chave de que precisávamos para fazer uma avaliação realista de onde na verdade queria que seu relacionamento chegasse. Havia ainda muitas ilusões e decepções que precisavam ser derrubadas antes que pudesse prever o tipo de relacionamento que verdadeiramente desejava. Enquanto trabalhava seu jeito de ser por intermédio dos conceitos e exercícios deste livro, estava se preparando para conscientemente abrir caminhos para uma mudança duradoura e realista.

Que tipo de mudanças? Tome por exemplo a maneira como agora você se comunica e consegue que o parceiro se comunique; sua recém-descoberta habilidade de reconhecer e quebrar os padrões frustrados de comportamento no seu relacionamento atual. Agora está livre para expressar uma gama mais ampla de emoções. Consegue observar e escolher agir, em vez de apenas reagir a um impulso. Essas mudanças e muitas outras que experimentou neste livro foram necessárias antes que qualquer discussão importante sobre confiança acontecesse ou fizesse sentido.

A maravilha, o valor mágico de qualquer terapia é que com muita frequência você não se dá conta de que ela está funcionando, alterando sua perspectiva, mudando seu sentimento em relação às coisas, proporcionando-lhe novos comportamentos e novas emoções. O "trabalho" da terapia continua dia e noite, não apenas na hora em que estou com minhas pacientes no consultório. Por isso, o tipo de terapia que faço alcança resultados muito rapidamente e por essa razão os exercícios deste livro continuam agindo muito tempo depois de terminada a leitura. Frequentemente, comparo esse fenômeno àquele que acontece quando você coloca uma pedra embaixo do pneu de um carro atolado na lama. A terapia lhe dá a força mecânica que capacita seu relacionamento a sair da lama e a fazer com que seu carro ande.

Se você levou a sério os conceitos e exercícios deste livro, provavelmente percebeu muitas mudanças em si mesma, no parceiro e no relacionamento. Algumas mudanças, talvez, tenham sido tão óbvias que lhe proporcionaram uma agradável surpresa quando se deu conta delas, por exemplo, quando seu parceiro, de repente, de maneira inesperada (pelo menos é o que parece), a agarrou e a encheu de beijos antes de sair para o trabalho. Ou quando você fez alguma coisa tão diferente como se recusar a lavar a louça e deixá-la empilhada por alguns dias. Outras mudanças podem ser mais sutis e suaves. Por exemplo, talvez você esteja pronta para jantar fora e ele sugere que você mude o jeans e vista alguma coisa mais chique. Quando você não controlava sua capacidade de observação, talvez interpretasse o comentário como uma crítica à sua aparência. Mas agora você entende que o comentário dele pode ser um desejo de protegê-la de constrangimentos por estar vestida de maneira informal demais para a ocasião.

ABRA SEU CADERNO

O reconhecimento de como você e o seu relacionamento mudaram em consequência dos conceitos e das atividades deste livro proporcionará uma base importante para a nossa conversa a respeito do compromisso. A seguir, temos um exercício que ajudará você a avaliar o quanto já caminhou.

Vamos rever nossos passos nas últimas nove sessões. Abra o caderno e revise cada Seção, começando pela primeira. Escreva uma frase ou apenas uma palavra sobre qualquer mudança que observou em si mesma, em seu parceiro ou no relacionamento. Quando terminar a Seção 1, vá para a Seção 2 e repita o processo; leia as anotações do caderno e então escreva qualquer reflexão ou ideia que simplesmente lhe ocorreu. Já preparei algumas perguntas que, talvez, a ajudem a provocar alguns pensamentos e observações.

Conecte-se com o seu tolo

Você consegue se lembrar de uma situação em que você e seu parceiro assumiram o papel de Caça e Caçador? Consegue se afastar de uma conversa que está tendo com ele e ouvir objetivamente o que está sendo dito? Observando suas conversas, consegue reconhecer situações em que alternou entre o papel de pai, filho e adulto no diálogo? Conseguiu controlar a sua mudança do papel de pai ou de filho para o papel do adulto? Qual foi a resposta dele? Você fez perguntas para ajudar a esclarecer o que ele queria dizer com um comentário específico sem assumir que soubesse e para mostrar a ele que estava ouvindo? Verifique a roda do sexo que você criou na Seção 1. As coisas estão correndo de modo mais suave ou ainda está viajando em uma rodovia acidentada? Que área da sua roda melhorou?

Quebre padrões do passado, resolva problemas do presente

Encontre os padrões no seu relacionamento que são similares aos de outros membros da sua família, atual ou passada. Que traços de caráter das pessoas na sua vida atualmente são similares àqueles de membros da sua família no passado? Os padrões que você viu no seu genograma ajudaram a entender um problema no seu relacionamento? Qual foi a revelação mais significativa da Seção 2? Se tivesse de fazer hoje a obra de arte dos padrões do presente, você mudaria as características do objeto que usou para representar seu parceiro? Você o reposicionaria? À medida que revê sua obra de arte de fantasia futura, verifique se alguma parte dela passou da fantasia para a realidade. Você faria alguma mudança se tivesse de criar uma obra de arte de fantasia futura agora? Quais partes da sua obra de arte de fantasia futura são atingíveis e quais não são?

Por que você está com ele?

Identifique três coisas no seu parceiro que atraíram você, mas agora são indiferentes para você. São as mesmas que você relacionou no caderno quando leu a Seção 3 pela primeira vez? Relacione alguns dos sentimentos que você tem quando seu parceiro começa a se comportar mal, e compare essa lista com a que fez antes. Como elas podem ser comparadas? Reveja sua frase visualizadora. Se tivesse chance, você a mudaria de alguma maneira? Que emoções a revisão da sua frase provoca agora?

Romance e intimidade: o equilíbrio perfeito

Lembre-se das últimas semanas e identifique uma situação na qual você praticou a teoria da linha. Hoje você escolheria outro material para a sua linha, diferente daquele que escolheu quando leu pela primeira vez a Seção 4? Você percebe que está reagindo de modo diferente quando ele solta a linha para se distanciar de você? Ele demonstrou algum comportamento de Caçador em relação a você? Ele "presenteou" você, dando-lhe algum agrado sensual ou algo que ele sabe que você gosta, sem pedir nada em troca?

Discutindo eficazmente com o seu tolo

Lembre-se de uma discussão que teve com seu parceiro recentemente. Baseando-se no que aprendeu na Seção 5, como usou suas sentenças XYZ para expressar sua frase visualizadora e controlar o comportamento dele? Como ele reagiu? Ele foi sensível às suas considerações e você conseguiu lhe dizer como queria que ele se comportasse? Quantas vezes precisou usar a palavra código para controlar a temperatura da discussão até chegar ao ponto de poder discutir o assunto com calma? Como você pode usar seu entendimento da sua frase visualizadora para organizar seus argumentos?

Compartilhe seus papéis no relacionamento

Reveja sua lista de comportamentos desconfortáveis que são trazidos à tona pela sua frase visualizadora e que despertam a autocrítica. Você reage hoje da mesma maneira que reagiu quando leu pela primeira vez a Seção 6? Confira as quatro questões no exercício que chamei de "seu acordo invisível". Lembre-se de uma situação nas últimas semanas em que você demonstrou uma emoção ou um comportamento que pegou de uma das "latas" dele. E uma emoção ou comportamento que ele demonstrou que você reconheceu como sendo de uma das suas "latas"?

Como lidar com traições tolas

Escreva sua definição de traição. Ela mudou de alguma maneira durante a leitura deste livro? Se sim, escreva no caderno como mudou. Se seu parceiro já traiu você, sua compreensão da frase visualizadora dele a ajudou de alguma forma a enfrentar a experiência? O entendimento da sua frase visualizadora ajudou você a gerenciar melhor a situação? Se os papéis fossem invertidos e você fosse a pessoa que teve um caso, escreva quais teriam sido os seus motivos. Escreva como esses motivos se relacionam com sua frase visualizadora. Escreva sua definição de confiança. Você confia em si mesma? Veja novamente a lista da Seção 7, das qualidades que você acredita serem essenciais em um relacionamento confiável.

Sexo, a ferramenta mais poderosa

Descreva em seu caderno qualquer situação recente na qual sentiu que se comprometeu com a manutenção do equilíbrio no relacionamento. São exemplos de novos compromissos ou uma continuação de compromissos anteriores? Reveja sua roda do sexo. Como ela mudou? Quais raios se igualaram para uma viagem mais tranquila? Quais continuam com tamanhos diferentes, dando-lhe trabalho? Lembre-se da última vez que fez amor. Como seu ciclo sexual mudou nas últimas semanas, depois que você terminou de ler a Seção 8? Como seu parceiro reagiu quando você comunicou claramente do que gostou e do que precisava ter para preencher seu ciclo? Você conseguiu o nível de intimidade de que precisa? O cenário emocional do seu relacionamento mudou durante o sexo? Você acha que seu comportamento ou o do seu parceiro na cama está diferente? Que novos comportamentos seu companheiro tem expressado antes, durante e depois do sexo? E você? O que você está fazendo diferente?

Ciúme: evite a colisão tripla

Reveja os triângulos que identificou na Seção 9 que atrapalharam seu relacionamento. Quais foram os terceiros que saíram da lista? Classifique a lista de terceiros em "pessoas" e "coisas". Escreva no caderno um incidente recente, no qual usou a sua sentença XYZ para mudar o comportamento dele em relação a terceiros. Você consegue identificar uma situação recente em que, no mínimo, atuou em dois dos três papéis do drama do triângulo, Opressora, Vítima ou Libertadora? Você consegue recriar fragmentos do diálogo em que foi capaz de recuar, observar e redirecionar o papel que tinha na conversação?

Os dois tipos de compromisso

Como você define "compromisso"? Quando peço às mulheres para usarem a palavra em uma frase, muitas fazem referência a uma obrigação que prometeram cumprir. Descrevem atividades um pouco desagradáveis de executar, mas que levam a um resultado satisfatório. Por exemplo, talvez você odeie fazer dieta, mas definitivamente adora entrar no manequim 38. Talvez sofra todas as vezes que poupa um pouco do seu salário, mas com certeza vai adorar as férias no Caribe. E assistir às aulas todas as noites e durante o fim de semana definitivamente é um saco, mas não será muito bom quando finalmente conseguir se formar? Os terapeutas classificam isso como "compromisso de restrição".

Compromisso de restrição

O compromisso de restrição é como um contrato com o mundo lá fora. Os casais que permanecem juntos por causa dos filhos ou por razões religiosas demonstram o compromisso de restrição. Nos momentos difíceis, o compromisso de restrição mantém um casal junto. Se o casal briga o tempo todo (casal tipo cão e gato), frequentemente o compromisso de restrição evita a separação e a dissolução do relacionamento.

Compromisso devocional

"Compromisso" também tem outro significado. A palavra descreve a postura de uma pessoa que desempenha uma atividade que lhe dá prazer ou satisfação imediata. Por exemplo, um indivíduo pode ter o compromisso de cantar em uma banda, aprender a nadar ou ter aulas de arte. Esse compromisso é chamado de devocional porque você se dedica a uma atividade e ela faz com que você se sinta realizada.

O compromisso devocional é vital porque produz os tipos de obrigações emocionais positivas que ajudam um casal a se manter junto. Ele cria sentimentos de intimidade familiar permitindo que o casal tenha prazer na companhia um do outro. Um relacionamento que consiste predominantemente de compromisso de restrição normalmente não cria sentimentos de alegria ou prazer nas experiências compartilhadas e não possui nenhum tipo de vibração.

O ponto a ser lembrado é que em um relacionamento resiliente e tolerante os dois tipos de compromisso coexistem, mas, para que duas pessoas aproveitem a vida juntas, uma dose saudável de compromisso devocional precisa entrar em cena.

ABRA SEU CADERNO

Provavelmente, seu relacionamento tem as duas linhas de compromisso oscilando e se aglutinando. Este exercício tem a intenção de ajudar você a identificar qual tipo de compromisso predomina em seu relacionamento. Após ler a lista da tabela a seguir, escreva no caderno cinco compromissos de restrição que acha que prendem você no relacionamento, os compromissos que mantém porque são deveres. Na segunda coluna, faça uma lista de cinco compromissos devocionais, aquelas atividades que lhe dão prazer, que aguarda com interesse ou que considera apaixonante enquanto as executa. Algumas atividades podem constar nas duas listas. A seguir algumas ideias para você começar.

Compromisso de restrição	*Compromisso devocional*
Você tem o compromisso de ficar com ele por causa de crenças religiosas.	Você tem o compromisso de cuidar do seu parceiro quando ele fica doente.
Você tem o compromisso de fazer com que o relacionamento funcione por causa das crianças.	Você tem o compromisso de fazer a casa feliz.
Você está comprometida com seu parceiro porque a sua família assim espera.	Você está comprometida com a promessa que fez de malhar mais frequentemente.

Você tem o compromisso de trabalhar muitas horas para pagar as contas porque ele está desempregado.	Você tem o compromisso de voltar a estudar a fim de ganhar promoção e aumento.
Você tem o compromisso de perder peso porque sabe que ele gosta mais quando está magra.	Você tem o compromisso de aprender a dançar salsa com seu parceiro.

Você está pronta para confiar?

Às vezes, há muito mais envolvido em estar pronta para comprometer-se com um relacionamento do que encontrar a pessoa certa para se comprometer. Isso soa estranho, eu sei, mas muitas jovens casadas se sentaram em frente à minha mesa de terapia desesperadas e desesperançosas porque não haviam sido preparadas para assumir o compromisso que fizeram. Alguns meses antes essas jovens estavam felizes porque haviam encontrado um companheiro perfeitamente compatível e rapidamente, quase que cegamente, se casaram. Agora, na terapia, me dizem que ainda amam seu homem, mas se arrependem da decisão do casamento.

Olhar suas sentenças visualizadoras pode ajudar a lhes dar um entendimento mais claro do que as conduzia quando tomaram essa decisão importante. Muitas mulheres sentem que um relacionamento de compromisso vai curar sua insegurança e seu medo da instabilidade. Um exemplo típico da minha prática é uma jovem, Melissa, que gradualmente percebeu que gostaria de ter um tempo para si, tempo de que ela precisava para ser jovem, despreocupada e solteira. Era necessário uma grande dose de coragem para tentar fugir do seu relacionamento, pois ela estava confrontando sua frase visualizadora. Todas as vezes que tentava terminar com o namorado, ele voltava implorando, dizendo que morreria — sim, morreria — sem ela. E todas as vezes ela se submetia a essa situação porque era uma pessoa que secretamente tinha medo de morrer se não tivesse um relacionamento. Ele era muito bom em ativar a frase visualizadora dela a fim de conseguir o que queria. Ela estava pronta para deixá-lo, porque reconhecia que a sua frase ("Tenho medo de ser abandonada e excluída") conflitava agora com seus verdadeiros deveres.

Ninguém lhe dará permissão para deixar um relacionamento que não está funcionando ou que você não se sente pronta para ele. A força e a decisão para mudar vêm de dentro de você, mas agora você tem as ferramentas para ver mais claramente a motivação que está impulsionando sua decisão. Minha esperança é que você use a sua frase visualizadora para entender as razões mais profundas que fazem você se sentir pronta para o compromisso. As ferramentas que tem agora lhe darão capacidade para discernir entre precisar estar no relacionamento e desejar estar em um relacionamento, e a segurança de escolher o que é certo para você.

Feche a porta

Minhas pacientes sempre se surpreendem comigo na primeira consulta, porque nada é como elas esperam. Elas pensam que vou fazer exigências imediatas, algemá-las a uma lista de "podes" e "não podes" e insistir que sigam um planejamento terapêutico. Nada pode ser mais distante da verdade. Eu sempre começo a terapia com a porta de saída bem aberta, a fim de que nenhuma delas se sinta presa ou constrangida.

Quando as pacientes percebem que a porta está aberta, entram para a terapia com espírito de exploração e curiosidade. É um grande começo. Também há momentos na terapia — como na vida — que os benefícios de um relacionamento não conseguem ser totalmente alcançados a menos que a porta de saída esteja fechada e o indivíduo assuma um compromisso com o trabalho e com os benefícios que virão.

Este é o momento para você fechar a porta de saída.

Compromisso não é uma questão de hierarquia. É tudo ou nada. Não existe "um comprometimento total" porque comprometimento é total, absoluto, completo. Se você está levando seriamente a ideia de pôr seu relacionamento em ordem, não pode fazer isso do lado de fora. O comprometimento com o relacionamento é um pouco como a fé, você simplesmente faz. Muitas das minhas pacientes insistem em manter suas opções abertas, tendo certeza de que uma rota de fuga está pronta no caso de sentirem que a reorganização seja muito arriscada, sem esperança ou perigosa. Entretanto, as rotas de fuga são o oposto de tudo o que significa comprometimento. Honestamente, você não pode se comprometer se sempre está olhando sobre os ombros para verificar se a porta de trás está aberta. Você precisa fechar aquela porta se pretende consertar seu homem. Não pode continuar planejando se afastar do trabalho com o qual se comprometeu. A única maneira para o "trabalho" estabelecido neste livro funcionar é você ter certeza de que não deixou para si rotas de fuga. E lembre-se: todos os relacionamentos dão trabalho.

Vivemos em um mundo descartável. Se não gostamos de alguma coisa, simplesmente a jogamos fora e pegamos outra. Tudo é trocado com muita facilidade. Sua blusa tem um buraco? Compre uma nova. Não gostou da comida que pediu? Devolva. Está insatisfeito com o carro que acabou de comprar? Troque. Está cansado do seu trabalho? Arranje outro.

Quando uma mulher passa por uma fase ruim no relacionamento, é tentador pensar que sempre existe outro homem maravilhoso na próxima esquina. Então ela diz para si mesma: "Há tantos homens disponíveis, atraentes e fantásticos por aí, por que trabalhar tão duro para tentar consertar um tolo impossível, que está me destruindo o tempo todo? Um mentiroso idiota. Um insolente. Por que vou me matar para tentar mudá-lo quando posso simplesmente sair por aí e escolher outro, um cara melhor, que vai me tratar direito?". Quantas vezes você disse e fez isso, só para acabar na mesma situação em que está agora?

O fato é que se você parar com tudo e começar de novo com outro homem, acabará repetindo os mesmos cenários, revivendo os mesmos dilemas e cometendo os mesmos erros que cometeu com o homem anterior, e o homem antes dele, e outro antes dele... E se você também se livrar desse homem agora de quem tanto gosta, garanto que, a menos que você se reorganize, repetirá o mesmo drama com o próximo cara, e com os mesmos resultados ruins. Então, veja, independe de com quem você esteja. A lição que acabará aprendendo é que precisa se comprometer em corrigir a si mesma, o seu homem e o seu relacionamento, porque essa é a única maneira pela qual será capaz de se libertar dos padrões autofrustrantes aos quais está presa. E a única maneira de se comprometer de verdade é fechando todas as saídas.

Abra seu caderno

Para muitos casais, o casamento é uma extensão lógica de um relacionamento comprometido. Eu questionei uma maneira que a frase visualizadora talvez esteja envolvida na razão pela qual uma pessoa deve reconsiderar a questão do casamento. Entretanto, a frase visualizadora pode ajudar a cristalizar outras percepções sobre o casamento que podem ser úteis para você. Se você está no caminho de consertar seu parceiro e se descobre em um relacionamento estável e comprometido, tente esse exercício. A tabela a seguir relaciona algumas razões pelas quais muitas pessoas se casam. Pegue a sua frase visualizadora e a ponha ao lado de cada declaração, sucessivamente, na tabela. No caderno, escreva qualquer reação ou sentimento que essa justaposição causou. Por exemplo, se sua frase visualizadora for: "Eu tenho medo de ser abandonada", quais emoções veem à tona quando você lê: "Queremos um lugar que seja nosso"? Você acha que deixar sua casa atual e morar junto com o namorado vai dificultar que ele deixe você? Você sente que tê-lo na mesma casa e dividir o espaço com ele contribui para seu senso de estabilidade e segurança? Escreva esses pensamentos no caderno.

Vejamos a seguir algumas razões que as mulheres têm para se casar. Alguma delas soam familiares para você?

Razões que as mulheres têm para se casar	Pensamentos que podem ser provocados
Queremos um lugar que seja nosso.	■ Morar com ele dificultará que ele me deixe. ■ Viver com ele fará com que ele me inclua mais completamente na sua vida. ■ Quando morarmos juntos eu ficarei totalmente exposta. ■ Tenho medo de que ele descubra e deixe de gostar da "verdadeira" eu.

A nossa situação financeira vai melhorar.	■ Casando com ele, terei maior segurança financeira e, portanto, menos estresse e preocupações. ■ Se eu perder a independência financeira, também vou perder minha identidade.
Ele me pediu em casamento.	■ Sinto-me arrebatada pela emoção de ser pedida em casamento. ■ Tenho medo de desapontá-lo se der qualquer resposta diferente de "sim".
Eu quero ter filhos.	■ Ter um filho com ele vai deixá-lo mais próximo de mim. ■ Ter um filho de alguma maneira me completará e me fará mais mulher.
Casar vai melhorar o relacionamento.	■ Casar vai me trazer a estabilidade de que preciso para continuar minha vida. ■ Casar permitirá que eu faça mais coisas que gosto de fazer por ele. ■ Casar irá mostrar ao mundo o casal maravilhoso que formamos.
É uma questão de tempo.	■ Meus pais se casaram e me tiveram na mesma idade que estou agora. ■ A maioria dos meus amigos é casada e vai ser legal fazer parte desse grupo.

Os quatro destruidores de relacionamento

Você sabe em primeira mão o quanto é difícil e doloroso mudar a si mesma, e agora você também sabe que transformar a si mesma é a única maneira pela qual você pode produzir a mudança que quer no seu homem. As dinâmicas dos relacionamentos interpessoais são um processo milagroso. Elas garantem que as mudanças que você produz em si automaticamente transformarão seu parceiro também. Você viu o processo em ação em determinados exercícios, bem como quando soltou sua linha para afastá-lo, apenas para tê-lo de volta e para que ele começasse a vir atrás de você. Entendeu como e por que seus atos modificam a natureza da sua interação com o parceiro. Qualquer mudança na interação do relacionamento catalisa uma mudança no seu homem. Nada tão fundamental como alterar a dinâmica em um relacionamento acontece rapidamente ou de modo indolor, mas já vi isso funcionar em centenas de casais. Com paciência e persistência o processo funciona.

Existem ocasiões em que as mulheres descobrem que seus relacionamentos chegaram a uma deterioração tão grande que qualquer tentativa de restaurá-lo é em vão. Quando isso acontece, não importa o quanto a mulher tenta comunicar-se com seu parceiro, ela encontra uma resistência implacável e fica em um beco sem saída. Não importa o quanto ela solte sua linha, quantas vezes use sua palavra código durante uma discussão, ou o quanto seja esperta para tentar reaver suas emoções que havia posto na lata dele, o homem está completamente indiferente, obstinado e insensível. Existem situações em que a mudança no relacionamento é simplesmente impossível.

Existem quatro comportamentos que significam perigo ao relacionamento. São eles:

1. **Crítica**: expressões invariáveis e implacáveis de desaprovação e censura. Já trabalhei com casais nos quais os homens consistentemente viam as parceiras como inadequadas e sempre sem expectativas. O homem age como o senhor da mulher no papel do pai que repreende. Ele a atinge com seus socos verbais exatamente naqueles lugares que sabe serem dolorosos. Ele é o Opressor na relação, e a parceira é a estrela no papel de Vítima, incapaz de fazer o certo ou alcançar qualquer nível de sucesso.
2. **Desprezo**: transmitir desdém e desaprovação pelo parceiro, até mesmo aversão. Aqui o parceiro é abertamente menosprezado. Toda tentativa de dar prazer e satisfação é recebida com me-

nosprezo. A Vítima é oprimida com um fervor entusiástico. O Opressor fere a autoconfiança da Vítima com ironias e observações repletas de desdém. Uma atmosfera de extrema desaprovação do parceiro é quase palpável.
3. **Defesa**: relutância e incapacidade de tolerar qualquer reclamação ou mágoa. Um homem na defensiva está sempre pronto para imaginar que está sendo desrespeitado ou ofendido. Sua armadura está sempre a postos. Infalivelmente põe a culpa em alguém que não seja ele — normalmente na sua parceira. Nega responsabilidade por qualquer deficiência na relação ou qualquer insatisfação que a mulher possa sentir.
4. **Muro de pedras**: recusa obstinada e deliberada para cooperar em qualquer discussão. Há elementos da crítica, desprezo e defesa nesse comportamento, mas principalmente é reconhecido por causa da sua natureza extrema e excessiva. Admitir qualquer emoção além da negativa é totalmente proibido. Mulheres que têm parceiros do tipo "muros de pedra" sempre os descrevem como aquele que transmite a atitude "fale com as mãos porque o coração não está ouvindo". É como se ele tivesse saído do relacionamento há muito tempo. As mulheres logo desistem de tentar se comunicar com o homem "muro de pedras" porque tentar falar com ele provoca um sentimento de autodepreciação. É como falar com as paredes.

Se o seu homem ainda tem mostrado esse comportamento, talvez, infelizmente, tenha chegado a um impasse. Depois de todas as suas tentativas de comunicação, se ele ainda se recusar a mostrar qualquer sinal de mudança, então não faz nenhum sentido pensar em se comprometer com esse relacionamento.

A escolha é sua!

Se olharmos para as últimas semanas, as mudanças que você e seu parceiro fizeram são bem notáveis. Existem mudanças, vocês estão brigando menos e quando brigam as discussões são resolvidas de maneira mais racional e ponderada. Está experimentando partes de si mesma que pensou ter perdido para sempre. Existe uma maturidade nova na sua relação. Descobriu que não precisa importuná-lo tanto. Quando ele age de modo ameaçador, desagradável ou danoso, percebe que foi ouvida. Você se sente mais apreciada e ganhou mais segurança. Ele entende suas necessidades sexuais, e sua vida sexual está de volta. Agora, de uma maneira incrível, ele está mostrando sinais inconfundíveis do começo da relação — demonstração de um afeto renovado e de intimidade.

O relacionamento melhorou. A vida está melhor — não apenas para você. O ambiente que criou dá a ele a oportunidade de expressar seguramente emoções e necessidades que ele havia empurrado muito tempo para o fundo do seu interior. A vida sexual dele está melhor. Ele está recebendo o apoio e o estímulo que naturalmente deseja. Consegue ser mais íntimo sem medo de perder a masculinidade. Ele está lutando.

Ou, pelo menos, deveria estar.

Se não tivesse respondido de modo positivo, então você poderia ter de enfrentar alguns fatos mais difíceis. Se o comportamento "muro de pedras" dele continuar, e ele ainda não diminuiu as críticas, o desprezo ou a defesa, então um verdadeiro problema está à sua frente quando tiver de decidir se quer ficar em um relacionamento desse tipo. Isso porque você levou o relacionamento a um ponto em que não pode ser a única que se esforça para fazer todo o trabalho. Vejo pacientes com relacionamentos tão ruins que fica difícil lhes dar alguma esperança. Às vezes, um cara é completamente tolo. A escolha, no final das contas, é deles. Se querem ficar juntos e trabalhar juntos, a única precondição, acredito, é que os dois se comprometam.

Agora seu relacionamento tem um novo plano, e foi você quem o fez. Existem muitas experiências novas e maravilhosas reservadas para você e seu parceiro. Mas lembre-se da Seção 5: eu disse que, se você está em um relacionamento, está em uma batalha. Haverá sempre episódios de frustração, de ressentimento, períodos de dor e amargura. Agora você tem as ferramentas para dirigir seu caminho de modo seguro pelos obstáculos para um lugar muito mais calmo e ensolarado. A grande diferença à frente no seu relacionamento é que agora ele está do seu lado.

Se decidiu que seu tolo vale o trabalho e o relacionamento tem futuro, se o progresso feito até este ponto lhe dá motivos para acreditar que ele pode ser recondicionado para lhe dar o que deseja e merece, vá em frente e se recompense com o último presente da lista que fez no início deste livro. Você ganhou a medalha do compromisso.

Se você fez uma avaliação honesta da capacidade de mudança do seu parceiro e considerou o quanto já caminhou, então já decidiu que chegou o momento de seguirem caminhos diferentes — parabenize-se também. Você e o seu futuro ganharam a medalha do compromisso. Aproveite o seu presente mais esperado e desejado. Entretanto, decida de modo responsável e atencioso ao terminar o relacionamento. Você corajosamente deu um passo à frente satisfazendo seu potencial de felicidade como se tivesse passado pelo processo e decidido ficar com seu namorado.

Até agora você teve de lançar mão de subterfúgios e segredos para conseguir que ele mudasse de comportamento. Agora você não tem de fazer todo o trabalho. Você o trouxe a um ponto em que ele começará a ajudá-la porque ele também é beneficiário do relacionamento renovado de vigor e energia. A relação mudou de combate para colaboração. Secretamente você ensinou a ele que o relacionamento é um fluxo constante e exige ajustes contínuos. Uma nova intimidade surgiu porque você o ajudou a expressar mais suas necessidades e desejos. Seus laços foram fortalecidos graças às emoções compartilhadas.

Voce nunca poderá perder totalmente o conhecimento que tem agora de si mesma. Sua frase visualizadora é sua para sempre, para usar tanto para planejar quanto para dirigir dia a dia seus desafios de amor e vida. Você possui agora uma ferramenta extraordinária. Depende totalmente de você como vai usá-la para consertar seu homem, pôr em ordem seu relacionamento e criar um futuro para seu projeto.

Este livro foi composto em GoudyOlSt BT
para Texto Editores Ltda.
em janeiro/2012.